国家民委人文社会科学重点研究基地民族地区相对贫困治理研究中心资助
宁夏青年拔尖人才培养工程资助
北方民族大学学术拔尖人才项目资助（2019BGBS04）

全面小康进程中精准扶贫的实践与思考
——以宁夏为例

Practice and Thinkings of Targeted Poverty Alleviation in the Process of Achieving Moderate Prosperity in All Respects
——A Case Study of Ningxia

李昭楠　刘七军／著

经济管理出版社

图书在版编目（CIP）数据

全面小康进程中精准扶贫的实践与思考：以宁夏为例/李昭楠，刘七军著.—北京：经济管理出版社，2020.8
ISBN 978-7-5096-7424-6

Ⅰ.①全… Ⅱ.①李… ②刘… Ⅲ.①小康建设—研究—宁夏 ②扶贫—研究—宁夏 Ⅳ.①F127.43

中国版本图书馆 CIP 数据核字（2021）第 192511 号

组稿编辑：杨国强
责任编辑：杨国强　张瑞军
责任印制：任爱清
责任校对：赵天宇

出版发行：经济管理出版社
　　　　　（北京市海淀区北蜂窝 8 号中雅大厦 A 座 11 层　100038）
网　　址：www.E-mp.com.cn
电　　话：（010）51915602
印　　刷：唐山玺诚印务有限公司
经　　销：新华书店
开　　本：720mm×1000mm/16
印　　张：18
字　　数：310 千字
版　　次：2021 年 11 月第 1 版　2021 年 11 月第 1 次印刷
书　　号：ISBN 978-7-5096-7424-6
定　　价：98.00 元

·版权所有　翻印必究·
凡购本社图书，如有印装错误，由本社读者服务部负责调换。
联系地址：北京阜外月坛北小街 2 号
电话：（010）68022974　　邮编：100836

目 录

第一章 绪论篇 ··· 001

第一节 宁夏基本概况 ·· 001
第二节 宁夏经济发展基本现状 ·· 005
第三节 宁夏全面小康的进程现状 ·· 022

第二章 理论篇 ··· 035

第一节 区域贫困的理论综述 ··· 035
第二节 精准扶贫的提出及其理论基础 ·· 042
第三节 宁夏反贫困政策梳理 ··· 054

第三章 实践篇 ··· 065

第一节 宁夏扶贫现状分析 ·· 065
第二节 宁夏精准扶贫的典型案例 ·· 074
第三节 宁夏精准扶贫实证调查 ·· 091

第四章 专题篇 ··· 143

专题一 精准扶贫与农村公共产品供给 ·· 143
专题二 精准扶贫与资源诅咒现象分析 ·· 161

专题三　精准扶贫与民族地区金融贫困 …………………………… 181
专题四　精准扶贫与农户自身发展能力提升 ……………………… 202
专题五　精准扶贫与地理资本视角下的民族地区贫困 …………… 215

第五章　思考篇 …………………………………………………………… 227

第一节　国内外典型扶贫模式及其对宁夏的启示 ………………… 227
第二节　宁夏精准扶贫面临的机遇与挑战 ………………………… 251
第三节　宁夏精准扶贫长效机制的构建 …………………………… 264

参考文献 …………………………………………………………………… 275

第一章 绪论篇

第一节 宁夏基本概况

一、地理位置

宁夏回族自治区（以下简称宁夏），是祖国西北五省之一的一方热土。地理范围坐标为东经104°17′~107°39′、北纬35°14′~39°23′。宁夏是中国五个少数民族自治区之一，是中国唯一的省级建制的回族自治区。宁夏的总面积比较小，只有6.6万平方千米，是全国最大的回族聚居区，是西北五省面积最小的省份。宁夏处于黄河上游地区，自古以来就有"天下黄河富宁夏"的美誉；其东部与陕西接壤，北部和西部与内蒙古相邻，南部与甘肃省相连。从轮廓上来讲，宁夏疆域南北长，东西短，南北相隔456千米，东西相距250千米。北起石嘴山市水道坝北2千米的黄河江心，南迄泾源县六盘山的中嘴梁，东起中卫营盘水站西南10千米的田涝坝的东道盐池县柳树梁北部2千米处，是历史上著名的"丝绸之路"的要道，素有"塞上江南"之美誉。

宁夏回族自治区下辖五个地级市，分别是银川市、石嘴山市、吴忠市、固原市、中卫市，22个县（区）。其中，吴忠市国土面积最大，其面积为20400平方千米，是宁夏沿黄河城市带核心区域，也是汉族文化与北方游牧民族文化的交汇点。中卫市的国土面积次之，为17000平方千米，素有"鱼米之乡"的美誉，是

"中国的枸杞之乡"和"硒砂瓜之乡"。固原市是宁夏的第三大城市，国土面积为10468平方千米，固有"马铃薯之乡"的美称，又是中国北方的特色苗木基地之一，也是西北地区特色农产品集散中心之一。排名第四的银川市国土面积为9491平方千米，是宁夏回族自治区的首府，是宁夏政治、经济、军事、文化科研、交通和金融商业中心，古称"兴庆府""宁夏城"，素有"塞上江南、鱼米之乡"的美誉。国土面积最小的地级市是石嘴山市，其面积只有5309.5平方千米，号称"塞上煤城"，是一座移民搬迁的新崛起城市，也是宁夏能源重化工和原材料工业基地以及国家重要的煤炭工业城市。

二、地形地貌

宁夏地形复杂多样，包含了山脉、高原、丘陵、平原、河谷。高原与山地相互交错，约占全区国土面积的3/4，平原占到1/4左右，从西至东，依次被腾格里沙漠、乌兰布和沙漠和毛乌素沙地所包围，自北向南为贺兰山脉、宁夏平原、鄂尔多斯高原、黄土高原、六盘山等地，黄土高原在宁夏南部占有较大的面积。总体而言，宁夏的地形轮廓是东西窄短、南北狭长，地形南高北低，西部海拔相差较大，东部地势平缓，起伏较小。西北部是绵延起伏的贺兰山，呈南北走向，南北长220千米，东西宽20~40千米，海拔在1600~3000米，最高峰为3556米。南部是黄土地貌，以流水侵蚀、风蚀地貌为主，是内蒙古高原的一部分，地表形态多样化。南部的主要山脉为六盘山，其东西两侧是黄土高原和陇中山地，南侧主要以黄山丘陵为主，中部山地错落屹立其中，与平原相互交错，形成延绵起伏的地貌景观。

三、自然气候

宁夏深居西北内陆，地处高原之上，属于典型的大陆性半湿润半干旱气候，夏季多雨，且集中在6~9月，雨量集中且多暴雨，冬季雨雪较少，气候寒冷干燥，春季多风多沙，沙尘天气明显，冷空气时常南下，气温多变。总体而言，宁夏气温具有南寒北暖的特点。由于宁夏平均海拔都在1000米以上，所以夏无高温酷暑、冬有严寒干燥、昼夜温差大、太阳辐射强、蒸发量大，干旱、大风、沙尘暴、霜冻、洪涝等灾害性天气频繁发生。

从气温看，宁夏的平均气温在 5.3~9.9℃，呈北高南低分布。除了固原地区外，其他地区的温度在 7℃以上，全年气温最高的城市是位于石嘴山市的大武口，高达 9.9℃。从降水来看，宁夏的降水量南多北少，差异较为悬殊，年均降水量达 166.9~647.3 毫米。北部的宁夏平原降雨量在 200 毫米左右，同心盐池一带的降雨量在 300 毫米左右，南部固原市一带可达 400 毫米以上，六盘山地区可达 647.3 毫米。从蒸发量来看，宁夏各地年均蒸发量在 1312~2204 毫米。同心一带蒸发量最高，可达 2200 毫米，蒸发量相对较小的地区是西吉、泾源、陇德等地区，最高蒸发量不超过 1500 毫米。从风速来看，各地区平均风速为 2.0~7.0 米/秒，风速最高的地区是贺兰山和六盘山，年均风速是 7.0~5.8 米/秒。

四、人口概况

2017 年的《宁夏统计年鉴》显示，宁夏总人口数为 6817873 人，其中，男性人数为 3440793 人，占 50.47%，女性人数为 3377080 人，占 49.53%，出现了男女比例失衡的现象。全区 22 个县（市、区）共有家庭 2187675 户，平均每个家庭的人口为 3.12 人，呈逐年递减趋势。从户口类型看，城镇人口为 3953311 人，占 57.98%；乡村人口为 2864562 人，占 43.02%。从民族人口构成看，汉族人口是 4284479 人，占 62.84%；回族人口为 2475664 人，占 36.31%；其他少数民族人口为 57730 人，占 0.85%。分区域看，银川市总人口是 2225391 人，汉族人口在该市与宁夏其他四市相比所占比重较多，回族人口所占比重相对较少。石嘴山市人口合计 802978 人，是回族人口数量最少的城市。吴忠市总人口合计 1403742 人，该市回族人口占比比汉族人口多 6.76%，宁夏全区 30.17%的回族人口聚集在吴忠市。固原市和中卫市的人口合计分别是 1228237 人和 1157525 人。

从人口自然变动情况看，2017 年全区人口自然增长率为 8.69‰，与 2016 年相比回落 0.28‰。2017 年出生人数为 91169 人，出生率为 13.44‰；死亡人数为 32221 人，死亡率为 4.75‰。从各市的自然变动情况看，出生率最高的是中卫市，达到 15.08%，紧随其后的是固原市，出生率为 15.07%。吴忠市的出生率为

14.05%，位居第三。死亡率最高的是石嘴山市，达5.83%，高出全区水平的1.08%。高于全区人口自然增长率的是吴忠市、固原市和中卫市，如表1-1所示。

表1-1 2017年宁夏人口发展情况

地区	总户数（户）	总人口数（人）			平均家庭人口数（人/户）	汉族所占比例（%）	回族所占比例（%）	其他民族所占比例（%）	自然增长率（‰）
		合计	男性	女性					
全区总计	2187675	6817873	3440793	3377080	3.12	62.84	36.31	0.85	8.69
银川市	772992	2225391	11000966	1124425	2.88	72.44	25.76	1.80	8.49
石嘴山市	293465	802978	403178	399800	2.74	76.55	22.30	1.15	3.90
吴忠市	429154	1403742	711916	691826	3.27	46.46	53.22	0.32	9.70
固原市	361920	1228237	631832	596405	3.39	53.28	46.63	0.09	10.24
中卫市	330144	1157525	592901	564624	3.51	64.90	34.85	0.25	9.65

资料来源：《宁夏统计年鉴》(2018)。

五、自然资源

宁夏的矿产资源主要以煤为主，煤炭探明储量300多亿吨，预测储量2020多亿吨，居中国第六位。因宁夏人口相对较少，所以煤炭的人均占有量是中国平均水平的10.6倍。宁夏境内的灵武、盐池等地区主要分布着石油、天然气，大都是中型或者小型的油田。宁夏缺少金属矿产资源，除镁的储量可观以外，铜、铁、铅、锌储量很少。相对较多的非金属矿产资源主要有黏土、磷、硫铁矿、白云岩、石膏、石灰岩、铸石原料和膨润土等。宁夏的水资源较为贫乏，地表水总量为9149亿立方米左右，是全国最少的省区之一，地区变化大且分配不均。地下水资源量达30.73亿立方米，其中山丘的水资源占4.10亿立方米，平原区相对较多，达到26.63亿立方米。

第二节　宁夏经济发展基本现状

一、经济总量不断壮大

(一) 纵向现状分析

"十二五"期间，宁夏经济发展迅速，"十三五"以来，其经济稳中求进，继续保持了良好的增长势头。2018年，宁夏全区实现国内生产总值3453.93亿元，GDP增速达7.8%，从2011年开始，连续七年回升趋势。人均GDP也创下了宁夏历史的最高纪录，2017年比上一年人均水平高出3998元，达到50917元。其中，2017年第一产业的贡献值占到7.6%，与上年基本持平。另外，2011~2017年，第一产业所占比例的总体趋势是在不断下降；第二产业在国民经济中所占比重一直较大，但近年总体趋势在缓慢下降，2017年所占GDP的比重为45.8%；第三产业所占GDP的比重在2017年占46.6%，如表1-2所示。

表1-2　2011~2017年宁夏国民生产总值情况

年份	GDP总值（亿元）	GDP增速（%）	人均GDP（元/人）	GDP总值构成（%）		
				第一产业	第二产业	第三产业
2011	2111.66	12.1	33192	8.3	50.4	41.3
2012	2352.95	11.5	36575	8.0	49.7	42.3
2013	2590.44	9.8	39811	8.1	49.0	42.9
2014	2766.83	8.0	42058	7.8	48.9	43.3
2015	2927.96	8.0	44049	8.1	47.6	44.3
2016	3168.59	8.1	47194	7.6	47.0	45.4
2017	3453.93	7.8	50917	7.6	45.8	46.6

资料来源：《宁夏统计年鉴》(2018)。

(二)横向现状对比

从 GDP 总值看,宁夏在西北五省中居第四位。2017 年,宁夏的 GDP 总值达到了 3453.93 亿元,比青海省高 829.1 亿元,但与陕西省、新疆维吾尔自治区、甘肃省相比,宁夏 GDP 总产值还存在较大差距,陕西省的 GDP 总值是宁夏的 6 倍,新疆维吾尔自治区和甘肃省的 GDP 总值分别是宁夏的 3.16 倍和 2.16 倍。可见,宁夏的 GDP 总量还是很低的。

从人均 GDP 看,宁夏也存在不小的差距。如表 1-3 所示,宁夏的人均 GDP 虽在西北五省中居第二位,但 2017 年宁夏人均 GDP 比陕西省人均 GDP 少了 6349 元。宁夏人均经济水平在西北五省区中排名相对靠前,这与其人口较少有一定的关系。

表 1-3 西北五省人均生产总值对比情况

年份	陕西省		甘肃省		青海省		宁夏回族自治区		新疆维吾尔自治区	
	人均GDP(元/人)	人均GDP增速(%)	人均GDP(元/人)	人均GDP增速(%)	人均GDP(元/人)	人均GDP增速(%)	人均GDP(元/人)	人均GDP增速(%)	人均GDP(元/人)	人均GDP增速(%)
2012	38564	11.8	21978	11.7	33181	11.13	36394	8.84	33796	11.12
2013	43117	8.84	24539	0.08	36875	7.58	39612	5.61	37553	8.24
2014	46929	1.49	26433	-1.0	39671	3.99	41834	4.71	40648	-1.51
2015	47626	7.12	26165	0.06	41252	5.52	43805	7.74	40036	1.32
2016	51015	—	27643	—	43531	7.1	46919	7.0	40427	5.3
2017	57266	7.3	29326	3.0	44348	9.8	50917	8.1	45099	5.8

资料来源:《国家统计年鉴》(2018)。

从人均 GDP 增速看,宁夏人均 GDP 的增速变化较为稳定,其次是青海省和陕西省,人均 GDP 的增速均略低于宁夏,但增速都为正(见表 1-3)。2012~2017 年,从人均 GDP 增幅看,最高增速和最低增速相差较小,也未出现负的增长率。而甘肃省和新疆维吾尔自治区在 2014 年都出现了负的增长率,人均 GDP 的增幅较小,最高增速和最低增速相差较大。

从产业构成来看,宁夏的第一产业所占比例最低,仅为 7.6%,第二产业占到 45.8%,居第二位,与位居第一的陕西相差 4 个百分点,第三产业占比 46.6%,与排名第三的青海仅相差 0.3 个百分点。近年来,宁夏依赖旅游产业的发展,对

新疆维吾尔自治区	15.5	39.3	45.2
陕西省	7.9	49.8	42.3
青海省	9	44.7	46.3
甘肃省	13.85	33.38	52.77
宁夏回族自治区	7.6	45.8	46.6

■ 第一产业　■ 第二产业　■ 第三产业

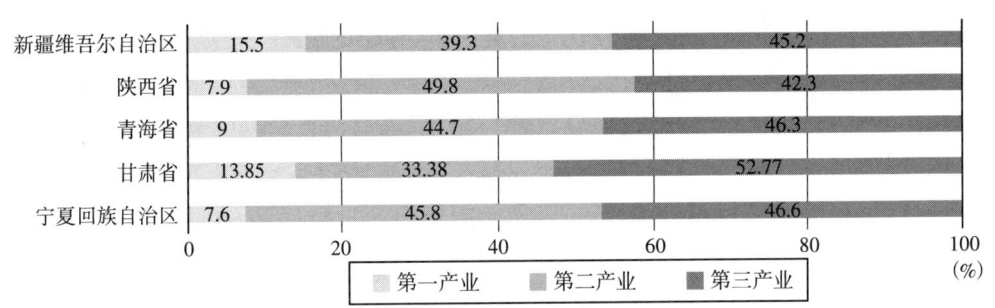

图 1-1　2017 年西北五省地区生产总值构成

资料来源：国家统计局（2018）。

经济的发展起到了巨大的促进作用。同时，宁夏经济的发展也对旅游产业起到了一定的带动作用，二者相互促进，呈现了良好的发展趋势（见图 1-1）。

（三）从宁夏区内对比分析

宁夏全区共辖银川市、石嘴山市、吴忠市、中卫市和固原市五个地级市，在这五个市级单位中，2017 年 GDP 总值和人均 GDP 最高的是银川市，分别是 18032581 万元和 81660 元；其次是石嘴山市，其 GDP 总值与银川市相差较大，银川市的 GDP 总值是其 3.37 倍，人均 GDP 每单位比石嘴山高出 14704 元；位居第三和第四的分别是吴忠市和中卫市，与银川市相比，生产总值是这两者的 3.55 倍和 4.82 倍，人均 GDP 比这两个城市高出 45266 元和 49286 元。

固原市以"贫瘠甲天下"而闻名，经过多年扶贫工作的开展，该地区脱贫人口数量有了显著下降，但经济基础仍很薄弱。固原市的 GDP 总值和人均 GDP 分别是 2700952 万元和 22061 元，排名宁夏回族自治区末位，与银川市相比相差甚大。银川市的 GDP 总值是固原市的 6.7 倍，人均 GDP 比固原市高出 59599 元（见表 1-4）。可见，宁夏地域面积虽小，但地域之间的经济水平相差较大，GDP 总值和人均 GDP 在地域间存在较大悬殊。

宁夏区内各产业贡献值的构成相差也很大。从横向看，银川市的第一产业、第二产业、第三产业的贡献值分别达到 613745 万元、9042897 万元、8375939 万元，其中第二产业所占比重占到了一半以上，第一产业仅占 3.5%，第二、第三产业所占比重相差 3.7%；石嘴山市的第二产业所占比重高达 60.4%，是第三产业所占比重的 1.76 倍；吴忠市的第一产业占到 11.4%，第二产业的贡献值是第一产业贡献值的 5.16 倍。随着国家政策的大力支持，吴忠市的产业园区发展越来越

表 1-4 2017 年宁夏各地区的 GDP 情况

地区	地区生产总值（万元）	人均地区GDP（元/人）	第一产业 贡献值（万元）	第一产业 所占GDP的比例（%）	第二产业 贡献值（万元）	第二产业 所占GDP的比例（%）	第三产业 贡献值（万元）	第三产业 所占GDP的比例（%）
银川市	18032581	81660	613745	3.5	9042897	50.1	8375939	46.4
石嘴山市	5350118	66956	277025	5.2	3232683	60.4	1840410	34.4
吴忠市	5081146	36394	578026	11.4	2990179	58.8	1512941	29.8
固原市	2700952	22061	510211	18.9	736357	27.3	1454384	53.8
中卫市	3741277	32374	528058	14.1	1168596	44.7	1541672	41.2

资料来源：《宁夏统计年鉴》(2018)。

好，尤其是特色产业的发展给吴忠市的经济增加了更多的活力；中卫市的第一产业所占比重是 14.1%，第二产业与第三产业所占的比重相差较小；对于固原市而言，农业占比较大，工业发展相对较为落后，第三产业对 GDP 的贡献值较大。固原市有著名的旅游景区，如六盘山森林公园，红色根据地文化等，对发展旅游业具有相对优势，所以第一、第二产业所占比重之和都不及第三产业所占的比重。但固原市较低的 GDP 总值和较低的人均 GDP 反映出该地区经济发展的落后程度。

从纵向来看，不同地区的经济发展仍依赖于得天独厚的自然条件和必不可少的人文因素。各地区因自然禀赋的不同而导致发展存在差异，但对于地域自身来讲，因地制宜地发展自己的相对优势产业，以促进经济发展，也是可行的办法之一。银川市、石嘴山市和吴忠市工业发展的优势较为突出，所以第二产业对经济的贡献较大。固原市和中卫市发展第一产业和第三产业具有相对优势，这充分发挥了该地区的自然资源所带来的优势。

从 GDP 波动的增速看，中卫市经济发展虽然较为落后，但 2013~2017 年经济发展增速一直是呈上升趋势，且增幅是最大的。近五年来，中卫市的经济发展步伐处在快速前进当中。其次是吴忠市和固原市，两者 GDP 的增速相差不大，均在 8.0% 左右，都处于稳步增长的经济发展局势之中。石嘴山市近五年来经济发展速度较为缓慢，2017 年其 GDP 的发展增速是 7.2%，与吴忠市相差 0.8%，如图 1-2 所示。

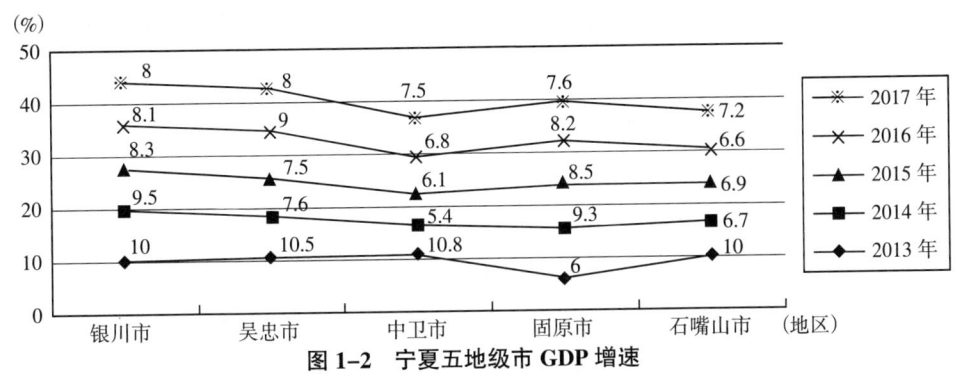

```
(%)
50
     ※8          ※8        7.5        7.6
40   8.1         9                     8.2        ※7.2
     8.3         7.5       6.8                    6.6
30               7.6       6.1        8.5         6.9
     9.5                   5.4        9.3
20                                                6.7
     10         10.5      10.8                    10
10                                     6
 0
   银川市       吴忠市    中卫市      固原市     石嘴山市    (地区)
```

※ 2017 年
× 2016 年
▲ 2015 年
■ 2014 年
◆ 2013 年

图 1-2 宁夏五地级市 GDP 增速

资料来源：《宁夏统计年鉴》(2014~2018)。

二、人均可支配收入与消费明显改善

(一) 从收入角度来分析

提高居民人均收入水平一直备受关注。2018 年统计数据显示，宁夏城镇居民人均可支配收入达到 29472.28 元，农村居民人均可支配收入达到 10737.89 元，与 2011 年城镇和农村居民人均收入的 17291 元和 5931 元相比，提升幅度不小。但宁夏城镇和农村居民的人均收入之间差距在不断扩大，2011 年城镇和农村人均可支配收入相差 11306 元，2017 年达到 18734 元（见表 1-5）。

在西北五省区中，2017 年宁夏城镇居民人均可支配收入比陕西和新疆约低 1300 元，比甘肃高 1708 元，比青海高 303 元，处于第三位。同期的农村居民人

表 1-5　2017 年西北五省（自治区）家庭居民人均收支情况

单位：元/人

省（自治区）	城镇居民		农村居民		城乡居民人均收入倍差
	人均可支配收入	人均消费支出	人均可支配收入	人均消费支出	
陕西省	30810.26	20388.22	10264.51	9305.57	3.00
甘肃省	27763.40	20659.45	8076.06	8029.73	2.93
青海省	29168.86	21472.99	9462.30	9902.65	3.08
宁夏回族自治区	29472.28	20219.49	10737.89	9982.09	2.74
新疆维吾尔自治区	30774.8	22796.92	11045.30	8712.56	2.79

资料来源：国家统计局（2018）。

均可支配收入位居西北第二,达到10737.89元,比陕西、甘肃、青海分别高出473.38元、2661.8元、1275.6元。

在宁夏区内各个市之间,城乡收入也存在较大的差距。其中差距较大的是银川市,银川市的城镇和农村居民人均收入相差19894元,比全区平均差距水平都高。石嘴山市、吴忠市、固原市、中卫市的城镇和农村人均收入差距分别是15306元、14452元、16049元和15979元。单从城镇居民收入看,固原市的城镇居民人均可支配收入最低,银川市的城镇居民人均可支配收入最高,两者相差8353元,并且固原市的城镇居民人均可支配收入远低于全区平均水平,2017年只有银川市的城镇居民人均可支配收入高于全区平均水平。

从农村居民收入看,固原市的农村居民人均可支配收入是8579元,处在宁夏全区最低水平,比全区平均水平低2159元(见表1-6)。然而,银川市、石嘴山市和吴忠市的农村人均可支配收入都高出全区平均收入水平,银川市与固原市的农村人均可支配收入相差4508元。可见,宁夏地区间农村居民收入差距明显,而且城乡的收入及消费差距也很明显。

表1-6 2017年宁夏各地区的人均可支配收入和消费

单位:元/人

地区	城镇		农村		城乡居民人均收入倍差
	收入	消费	收入	消费	
全区总计	29472	20219	10738	9982	2.74
银川市	32981	23124	13087	11507	2.52
石嘴山市	28186	16947	12880	10845	2.19
吴忠市	25364	16299	10912	9023	2.32
固原市	24628	16565	8579	7678	2.87
中卫市	25344	18960	9365	8910	2.70

资料来源:《宁夏统计年鉴》(2018)。

从城乡居民人均收入的倍差看,宁夏城乡居民人均收入的倍差是2.74,比陕西、甘肃、青海、新疆都低,与城乡居民人均收入倍差3.08的青海省相比,城乡居民收入差距相对较小。从城乡居民人均收入倍差来看,宁夏全区城乡居民人均收入倍差是2.74,只有固原市的城乡居民人均收入倍差高于全区水平,说明固原市在人均收入上存在较大的城乡收入差距；其次是中卫市，其城乡居民人均收入倍差为 2.70，差距也相对较大；银川市城乡居民人均收入倍差是 2.52，仅次于固原市和中卫市；城乡居民人均收入倍差相对较小的是吴忠市和石嘴山市，两市的城乡居民人均收入倍差分别是 2.32 和 2.19，城乡居民之间人均收入差距相对不明显，经济发展相对均衡。

从收入来源来看，农村居民可支配收入主要源于工资性净收入和经营净收入。根据宁夏统计局数据，2017 年宁夏全区农村居民的平均工资性工资性净收入和经营净收入分别达到 4224 元和 4252 元，分别占到人均可支配收入的 39% 和 40%；其次是转移净收入占到 18%；财产净收入占到 3%。在这五个城市中，只有石嘴山市的工资性净收入所占比重低于全区平均水平，但其经营净收入是五个城市中最高的，达到 5775 元，占到人均净收入的 45%。财产净收入和转移净收入在地域之间相差较大，吴忠市和固原市的财产净收入占到 1%，固原市、石嘴山市和中卫市的转移净收入所占比重也较大，平均达到 15%，如表 1-7 所示。

表 1-7　2017 年各市县农村居民可支配收入来源情况

单位：元/人

地区	可支配收入	按可支配收入来源分							所占比重(%)
		工资性净收入	所占比重(%)	经营净收入	所占比重(%)	财产净收入	所占比重(%)	转移净收入	
全区总计	10738	4224	39	4252	40	324	3	1938	18
银川市	13087	6103	47	5633	43	395	3	955	7
石嘴山市	12880	4732	37	5775	45	400	3	1973	15
吴忠市	10912	4969	46	4897	45	95	1	951	8
固原市	8579	3471	40	3687	43	65	1	1356	16
中卫市	9365	4222	45	3523	38	217	2	1404	14

资料来源：《宁夏统计年鉴》(2018)。

此外，城镇居民工资净收入和转移性净收入占到了人均可支配收入的 70% 以上，居民的大部分收入来源于工资、福利、保险分红等。对于宁夏全区而言，工资性净收入、经营性净收入、财产净收入、转移净收入所占全区可支配收入的比重分别是 58%、14%、4%、24%。从地域看，经济发展相对落后的城市对工资性净收入的依赖程度更大,居民收入来源相对单一;经济发展水平相对发达的城镇,其居民收入来源更为广泛。宁夏各地详细收入的来源如表1-8所示。

表1-8 2017年宁夏各市县城镇居民可支配收入来源情况

单位：元/人

地区	可支配收入	按可支配收入来源分							
		工资性净收入	所占比重(%)	经营净收入	所占比重(%)	财产净收入	所占比重(%)	转移净收入	所占比重(%)
全区总计	33583	19569	58	4646	14	1485	4	7884	24
银川市	36428	21322	59	4152	12	2144	5	8809	24
石嘴山市	32159	18064	56	4261	13	829	3	9005	28
吴忠市	28389	16681	59	4471	16	1204	4	6032	21
固原市	27123	18468	68	2977	11	1070	3	4608	18
中卫市	28388	18822	66	3071	11	1436	5	5058	18

资料来源：《宁夏统计年鉴》(2018)。

(二) 从消费角度来分析

宁夏虽深居西北内陆,但其消费水平在西北五省区中相对较高。从基本生活必需品中看,食品、衣着、居住、交通和通信、医疗保健、文教娱乐等消费的支出在逐年增加,饮食上居民对各类食品所需各有不同,对粗粮的消费支出也不断增加。在西北五省区中,2017年宁夏城镇人均消费支出达到20219元,仅次于新疆维吾尔自治区和青海省的人均消费水平。宁夏农村居民人均消费支出位居第二,达到9982元,仅次于青海,比位居西北第五的甘肃人均消费高出1952.36元。

从宁夏区内的各个城市看,全区城镇人均消费支出是20364元,全区农村人均消费支出是9138元。在城镇居民消费中,高于全区的人均消费水平支出的城市是银川市,其人均消费支出达到23124元,其次是中卫市、石嘴山市、固原市和吴忠市,其人均消费支出金额分别是18960元、16947元、16565元和16299元。在农村居民消费中,人均消费支出高于全区水平的城市有银川市和石嘴山市,吴忠市和中卫市分别位居第三和第四,而固原市的人均消费支出最低。

从消费类型支出来看,按照2017年的价格计算,城镇居民和农村居民在食品类支出、居住类支出、生活用品及服务支出、交通和通信类支出、教育文化娱乐支出、医疗保健类支出方面所占比重较大。农村居民由于受文化水平、经济条件水平、思想意识等因素的影响，对金融服务的接受程度并没有城镇居民的接受程度高，所以在银行保险类的支出中，城镇居民消费支出所占比重比农村居民消费支出所占的比重大。

三、工业增加值的情况

近年来，宁夏经济结构调整不断优化，第二产业的比重有所下降，第三产业的比重有较大幅度上升。目前，宁夏的工业以煤炭电力为基础，以石化、冶金、轻纺、建材、机械医药为支柱的工业结构。虽然宁夏的金属矿产资源较少，但凭借种类齐全、质量较好、储藏量较大的煤炭，宁夏其他行业的发展有了得天独厚的条件。

（一）产业特征

石化行业在宁夏工业中占有领头地位，主要以化肥生产、橡胶加工、原油冶炼及加工、电子加工及氯碱化工的"化工五强"。煤化工是宁夏的新兴行业，正处在快速发展时期。随着宁东能源化工基地的开发和建设，煤化工及相关精油化工产业的发展已经迈出了实质性步伐。冶金行业的产业体系已形成，电解铝的技术及工艺已达到了全国先进水平。宁夏是全国碳化硅、金属镁的生产和出口基地之一，其生产能力分别占到全国总能力的30%和12%；机械行业的规模较小，但轴承自动化仪表采矿设备数控机床等产品也在全国也有一席之地。建材行业目前形成以水泥，石膏、石膏制品及石膏化学等产业体系，水泥的生产能力可达1000吨，新型干法比例接近45%，高于全国平均水平的近10%。近年来，宁夏高新技术产业发展也出现良的发展势头，以铌、钽、铍为原料的稀有金属产品在国际上占有重要的地位，宁夏东方有色金属集团是国家级重点高新技术企业，也是世界钽、铌冶炼加工的三强企业之一。

（二）工业总产值特征

2017年，宁夏的工业总产值总量达到4474亿元，比上年增长8.1%。按照轻重工业来划分，轻工业的总产值所占的比重除2017年有所下降外，总体呈上升趋势（见表1-9）。2011~2016年，轻工业所占的比重从14.4%增加到20.6%，而重工业所占工业总产值的比重从 2011 年的 85.6%下降到 2016 年的 79.4%，但在 2017 年有所回升，除了经济发展的宏观因素之外，可能与重工业自身在发展规划所做出调整有关。按照企业规模划分，大型企业的工业总产值占到了工业总产值的一半以上，但随着近年来小企业的迅速成长，以及市场的激烈竞争，大型企业的总产值所占比重逐年下降。对于中型企业来说，其工业产值所占总产值的比重虽然逐年降低，但下降的幅度相对较缓慢。对于微型企业来说，因企业自身规模较小，生产规模难以占据较大的市场，大部分微型企业承担着较重的负担。但随着政府政策的大力扶持，微小型企业享受到更多的优惠政策，其所占工业总产值的比重正逐年增大。2016 年，微型企业的工业总产值占到了 2%，与 2011 年的 0.5%比重相比，呈现出较好的发展趋势。2017 年，宁夏全区因经营不善及其他原因导致亏损的国有及国有控股企业达到 45 个，占到全区的 13.84%。全区共有私营企业 842 个，2017 年亏损的私营企业达 218 个。

表 1-9　主要年份工业总产值

单位：万元

年份	工业总产值	按轻重工业分		按企业规模分			
		轻工业所占比重（%）	重工业所占比重（%）	大型企业所占比重（%）	中型企业所占比重（%）	小型企业所占比重（%）	微型企业所占比重（%）
2011	24914433	14.4	85.6	58.9	20.4	20.3	0.5
2012	30239996	14.0	86.0	59.3	21.2	19.0	0.5
2013	35023148	14.8	85.2	57.2	22.4	19.6	0.8
2014	37480218	17.3	82.7	52.9	22.6	23.2	1.2
2015	38355495	19.6	80.4	50.5	21.8	25.9	1.8
2016	41201516	20.6	79.4	52.6	19.4	26.1	2.0
2017	44744846	15.6	80.8	—	—	—	—

资料来源：《宁夏统计年鉴》（2018）。

从区内各个城市的轻重工业总产值来看，2017 年，银川市、石嘴山市、中卫市的轻工业的产值均比上一年有所增加，但吴忠市和固原市的轻工业总产值所占比重却均有减少，其中，固原市 2017 年的轻工业所占比重比上一年减少了 9.5%，是减少量最大的一个城市（见表 1-10）。

对于重工业而言，大体呈相反的态势。如固原市和吴忠市的重工业总产值的比重都有所提高，其中，固原市的重工业总产值的比重增加到了57.0%（见表1-11），重工业比重的增速是所有城市最快的一个城市。

表1-10 各市规模以上工业企业单位数

单位：个

地区	2016年		2017年	
	企业单位数	亏损企业	企业单位数	亏损企业
全区总计	1174	410	1223	325
银川市	462	185	461	123
石嘴山市	199	11	221	83
吴忠市	340	166	357	72
固原市	52	29	50	10
中卫市	120	19	133	37
其他	1	—	1	—

资料来源：《宁夏统计年鉴》（2018）。

表1-11 各市规模以上工业总产值

单位：万元

地区	2017年			
	合计	轻工业所占比重（%）	重工业所占比重（%）	增长（%）
全区总计	41201516	20.6	79.4	8.6
银川市	19276176	27.1	72.9	8.5
石嘴山市	6510169	2.2	97.8	7.0
吴忠市	6340194	35.6	64.4	10.4
固原市	427021	43.0	57.0	13.5
中卫市	4310506	15.4	84.6	8.2
其他	4337452	0.0	100.0	—

资料来源：《宁夏统计年鉴》（2018）。

（三）工业增加值特征

按照2017年价格计算，2017年，宁夏全区的全部工业增加值为1096.3亿元，比上年增长8.6%。近几年来，宁夏工业增加值总量越来越大。其中，第一产业的工业增加值从2012年的189亿元增加到2017年的250.6亿元，但第一产业的增加值构成在逐渐减少。第二产业的工业增加值在2017年达到1581亿元，占 45.9%，但比上一年减少了 1.1 个百分点。而工业中制造业的增加值近五年的比重也在不断上升，采矿业，电力、燃气及水的生产和供应业的工业增加值在逐年下降。第三产业的工业增加值 2017 年达到 1612 亿元，占到 46.8%（见表 1-12），占比为历年最大。

表 1-12 分行业工业增加值及构成

行业	增加值（亿元）						增加值构成（%）					
	2012年	2013年	2014年	2015年	2016年	2017年	2012年	2013年	2014年	2015年	2016年	2017年
全区总计	2353	2590	2767	2928	3169	3444	100	100	100	100	100	100
第一产业	189	211	217	238	242	250.6	8	8.1	7.8	8.1	7.6	73
农林牧渔业	199	222	230	252	256	266.27	8.5	8.6	8.3	8.6	8.1	7.7
第二产业	1169	1270	1353	1392	1488	1581	49.7	49	48.9	47.6	47	45.9
工业	888	943	985	992	1054	1096	37.7	36.4	35.6	33.9	33.3	31.8
采矿业	259	244	258	231	241	272	11	9.4	9.3	7.9	7.6	7.9
制造业	464	504	517	571	619	636	19.7	19.5	18.7	19.5	19.5	18.5
电力、燃气及水的生产和供应业	165	195	210	190	195	188	7	7.5	7.6	6.5	6.1	5.5
第三产业	995	1110	1197	1298	1439	1612	42.3	42.9	43.3	44.3	45.4	46.8

资料来源：《宁夏统计年鉴》（2018）。

四、贸易发展特征

（一）贸易进出口额现状

2014 年起，宁夏对外贸易发展突飞猛进。从出口看，2017 年，出口金额达到 2477079 万元，比上一年贸易出口增长 50.45%，增速居全国前列。但近些年受宏观经济形势的影响，宁夏的出口总额在逐年递减，如表 1-13 所示。

从表 1-14 可知，宁夏各个市的进出口贸易额体现出明显的差异性。银川市、石嘴山市、中卫市的进出口总额相对较大，2017 年分别达到 2706243 万元、366424 万元、259060 万元。其中，进出口总额与上一年相比增幅较大的地级市有银川市、石嘴山市和吴忠市，它们的增加总额分别是 1067774 万元、140686 万元和 32550 万元。随着宁夏枸杞名扬海外，近年来越来越多的宁夏枸杞远销国外,所以中卫市的进出口额比上一年大有增加,2017年中卫市的出口金额达到191101万元,比上一年增加了15394万元。

表1-13 宁夏与各洲的进出口金额

单位:万元

	2016年			2017年		
	进出口金额	出口所占比重(%)	进口所占比重(%)	进出口金额	出口所占比重(%)	进口所占比重(%)
亚洲	157792	86.6	13.4	1634182	71.03	28.97
非洲	27281	38.8	61.2	291531	34.34	65.66
欧洲	77066	62.7	37.3	725705	73.06	26.94
拉丁美洲	19820	74.3	25.7	173643	84.02	15.98
北美洲	38556	89.6	10.4	535021	94.17	5.83
大洋洲	4133	88.1	11.9	52858	68.53	31.47

资料来源:《宁夏统计年鉴》(2018)。

表1-14 宁夏各市进出口贸易额

单位:万元

地区	2016年			2017年		
	进出口	进口	出口	进出口	进口	出口
全区总计	2156409	505771	1650638	3412931	935852	2477079
银川市	1638469	236821	1311648	2706243	746353	1959890
石嘴山市	225738	67732	158007	366424	117528	248896
吴忠市	47174	9512	37682	79724	4012	75712
固原市	1342	—	1342	1480	—	1480
中卫市	243666	101707	141959	259060	67959	191101

资料来源:银川海关(2018)。

(二)旅游发展现状

宁夏被称为"塞上江南",景色奇特,具有独特的回族乡土人情和文化,近年旅游业吸引了大量外国游客。从游客的数量看,每年的接待海外游客数量在不断地增加。2017年,宁夏接待的海外游客总数达到65292人次,比上一年增加14115人,其中,游客数较多的国家有日本、美国、加拿大、英国、德国、意大利等。

海外游客数量的增多进一步带动了旅游外汇收入的增加。2017年，宁夏的旅游外汇收入达到25018万元，比2016年的19710万元多收入5308万元，是近几年增长较多的一年。其中，劳务性外汇收入达到20039万元，占比80.1%。其次是长途交通费的收入达到了7755万元，占到旅游外汇总收入的30.9%；商品性外汇收入、商品销售收入、饮食销售收入、住宿费收入分别是4979万元、3778万元、1201万元、3728万元，与上一年相比分别上涨了19.2%、14.1%、38.5%、39.1%（见表1-15）。与西北五省相比，宁夏的旅游无论是旅游人次还是旅游外汇收入，都不及陕西省、新疆维吾尔自治区、青海省高。

表1-15 旅游外汇收入情况

单位：万元

指标	2011年	2012年	2013年	2014年	2015年	2016年	2017年
总计	4026	3443	7483	11357	12865	19710	25018
商品性外汇收入	878	416	1272	2203	2676	4178	4979
商品销售收入	640	227	831	1408	2123	3311	3778
饮食销售收入	238	189	441	795	553	867	1201
劳务性外汇收入	3148	3027	6211	9154	10189	15532	20039
长途交通费	1083	1670	2462	3577	4053	6012	7755
住宿费	688	575	1399	1999	1711	2681	3728
其他	1377	782	2350	3578	4425	6839	8556

资料来源：宁夏回族自治区文化和旅游厅（2018）。

五、固定资产投资现状

固定资产投资方面，宁夏不断调整各行业的固定资产投资比例，使得投资结构进一步趋向合理，从而提高了固定资产投资的效益。2012~2017年，宁夏固定资产投资额从2109.52亿元增加到3813.38亿元，整体呈不断增加的趋势，但在2017年，宁夏固定资产投资总额首次出现下降，与2016年相比投资总额减少了220845元，投资增速减缓至0.58%。2017年，宁夏全区亿元以上项目完成固定资产投资2317.93亿元，增长8.0%。从投资方向来看，基本建设投资2618.50亿元，增长2.6%；更新改造投资433.23亿元，比上年减少175.26亿元；房地产开发投资 652.84 亿元，减少 10.3%；农村农户投资 88.25 亿元，增长 3.6%。从投资主体看，国有及国有经济控股投资 733.21 亿元，下降 11.8%；非国有经济控股投资 985.84 亿元，增长 14.1%，其中，民间投资 2104.79 亿元，增长 13.8%。从投资结构看，第一产业投资 214.59 亿元，比上年增长 60.7%；第二产业投资 1372.49 亿元，下降 8.3%；第三产业投资 2138.03 亿元，增长 10.0%。三大产业的投资结构由 2016 年的 3.6∶46.1∶50.3 调整为 2017 年的 2.9∶48.2∶48.9。

从部分行业来看，固定资产的投资增速在不同行业有升有降。在以农、林、牧、渔业为代表的农业领域，比上一年增长了 37.26%。在批发零售行业、交通运输行业，以及突飞猛进发展的邮政行业、住宿和餐饮行业、信息传输、软件开发、信息技术服务等行业，其固定资产投资率都比上一年增长幅度大。同时，宁夏尤其在科学技术领域固定资产投资达到了 28.36 亿元，比上一年增长了 64.7%。2017 年，宁夏在环保、绿化以及污水处理等相关公共设施管理行业的投资金额达到 467.18 亿元，比 2016 年增长了 34.14%。宁夏进一步加大了对公共卫生领域的投入力度，2017 年在此方面的固定资产投资额为 86.41 亿元，比上一年增长了 89.3%，对教育行业的资金投入达到 68.10 亿元，同比增长 19.65%。

六、财政收支现状

（一）财政收入现状分析

宁夏财政厅公布数据显示，2017 年，宁夏地方公共财政收入创历史最高纪录。全区地方一般公共预算收入同口径增长 10.2%，达到 417.6 亿元，比上一年增长 29.9 亿元，增速高于全国平均水平 2.5 个百分点，增速在西北五省增幅排名中位列第一。2012 年到 2017 年，地方一般公共预算收入，同口径增长速度呈下降趋势，2012 年同比增幅是 20%，直到 2014 年，同比增幅下降速度较快，2014 年到 2017 年，同比增幅降速较为缓慢。《宁夏统计年鉴》数据显示，2017 年宁夏完成税收收入是 270.3 亿元，比上一年增长了 15.3%，占 64.7%；完成非税收入 147.29 亿元，增长 4.38%。由于营业税并入增值税，宏观税负下降，所以，2017 年全区增值税收入为 125.42 亿元，个人所得税和企业所得税分别是 15.04 亿元和 26.14 亿元，比上一年增长了-3.1%、52.81%和 6.83%。另外，2017 年财政收入占生产总值的比重为 12.13%，比 2016 年减少了 0.18 个百分点，如表 1-16 所示。

表 1-16 2012~2016 年宁夏财政收入和支出情况

单位：万元

年份	地方公共财政收入（亿元）	地方公共财政支出（亿元）	财政自给率（%）	地区生产总值（亿元）	地方公共财政收入占生产总值比重（%）	地方公共财政支出占生产总值比重（%）
2012	263.96	864.36	30.5	2341.29	11.27	36.92
2013	308.34	922.48	33.4	2565.06	12.02	35.96
2014	339.86	1000.45	34.0	2752.1	12.35	36.35
2015	373.45	1138.49	32.8	2911.77	12.83	39.1
2016	387.66	1254.54	30.9	3150.06	12.31	39.83
2017	417.59	1372.78	30.4	3443.56	12.13	39.87

资料来源：宁夏统计年鉴（2018）。

从宁夏区内各个市来看，财政收入的区域差异性也很大。2017 年，银川市、石嘴山市、吴忠市、固原市、中卫市的财政收入分别是 1774561 万元、230627 万元、326885 万、166805 万元和 240048 万元。其中，只有石嘴山市的财政收入呈现负增长，负增长率为 6.8%；吴忠市的财政收入增幅较小，只有 0.4%。与上一年相比，宁夏全区的财政收入增长率为 7.7%，与全区水平比较接近的城市只有固原市，增幅为 5.7%，是宁夏区内五个城市中财政收入增幅最大的一个城市。银川市和中卫市的财政收入呈现正的增长率，均为 2.5%，如表 1-17 所示。

表 1-17 宁夏回族自治区内各市的财政收支情况和财政自给率

单位：万元，%

地区	2016 年					2017 年				
	收入	增幅	支出	增幅	财政自给率	收入	增幅	支出	增幅	财政自给率
全区总计	3876576	3.8	12545380	10.2	30.9	4175888	7.7	13727841	9.4	30.42
银川市	1731960	1.3	3310717	15	52.3	1774561	2.5	3418283	3.2	51.91
石嘴山市	247391	-7.5	882217	11.2	28	230627	-6.8	901063	2.1	25.59
吴忠市	325587	1.8	1766106	12.6	18.4	326885	0.4	2002162	13.3	16.33

续表

地区	2016年					2017年				
	收入	增幅	支出	增幅	财政自给率	收入	增幅	支出	增幅	财政自给率
固原市	157827	-0.8	2090434	13.9	7.5	166805	5.7	2259975	8.1	7.38
中卫市	231458	8.7	1429628	19.5	16.2	240048	2.5	1566932	9.6	15.32

资料来源：《宁夏统计年鉴》(2018)。

（二）财政支出现状分析

宁夏在不断地优化财政支出结构，确保对民生的资金投入，以改善民生建设。财政支出从2012年的864.36亿元逐年增加到2017年的1372.78亿元，2017年财政支出占其GDP的39.87%，比上一年增加了0.04个百分点。具体看，2017年，宁夏在民生方面的财政支出达到1090.8亿元，比上一年增长4.2%，占到一般公共预算支出的76%；对就业、教育、文化、医疗卫生、社会保障等方面也提高了财政支出的力度。其中，一般公共服务支出比2016年增长13.7%，支出金额达到86.15亿元；教育支出增长11.86%；支出金额达到170.65亿元；就业和社会保障支出达到162.32亿元，减少1.92%；计划生育与医疗卫生支出总额为97.98亿元，增长18.2%；农林水支出增长10.27%，金额达到222.38亿元；交通运输支出增长36.95%，支出总额为100.81亿元；住房保障支出增长3.39%，支出总额为60.31亿元。

从宁夏区内的各个城市看，宁夏五市的财政支出都呈现正增长。与上年相比，银川市、石嘴山市、吴忠市、固原市、中卫市的财政支出增幅分别是3.2%、2.1%、13.3%、8.1%和9.6%。财政支出增幅较大的城市是吴忠市，全区平均增幅是9.4%，除吴忠市和中卫市超出了全区平均水平外，其余三市均呈现小幅增长。

（三）财政自给率现状

从全区看，2017年宁夏财政自给率为30.42%，比上一年增加0.48%。从宁夏各个地市看，财政自给率更为悬殊，说明宁夏区内财政自给能力相差较大。银川市的财政自给率最高，为51.91%；财政自给率最低的是固原市，仅为7.38%；自给率次于银川市的是石嘴山市，其财政自给率为25.59%；吴忠市和中卫市的财政自给率分别是16.33%和15.32%。

虽然宁夏区内各个城市之间的财政自给率相差较大，但将宁夏的自给率与西北五省相比，宁夏财政一般预算的自给率仅次于陕西和新疆，分别比其财政自给率低 11.1% 和 1.2%，列西北五省的第三位，说明宁夏的财政自给能力比甘肃、青海的财政自给能力相对要好，如表 1-18 所示。

表 1-18 西北五省财政一般预算收支情况

单位：亿元，%

地区	一般预算收入（亿元）	一般预算支出（亿元）	财政一般预算自给率（%）
陕西省	2006.69	4833.19	41.5
甘肃省	815.73	3304.44	24.7
青海省	246.20	1530.44	16.1
宁夏回族自治区	417.59	1372.78	30.4
新疆维吾尔自治区	1466.52	4637.24	31.6

资料来源：国家统计局（2018）。

第三节 宁夏全面小康的进程现状

一、宁夏全面小康进程的横向分析

自党的十八大提出全面建成小康社会以来，宁夏就一直按照高质量和建设现代化经济体系要求积极发展，根据《中国城市全面建成小康社会监测报告 2017》（以下简称《报告》），排名如表 1-19 所示。

表 1-19 中国各省份全面小康指数

省份	排序	全面小康指数	小康分项指数			
			小康经济指数等级	小康生活指数等级	小康文化指数等级	小康生态指数等级
上海	1	137.18	A+	A+	A+	A
北京	2	133.22	A+	A+	A+	A
浙江	3	118.35	A	A+	A	A

续表

省份	排序	全面小康指数	小康分项指数			
			小康经济指数等级	小康生活指数等级	小康文化指数等级	小康生态指数等级
天津	4	117.15	A+	A	A	A
江苏	5	109.52	A	A	A	A
广东	6	104.24	A	A	A	A
福建	7	101.25	A	A	A	A
山东	8	94.64	A	A	A	A
内蒙古	9	94.24	A	A	A	A
重庆	10	93.03	A	A	A	A
湖北	11	92.87	A	A	A	A
海南	12	90.65	A	A	A	A
西藏	13	88.91	A	A-	A	A
吉林	14	88.4	A	A	A	A
江西	15	88.08	A	A	A	A
湖南	16	87.7	A	A	A	A
辽宁	17	87.57	A	A	A	A
宁夏	18	8726	A	A-	A	A
安徽	19	86.96	A	A	A	A
四川	20	85.46	A	A	A	A
陕西	21	85.2	A	A-	A	A
新疆	22	85.16	A	A	A	A
广西	23	83.66	A-	A-	A	A
河北	24	83.58	A	A	A	A
贵州	25	83.54	A	A-	A	A
青海	26	83.42	A-	A	A	A
河南	27	82.26	A	A	A	A
黑龙江	28	82.2	A	A	A	A
云南	29	81.29	A-	A-	A	A
山西	30	80.34	A-	A	A	A
甘肃	31	80.21	A-	A-	A	A

资料来源：《中国城市全面建成小康社会监测报告（2017）》。

此《报告》依据全面建成小康社会监测体系，对全国31个省区市和653个城市，从经济发展、人民生活、文化建设、生态环境、社会治理五大领域进行监测，形成"小康经济指数""小康生活指数""小康文化指数""小康生态指数""小康治理指数"五个小康分项指数，分别衡量各领域建成水平。五个小康分项指数集成"全面建成小康社会指数"（简称"全面小康指数"），衡量一个地区的全面小康整体水平。全面小康指数和小康分项指数均以100为预期点，但该监测未包含社会治理监测。

从表1-19可以看出，小康经济指数等级为A+级的省区市有3个，分别是上海、北京市、天津市；小康生活指数等级为A+级的省区市有3个，分别是上海市、北京市、浙江省；小康文化指数等级为A+级的省区市有2个，分别是上海市、北京市，但宁夏回族自治区均不在此列。

在全国31个省市区排名中，宁夏位列18，但在西北五省区中排名第一，分别比陕西省高3个名次，比新疆维吾尔自治区高4个名次，比青海省高8个名次，比甘肃省高12个名次。在小康分项指数中，宁夏的小康经济等级为A，好于青海省和甘肃省的A-；宁夏的小康生活指数等级为A-，略低于新疆，但与陕西省、青海省、甘肃省持平；小康文化指数等级和小康生态指数等级指数西北五省水平一样，都是A；宁夏在四个小康分项指数中，只有在小康生活指数上取得了A-，说明宁夏在居民人均可支配收入、恩格尔系数、人均住房使用面积、5岁以下儿童死亡率和平均预期寿命指标上较全国平均水平还有些差距。此外，宁夏作为典型的西部民族地区，其全面小康的进程与全国及其他地方相比，还存在不小的差距。

从横向对比看（见表1-20），宁夏的全面建设小康社会的实现程度均低于全国水平。2010~2013年，全国全面建设小康的实现程度依次为80.1%、83.2%、84.9%、86.80%，同期宁夏全面建设小康社会的实现程度均低于全国水平，分别低于全国同期水平的13.9%、12.8%、12.79%、10.2%。2010年，宁夏在经济发展方面低于全国全面小康实现程度14.4%，在社会和谐方面低于全国水平12.5%，在生活质量方面低于全国水平13.2%，在民主法制方面低于全国水平5.2%，在文化教育方面低于全国水平9.3个百分点，在资源环境方面低于全国水平28.5%。2011年，宁夏在经济发展方面低于全国水平15.3%，在社会和谐方面低于全国水平 15.7%，在生活质量方面低于全国水平 13.5%，在民主法制方面低于全国水平 2.9%，在文化教育方面低于全国水平 10.6%，在资源环境方面低于全国水平 13.4%。

表 1–20 宁夏全面小康建设与其他地区的对比分析

单位：%

年份	区域	经济发展	社会和谐	生活质量	民主法制	文化教育	资源环境	全面小康实现程度
2010	宁夏回族自治区	61.70	70.00	73.20	88.40	58.70	49.70	66.20
	全国	76.10	82.50	86.40	93.60	68.00	78.20	80.10
	陕西省	73.10	78.40	83.50	94.20	70.60	81.70	76.90
	新疆维吾尔自治区	59.70	60.20	64.40	78.50	52.00	65.60	62.40
	贵州省	—	—	—	—	—	—	62.40
	重庆市	—	—	—	—	—	—	79.80
	广东省	—	—	—	—	—	—	91.70
	上海市	—	—	—	—	—	—	94.10
	山西省	—	—	—	—	—	—	76.60
	湖南省	—	—	—	—	—	—	82.00
2011	宁夏回族自治区	64.10	74.20	75.90	90.70	60.60	64.90	70.40
	全国	79.40	89.90	89.40	93.60	71.20	78.30	83.20
	陕西省	73.30	76.80	84.20	95.70	73.40	68.40	77.80
	新疆维吾尔自治区	62.70	75.30	68.20	88.80	53.60	62.90	67.30
	贵州省	54.20	68.30	76.30	87.40	53.70	68.80	65.80
	重庆市	78.80	98.30	90.40	86.00	72.40	67.60	82.50
	广东省	—	—	—	—	—	—	93.40
	上海市	—	—	—	—	—	—	94.50
	山西省	67.80	90.20	85.10	96.10	78.50	62.70	78.40
	湖南省	—	—	—	—	—	—	83.50
2012	宁夏回族自治区	—	—	—	—	—	—	72.10
	全国	78.00	87.00	90.20	94.60	73.60	82.30	84.90
	陕西省	—	—	—	—	—	—	80.00
	新疆维吾尔自治区	—	—	—	—	—	—	70.00
	贵州省	—	—	—	—	—	—	69.00
	重庆市	—	—	—	—	—	—	83.80

续表

年份	区域	经济发展	社会和谐	生活质量	民主法制	文化教育	资源环境	全面小康实现程度
2012	广东省	—	—	—	—	—	—	95.00
	上海市	—	—	—	—	—	—	95.00
	山西省	—	—	—	—	—	—	79.80
	湖南省	—	—	—	—	—	—	80.60
2013	宁夏回族自治区	75.40	77.40	84.35	93.59	82.73	54.59	76.60
	全国	—	—	—	—	—	—	86.80
	陕西省	—	—	—	—	—	—	82.50
	新疆维吾尔自治区	—	—	—	—	—	—	73.00
	贵州省	—	—	—	—	—	—	71.00
	重庆市	—	—	—	—	—	—	85.60
	广东省	—	—	—	—	—	—	97.00
	上海市	—	—	—	—	—	—	97.20
	山西省	—	—	—	—	—	—	81.20
	湖南省	—	—	—	—	—	—	83.40
2014	宁夏回族自治区	78.52	—	—	—	—	57.04	78.50
	全国	—	—	—	—	—	—	—
	陕西省	—	—	—	—	—	—	—
	新疆维吾尔自治区	—	—	—	—	—	—	—
	贵州省	—	—	—	—	—	—	—
	重庆市	90.67	—	91.27	90.50	84.09	95.13	90.80
	广东省	—	—	—	—	—	—	—
	上海市	—	—	—	—	—	—	—
	山西省	—	—	—	—	—	—	—
	湖南省	—	—	—	—	—	—	88.00

资料来源：国家统计局、《中国统计年鉴》(2011~2015)。

与东部沿海地区相比较，以广东省、上海市为代表，2010~2013年，宁夏全面建设小康社会的实现程度低于广东省、上海市。四年间（2010~2013年），宁夏全面建设小康社会的实现程度分别低于广东25.5%、23%、22.89%、20.37%，分别低于上海27.9%、24.1%、22.89%、20.57%。

与中部地区相比,以山西、湖南为代表,2010~2013年,宁夏全面建设小康社会的实现程度低于山西、湖南。四年间(2010~2013年),宁夏全面建设小康社会的实现程度分别低于山西10.4%、8%、7.69%、4.57%,分别低于湖南15.8%、13.1%、8.49%、6.77%。

与西北地区相比,以陕西、新疆为代表,2010~2013年,宁夏的全面建设小康社会的实现程度低于陕西而高于新疆。四年间(2010~2013年),宁夏全面建设小康社会的实现程度分别低于陕西10.7%、7.4%、7.89%、5.87%,分别高于新疆3.8%、3.1%、2.11%、3.63%。2010年,宁夏在经济发展方面低于陕西11.4%,高于新疆2%,在社会和谐方面低于陕西8.4%,高于新疆9.8%,在生活质量方面低于陕西10.3%,高于新疆8.8%,在民主法制方面低于陕西5.8%,高于新疆9.9%,在文化教育方面低于陕西11.9%,高于新疆6.7%,在资源环境方面低于陕西32%,低于新疆15.9%。2011年,宁夏在经济发展方面低于陕西9.2%,高于新疆1.4%,在社会和谐方面低于陕西2.6%,低于新疆1.1%,在生活质量方面低于陕西8.3%,高于新疆7.7%,在民主法制方面低于陕西5%,高于新疆1.9%,在文化教育方面低于陕西12.8%,高于新疆7%,在资源环境方面低于陕西3.5%,高于新疆2%。

与西南地区相比,以重庆、贵州为代表,2010~2013年,宁夏全面建设小康社会的实现程度低于重庆而高于贵州。四年间(2010~2013年),宁夏全面建设小康社会的实现程度分别低于重庆13.6%、12.1%、11.69%、8.97%,分别高于贵州3.8%、4.6%、3.11%、5.63%。2011年,宁夏在经济发展方面低于重庆14.7%,高于贵州9.9%,在社会和谐方面低于重庆24.1%,高于贵州5.9%,在生活质量方面低于重庆14.5%,低于贵州0.4%,在民主法制方面高于重庆4.7%,高于贵州3.3%,在文化教育方面低于重庆11.8%,高于贵州6.9%,在资源环境方面低于重庆2.7%,低于贵州3.9%。

可见,宁夏全面建设小康社会的实现程度低于全国水平,不仅与东部沿海地区相差甚远,而且低于中部地区,在西北地区低于陕西,也低于西南地区的重庆。

二、宁夏全面小康进程的纵向分析

(一) 整体现状分析

按照全面小康的23项监测指标,对宁夏全面小康的进程进行整体分析。

1. 经济发展稳步提升

宁夏经济发展取得了重大成就,实现程度由2010年的61.7%提高到2017年的99.62%。"经济发展"主要通过人均GDP、R&D经费支出占GDP比重、第三产业增加值占GDP比重、城镇人口比重和失业率(城镇)这五项监测指标来反映经济发展的情况。2010年到2014年,经济发展实现程度增长了16.82%,平均每年增长4.21%。通过五项监测指标看,人均GDP从2010年的26860元提高到2017年的47194元,2011年已经达到标准值(2020年);R&D经费支出占GDP比重从2010年的0.68%提高到2017年的0.95%,实现程度还未达到50%;第三产业增加值占GDP比重从2010年的41.6%提高到2017年的44.6%,增长速度较慢,实现程度接近100%;城镇人口比重从2010年的47.96%提高到2017年的57.9%,上升了9.94个百分点,实现程度超过70%;失业率(城镇)从2010年的4.35%下降到2017年的3.87%,下降了0.48个百分点,失业率一直处于目标范围内,实现程度达到100%(见表1-21)。

2. 社会和谐逐步改善

社会和谐程度逐步改善,实现程度由2010年的70.9%提高到2013年的72%。"社会和谐"主要通过基尼系数、城乡居民收入比、地区经济发展差异系数、基本社会保险覆盖率和高中阶段毕业生性别差异系数五项监测指标反映社会发展的协调程度。从2010年到2013年社会和谐程度增长了1.1%。据监测,其中,城乡居民收入比由2010年的3.01%下降到2017年的2.745%,下降了0.265%,实现程度已接近100%。

3. 生活质量显著提高

人民生活质量显著提高,实现程度由2010年的73.2%到2013年的84.35%。"生活质量"主要通过居民人均可支配收入、恩格尔系数、人均住房使用面积、5岁以下儿童死亡率和平均预期寿命五项监测指标来反映居民生活的发展变化情况。根据监测数据,2010~2013 年生活质量的实现程度提高了 11.15%。居民人均可支配收入从 2010 年的 10046 元增加到 2017 年的 20562 元;恩格尔系数从 2010 年的 38.4%下降到 2017 年的 29.8%,下降了 8.6%,处于目标范围内,实现程度达到 100%;人均住房使用面积从 2010 年的 27 平方米到 2016 年的 31.3 平方米,在 2014 年达到 29.86 平方米,但 2012 年与 2013 年的人均住房使用面积分别是 28.26 平方米、26.964 平方米,因此人均住房使用面积处于波动状态,有上升的空间;平均预期寿命从 2010 年的 73.38 岁提高到 2017 年的 74.68 岁,平均预期寿命的实现程度是 100%。

4. 民主法制逐步健全

民主法制得到逐步健全,实现程度由 2010 年的 88.4%提高到 2013 年的 93.59%。

表 1-21 2010~2017 年宁夏全面小康监测数据

监测指标	标准值(2020 年)	2010 年	2011 年	2012 年	2013 年	2014 年	2015 年	2016 年	2017 年
人均 GDP(元)	≥31400	26860	33043	36394	39421	41610	43805	46919	47194
R&D 经费支出占 GDP 比重(%)	≥2.5	0.68	0.73	0.78	0.82	0.87	0.88	0.88	0.95
第三产业增加值占 GDP 比重(%)	≥50	41.6	41	42	42	43.31	44.4	45.6	44.6
城镇人口比重(%)	≥60	47.96	49.8	50.7	52	53.61	55.2	56.3	57.9
失业率(城镇)(%)	≤6	4.35	4.24	4.18	4.06	4.02	4.02	3.92	3.87
基尼系数	≤0.4	0.622	—	—	—	—	—	—	—
城乡居民收入比(以农为 1)	≤2.80	3.01	2.915	2.879	2.826	2.769	2.762	2.756	2.745
地区经济发展差异系数(%)	≤60	46.4	—	—	—	—	—	—	—
基本社会保险覆盖率(%)	≥90	69.6	—	—	—	—	—	—	—
高中阶段毕业生性别差异系数(%)	1	95.33	—	—	—	—	—	—	—
居民人均可支配收入(元)	≥15000	10046	11470.16	13101.057	14680.04	15907	17329	18832	20562
恩格尔系数(%)	≤40	38.4	36.05	34.6	33.2	—	31.25	29.95	29.8
农村恩格尔系数		—	37.3	35.3	34.4	—	32.2	30.8	30.8

续表

监测指标	标准值（2020年）	2010年	2011年	2012年	2013年	2014年	2015年	2016年	2017年
城镇恩格尔系数	—	—	34.8	33.9	32	—	30.3	29.1	28.8
人均住房使用面积（平方米）	≥27	27	28.086	28.26	26.964	29.86	30.65	31.3	—
5岁以下儿童死亡率（‰）	≤20	16.4	—	12.58	—	—	5.12	—	8.77
平均预期寿命（岁）	≥75	73.38	—	73.8	—	—	74.31	74.68	74.68
公民自身民主权利满意度（%）	≥80	82	92	93	94	94	—	—	—
社会安全指标（%）	≥100	91.26	—	—	90.54	91.33	93.6	92.7	93.7
文化产业增加值占GDP比重（%）	≥5	1.91	—	—	—	—	2.23	2.35	2.37
居民文教娱乐服务支出占家庭消费支出比重（%）	≥16	8.5	9.35	10.77	12.19	11.37	12.59	11.86	12.74
平均受教育年限（年）	≥10.5	7.76	8.39	8.37	8.71	8.55	8.89	9.2	9.65
单位GDP能耗（吨标准煤/万元）	≤0.84	4.07	—	2.119	1.891	1.823	1.998	1.775	1.904
常用耕地面积指数（%）	≥100	113.5	113.3	128.6	128.4	128.9	—	—	—
环境质量指数（%）	100	85.6	—	—	—	76.6	73.9	76.2	76.4
总体（%）	100	66.2	70.4	72.11	76.63	78.52	—	—	99.62

资料来源：宁夏统计局、《宁夏统计年鉴》（2011~2018）、《宁夏环境状况公报》（2011~2018）。

"民主法制"主要通过公民自身民主权利满意度和社会安全指数两项指标反映民主法制情况。根据监测数据，2010~2013年，民主法制的实现程度提高了5.19%。公民自身民主权利满意度从2010年的82%提高到2014年的94%，实现程度达到100%；社会安全指数从2010年的91.26%提高到2017年的93.7%，实现程度达到98%。

5. 社会事业稳步发展

文化教育事业稳步发展，实现程度由2010年的58.7%提高到2013年的82.73%。"文化教育"主要通过文化产业增加值占GDP比重、居民文教娱乐服务支出占家庭消费支出比重和平均受教育年限这三项监测指标来反映文化教育方面的发展情况。根据数据监测，2010~2013年，文化教育的实现程度提高了24.03%。文化产业增加值占GDP比重从2010年的1.91%上升到2017年的2.37%，增加了0.46个百分点，离标准值（2020年）越来越近；居民文教娱乐服务支出占家庭消费支出比重从2010年的8.5%提高到2017年的12.74%，提高了4.24个百分点，但仍没达到目标值。

6. 资源环境恢复良好

资源环境恢复态势良好，实现程度由2010年的49.7%提高到2017年的54.59%。"资源环境"主要通过单位GDP能耗、耕地面积指数和环境质量指数三项监测指标反映资源环境利用情况和环境保护成果。根据监测数据，2010~2017年，资源环境实现程度提高了4.89%。单位GDP能耗从2010年的4.07%下降到2017年的1.904%。

（二）宁夏区内全面小康实现程度分析

银川市的全面小康实现程度从2010年的78.40%提高到2013年的85.30%，在全区保持领先地位。2010~2013年，其他市也处于不同程度的上升趋势。以全面小康实现程度来比较，从高到低依次是：银川市、石嘴山市、吴忠市、固原市、中卫市，如表1-22所示。

表1-22 宁夏区内五市全面建设小康社会实现程度

单位：%

地区	2010年	2011年	2012年	2013年
银川市	78.40	81.70	83.75	85.30
石嘴山市	75	78	75.6	75.60
吴忠市	68.70	67.40	65.98	69.90
固原市	61	62.10	65.2	67.88
中卫市	64.20	66.10	64.19	65.18

资料来源：宁夏统计局、《宁夏统计年鉴》（2011~2014）。

2017年，银川市全年实现生产总值1803.17亿元，同比增长8.0%，人均地区生产总值81656元，第三产业实现增加值833.18亿元，增长10.1%，第三产业增加值占GDP比重只有41.6%，城镇人口比重为74.79%。石嘴山市全年实现生产总值446.32亿元，增长10%，人均GDP达到59474元，第三产业实现增加值134.74亿元，增长6.1%，第三产业增加值占GDP比重为46.2%，城镇人口率为77.09%，年末城镇登记失业率为3.61%，同比下降0.1%。吴忠市经济总量为508.1亿元，比上年增长8%，人均GDP为36392.5元，第三产业完成增加值151.3亿元，增长7.5%，第三产业增加值占GDP比重的29.8%，城镇人口比重为49.03%，年末城镇登记失业率为3.42%。固原市全年实现地区生产总值270.09亿元，比上年增长7.6%，人均GDP为22061元，第三产业增加值为144.99亿元，增长8%，第三产业增加值占GDP比重为53.7%，城镇人口比重为36.31%，年末城镇登记失业率为3.76%。中卫市全年实现地区生产总值374.14亿元，比上年增长7.5%，人均GDP为32375元，第三产业完成增加值154.16亿元，增长9.1%，第三产业增加值占GDP比重的41.2%，城镇人口比重为43.14%，年末城镇登记失业率为3.49%。银川市地区生产总值最高，依次是吴忠市、石嘴山市、中卫市、固原市。银川市人均GDP较高，依次是石嘴山市、吴忠市、中卫市、固原市。固原市第三产业增加值占GDP比重较高，依次是银川市、石嘴山市、中卫市、吴忠市。

2017年银川市人均可支配收入32981元，城镇居民恩格尔系数28.8%，城市居民人均住房建筑面积31.4平方米，增长2.1%，农村居民人均可支配收入130087元，增长4.0%，农村居民恩格尔系数30.8%，农村居民人均住房建筑面积32.7平方米，下降20.2%。石嘴山市人均可支配收入17508.79元，城镇居民恩格尔系数36.4%，城镇居民人均住房建筑面积29.39平方米，农村居民恩格尔系数31.3%，农村居民人均住房建筑面积33.99平方米。吴忠市人均可支配收入25364元，城镇居民恩格尔系数28%，城镇居民人均住房建筑面积33.13平方米，农村居民恩格尔系数32%，农村居民人均住房建筑面积30.75平方米。固原市人均可支配收入24628.2元，城镇居民恩格尔系数27.5%，农村居民人均可支配收入8578.8元，农村居民恩格尔系数32.5%。中卫市人均可支配收入25344元，城镇居民恩格尔系数24.3%，农村居民恩格尔系数25.5%，城镇居民人均住房建筑面积36.3平方米，农村居民人均住房建筑面积32.4平方米。银川市人均可支配收入较高，依次是吴忠市、中卫市、石嘴山市、固原市。恩格尔系数处于目标范围内，依次是中卫市、银川市、石嘴山市、吴忠市、固原市。中卫市人均住房建筑面积较高,依次是吴忠市、银川市、石嘴山市。

2013年,宁夏五个城市的文化产业增加值占GDP比重的实现程度在20%左右,居民文教娱乐服务支出占家庭消费支出比重的实现程度在75%左右,平均受教育年限的实现程度在78%左右。截至2013年,五个城市的单位GDP的能耗实现程度在21%左右,环境质量指数的实现程度在92%左右。石嘴山市全年能源消费总量1500.06万吨标准煤,比上年增长4.5%,单位GDP能耗2.720吨标准煤/万元,比上年下降2.5%。吴忠市能源消耗量为728.71万吨标准煤,比上年增长2.3%,万元GDP能耗比上年下降5.25%。中卫市能源消耗量约958.78万吨标准煤,比上年增长1.9%,万元GDP能耗同比下降5.2%。

从纵向分析看,宁夏全面建设小康社会的实现程度逐年提高。"经济发展"指标的实现程度由2010年的61.7%提高到2013年的75.39%;"社会和谐"指标的实现程度由2010年的70.9%提高到2013年的72%;"生活质量"指标的实现程度由2010年的73.2%提高到2013年的84.35%;"民主法制"指标的实现程度由2010年的88.4%提高到2013年的93.59%;"社会事业"指标的实现程度由2010年的58.7%提高到2013年的82.73%;"资源环境"指标实现程度由2010年的49.7%提高到2013年的54.59%。但从区内各地实际看,银川市全面建设小康的实现程度居全区首位,2013年其全面小康实现程度为85.3%,石嘴山市次之,其全面小康的实现程度为75.6%,吴忠市位居第三,其全面小康的实现程度为69.9%,固原市位列第四,其全面小康的实现程度为67.88%,中卫市居末,其全面小康的实现程度仅为65.18%。可见,宁夏全面建成小康社会的实现程度整体上虽然逐年上升,但区内全面建成小康的实现程度还存在显著的不平衡。实现程度最高的银川市高出实现程度最低的中卫市20多个百分点。上述分析表明,横向对比和纵向分析均显示,宁夏的全面小康进程不仅存在明显的差距,而且自身还存在明显的差异短板,这些小康进展缓慢的地区均为贫困分布的集中区。

第二章 理论篇

第一节 区域贫困的理论综述

一、自然环境决定理论

自然环境决定理论的中心观点是自然环境对人类社会的经济发展、政治发展起着绝对的主导权和支配作用，自然环境包括气候、地形地貌、山川河流、植被类型、矿产资源等，每个因素都对人类的发展起着关键的作用。自然环境决定理论最早提出是在16世纪，盛行于19世纪和20世纪，并且一直争论不断。毋庸置疑，人类的生存离不开肥沃的土壤、适宜的气候、干净的水资源、丰富的森林资源等，但随着人类社会的发展，自然环境包含了越来越多的社会因素。随着学者对贫困的认识不断深化，在后期的研究中，人们认为自然环境因素和资源条件地理区位因素与经济因素、制度因素一样，都会影响社会财富的流动，导致地区的贫困现象发生。除了社会经济因素的影响以外，因地域之间的差异、自然环境的不同而给地区之间带来的发展不平衡所导致的贫困也是一个不可忽视和至关重要的现实问题。

许多学者不仅研究贫困的地理空间分布特征，而且也研究自然环境以及资源各要素对贫困的影响，从贫困与自然环境所能容纳的最大人口数量、贫困与土地、贫困与环境退化、贫困与空气质量等因素探讨自然环境、资源要素与贫困之间的相互关系。早期的自然环境决定理论认为气候决定个人或民族的性格，甚至决定个人的经济地位与社会成就。随着学术界不断地将自然环境理论与贫困进行深入探究，认为基本生活品的短缺是导致贫困的最初之因。

无疑，自然环境的各个要素对贫困发生都有极大的影响力。①气候与农业。气候条件良好的地区，农业产出有着较高的水平，以高寒气候的青藏高原与水热充足的华北平原对比，前者的农业产出率远低于后者，所以前者陷入贫困的可能性更高。②地域与工业布局。从人口分布来看，平原地区人口分布数量远多于高原地区，再加上海拔较高的地区交通不便、信息封闭，造成高海拔地区生产活动成本较高，给工业布局带来不小的障碍。中国的大部分贫困人口分布在山区的事实，也间接证实了这一点。在传统的小农经济中，地形因素的阻碍不明显，但对经济市场化的今天，海拔高度成为地区发展和摆脱贫困必须严肃对待的问题。③土地和粮食。任何一个国家的国土面积在某一时间段内是不变的。土地会随着耕种年限的增长，其肥力会下降。不同的地区、不同的气候，其土地的质量会有所不同，随着科技的进步，土地单位面积的产量增高，但其生产成本不断增大，人口数量不断增加，可供养的人口在不断地减少，形成"人多地少"的现象。由于耕地短缺、耕地质量较差等原因造成农民在经济上的相对贫困，现如今越来越多的农民因各种原因变为失地农民，随着年老体力不支，无法再就业，导致贫困加剧。④水资源与疾病。水资源是维持生命的必需品，由于水资源的空间分布不均、降水不足、生活用水和工业用水都受到降水季节性的影响较大，给生活在缺水地区的居民带来不便。另外，水质无法保证，含有超标的氟、硫等危害人体健康的元素，导致身体疾病不断发生，因缺水而患病，因患病而致贫的例子也不在少数。⑤矿产资源和经济发展。矿产资源在现代经济发展中扮演着重要的角色，矿产资源的储量与地区之间的经济发展呈正相关的趋势，矿产资源的分布不均和数量的有限性成为各国进行资源掠夺的动因，而丰富的矿产资源会带来相对的发展优势，依托丰富的矿产资源也会带动经济发展，增加当地居民的收入；反之，在矿产资源稀少的地区就少了一项收入来源途径，相比之下，该地区和人口就会相对贫困一些。

泰勒认为，以华生和洛克为代表的自然环境决定理论过于夸张了气候因素对人类的影响，人的活动和发展都会受到地理环境的严格限制。萨克斯肯定了贫困的根源在于自然地理原因，大多数国家的贫困人口分布在生态环境恶劣的、地理位置偏僻的、公共服务和公共设施不足的农村地区，所以该地方更为贫困。马克思、恩格斯认为，自然环境决定人的物质生产生活方式，不同于传统的自然环境决定论。总之，随着人类社会不断发展，贫困受自然环境的制约程度已大大减小，但自然环境对人类社会发展的制约作用一直存在，无法消除环境对人类的根本影响。

二、人口理论

不同的社会形态有不同的社会人口特征，不同时期的社会人口环境产生了不同的人口理论。人口理论是人口发展的基本学说，是人们对人口发展的系统化、理论化的认识。本书的人口理论主要以英国经济学家马尔萨斯的《人口原理》为出发点进行综述。

马尔萨斯人口的观点是站在经济发展的角度，在剔除政治因素、宗教因素后提出的。其《人口原理》一书主要内容可概括为两个公理、两个级数理论、两个抑制、一条规律、一个适度和一个结论。两个公理分别指食物是人类生存的必须物质和两性之间的情欲是必然的，且几乎会保持现状。这两个公理是马尔萨斯人口理论的两条永恒的法则。

两个级数理论是指在两个公理的基础上，马尔萨斯推论，人口在不受任何限制的前提下，人口增长能力会以几何比例增加且增殖力无限大，而生活资料以算数比例增加，将在未来某一时期，因为土地的生产能力会呈下降趋势，为人类提供的生活资料的能力也会下降，其导致的结果是：有限的土地资源无法养活过量的人口，就会出现穷人越来越穷，贫困不堪，极度贫困现象的发生，久而久之，陷入贫困"泥潭"的人口基数也会增大。

两个抑制：马尔萨斯认为，通过恶劣的生活条件与疾病、战争、瘟疫、饥荒等方式来缩短人的寿命，从而提高死亡率来抑制人口的增长，把这种方式叫作积极抑制。另一种方法是马尔萨斯称作的预防性抑制，主要有道德抑制和罪恶抑制。

一条规律是指土地生产力递减的规律。当土地面积不变时，在一段时间的耕种期内，土地的生产力较为良好，但土地的肥力达到极限时会出现递减趋势。对其增加更多的资本投资不能获得更多的土地产出回报，当人口增长到接近土地肥力极限时，土地满足不了当下人口对食物的所需，便会出现饥荒、瘟疫、疾病、战争等社会问题，此时，马尔萨斯认为"两个抑制"手段会发挥极大的作用，将人口数量降到食物所能供养的水平之下。当一段时间过去之后，食物的供给量会增加，人口数量又会增加，又因为同样的原因受有限土地的限制，把这种人口数量和有限的土地生产力之间的此生彼长的循环波动称作为"人口波动理论"，是马尔萨斯的《人口原理》的核心内容，也被后人称为"马尔萨斯陷阱"。

一个速度指人口增长必须根据现有的土地生产力而有一个适度的限度，若没有了限度，出生率过高，将会带来灾难性的后果。

一个结论是根据"两个级数理论"得出的，即较强的人口增殖力为贫困埋下了隐患，因将人口增殖量与生活资料保持平衡。

综上所述，马尔萨斯的人口理论存在着一定的先进性和局限性，并且当时马尔萨斯在出版《人口原理》一书时，人们对此书的评价也是褒贬不一，不同的学者对马尔萨斯的观点也褒贬各异。

马克思认为，人具有消费和生产的双重性，人可以依赖自我调节使人类物质资料的生产满足人类自身的发展需求。他批评马尔萨斯不能把"自然界的分解与繁殖的规律"应用于人类社会。葛德文认为，马尔萨斯的"道德抑制"力量太小，是一种靠不住的方式。西门、恩格斯、李嘉图等都对马尔萨斯的人口理论进行了批判。然而也有学者赞同马尔萨斯的人口观点，比如科沙、马尔夏、柏登、柯恩等都肯定了马尔萨斯对人口发展的贡献。

新中国成立后，人口迅速增长与生产设备不足的矛盾突出、与工业原材料增长缓慢之间的矛盾、与耕地面积逐渐缩小之间的矛盾、与资料积累之间的矛盾日益突出。为解决人口问题，马寅初认为，中国应大力发展生产、提高人口素质，并运用行政、经济手段实行计划生育政策，提倡晚婚晚育，不断控制人口数量，限制人口量的增长、定期进行人口普查，为给我国的人口政策制定提供合理准确的数据依据，提倡建立人口动态统计。

三、收入再分配理论

收入再分配的反贫困理论在20世纪20年代获得了较大的发展，其核心内容是通过国民收入的再分配，把社会财富向贫困地区合理地转移。很多国家把该理论运用了实践之中，通过收入再分配的手段来解决贫困问题，确实保障了贫困人口的基本生活，减少了绝对贫困人口的数量，而且提高了贫困资源的合理配置效率，有利于社会资源的公平分配，在反贫困中起到了积极作用。

收入再分配的反贫困理论的理论基础是福利经济学理论。20世纪初，福利经济学发展逐渐成熟，其理论关注社会所有成员的福利水平，而不只是政府对贫困人口的财政转移支付和民生保障制度。1920年，英国经济学家庇古在《福利经济学》一书中提出，可以通过间接或直接转移的方式把社会财富向贫困者转移。福利经济学理论的核心是对国民收入进行再次调整，将社会财富进行再次流动，且主要的流动方向是从富人向穷人、从健康转向体弱多病者、从富饶的地方向贫穷的地方、从在职向失业者不断流动。福利经济学认为，把一个社会福利的高低水平作为判断一个社会好与坏的标准。庇古认为影响经济福利的主要因素有两点：其一，国民收入的高低；其二，国民收入在社会成员中的分配情况。根据这个逻辑思维，他更深一层地指出，要特别注重某一个因素对穷人实际收入产生的损益，因为这是决定该因素是否有利于国民收入的判断准则。于是，庇古提出用"收入均等化"来解决贫困问题，根据边际效应递减规律，随着一个人的收入不断增多，对货币所产生的效用满足感就会越小。因此，引导鼓励富人捐款、积极做慈善或是向富人征税把货币从富人转移到穷人手中，从而提升货币的边际效应，社会的整体福利水平就会增大，政府以财政补贴的方式可以使贫困者获得低价格的生活日常品。通过降低房屋造价成本来降低房租，对贫困者的住房进行补贴，对于政府垄断性的公用事业，政府可通过补贴降低服务价格使更多的贫困者可承担起并满足日常生活、日常交通出行的需要。总而言之，通过转移补贴的形式会直接增加贫困者的实际收入。

收入再分配理论主要研究政府以何种理念、主张、方式参与分配，不同的学派对收入分配理论的主张有所不同，经过多年的发展，以边沁和穆勒为代表的功利主义学派认为，收入再分配要实现大多数人的利益最大化，要注重大多数人效用的最大满足，要把分配总量做大才能使社会的每一个成员分配到更多的利润。但该学派反对政府通过收入再分配的形式实现社会收入分配的平均化，而是主张通过税收和转移支付把高收入者的部分收入合理地转移给低收入者，以促进社会的整体公平。

以弗里德曼为代表的货币主义学派认为，不应该给处在社会收入底层的人发放差额补贴。此学派提出了正负所得税相结合的双向调节收入的再分配方式，在目标明确的分配资金补贴穷人方面有明显的优势，耗费较少的人力、物力、资金来帮助穷人树立独立自我奋斗、勤勉工作的意识，减少对国家补贴的依赖心理。

四、涓滴理论

涓滴理论又称为"涓滴效应""渗漏效应""滴漏效应"，是指在社会经济发展过程中，不对贫困地区和贫困人口进行特殊的关照和政策倾斜，而是通过优先发展起来的群体或地区，通过他们的消费、就业等方面来惠及贫困阶层或贫困地区，带动他们发展并走向富裕之路。涓滴理论的支持者认为，不断的消费行为会促进经济的发展，最终惠及穷人，财富就像水一滴一滴地向下"涓滴"或是"渗漏"，从而达到穷人不再贫困的目的。

从涓滴理论的发展历史看，其兴起于"二战"后。第二次世界大战停息之后，民族独立运动的呼声再次掀起高潮，刚从殖民者手中独立出来的国家正处在极度贫困和极度落后的状态之下，对此，其改变贫困现状的意愿无比强烈。涓滴理论的出现，把反贫困的聚焦点从西方发达的资本主义国家转向发展中国家。另外，为应对1929年金融危机的影响，减轻金融危机的打击，降低失业率，维护社会的稳定，很多发达的资本主义国家也在寻求新的反贫困理论。因此，涓滴理论在"二战"后为发展中国家反贫困的实践提供了一个行动上的指南。

1957年，赫希曼正式提出涓滴效应理论，他认为贫困问题是经济发展不平衡中的一个艰难的挑战，解决贫困问题的核心是寻求贫困产生的根源和阻止贫困继续向下一代传递，他指出，很多发展中国家经济发展存在失衡的现象。因其有限的生产力水平，发展中国家的经济增长很难实现平衡增长，因此，赫希曼主张在经济水平发展的初期阶段，按照地区之间经济发展程度的不同应配备不同的政策，以提高和促进发达地区的经济发展而带动不发达地区的经济发展水平。

涓滴理论的支持者肯定了给予富人针对性地降低税率这一观点，让富人手中拥有更多的财富，可以促使他们进一步投资，从而带动经济增长，但这种政策的实施并不能立竿见影，也不能在短期之内见到想要的效果，只有经过一段时间的"涓滴"之后，效果才会显现出来。但据实际调查表明，涓滴理论在现实中还存在以下两个问题：其一，高收入者拥有更高的边际储蓄倾向，因而，减税政策使得高收入者的收入更多，可其并未进行消费投资，而是储蓄起来减少资本的流动。其二，较高的可支配收入可以累积财富，这种资本累积就像"滚雪球"，会使高收入者拥有更多的财富，从而把收入差距和个人拥有的财富差距拉大，社会中会出现"极化效应"。

五、赋权理论

将赋权理论运用到经济和反贫困的人是阿马蒂亚·森，他开创了反贫困理论领域的先河。该理论有五个基本假设：其一，处于社会弱势地位的人长期缺乏参与机会而造成个人对此生活环境的排挤和压力而感到力不从心。其二，社会环境中存在着直接或间接使人无法发挥自己能力的阻力。其三，每个人都不缺少能力且个人的能力可以通过后续的培养和锻炼而不断增强。其四，社会服务者所提供的服务是帮助被服务者去除压制和排除力不从心之感，使被服务者获得能力并正常发挥其社会的功能。其五，服务对象和社会工作者是合作伙伴关系，两者都希望彼此向好的方向发展。索罗门认为主要从个体层面、人际关系层面、社会参与层面来赋予权利，充分地让个体相信自己有能力与社会环境融合，充分地让主体相信自己具备足够的能力去改变逆境并且有能力应对不期而遇的风险，做自己生活的主宰者。从这五个基本假设中可以看出，阿马蒂亚·森强调人的主体性以及人的能力，尤其是基本的能力。

阿马蒂亚·森认为，贫困的根源是可行能力的缺失，摆脱贫困不仅是确保食物供应，而且还应经过体制调整，构建一个合适的社会制度，并通过赋予权利来保证贫困者具有可享受教育和基本医疗卫生的权利。他认为，贫困就是能力不足与能力的被剥夺。阿马蒂亚·森的反贫困理论改变了传统以收入高低作为贫困的判断依据，他从收入和能力两个方面来研究反贫困问题，使人们对贫困有了更深一层的理解。但赋权理论也存在着明显缺陷，它过于强调发展和提升个人的能力，而未寻求社会变革，因此把社会变迁的责任追究到人的身上。另外，该理论没有明确指出对于那些根本缺乏足够的能力去面对自己生活的贫困者该如何自食其力。

第二节　精准扶贫的提出及其理论基础

一、精准扶贫提出的背景

新中国成立以来，我国在各个方面的发展取得了巨大的成就。政治、经济、文化发展速度较快，综合国力显著提升，但贫困问题一直是制约我国城乡均衡发展的关键因素。新中国成立之初，国家积极采取措施解决贫困问题。改革开放以来，我国政府解决贫困问题的力度不断加强，大致可分为以下四个阶段。

1978~1985 年：该阶段，我国大力解放农村生产力，以促进农民生产积极性的方法来改善我国农村普遍贫困的现状。在扶贫政策上不断跟进社会经济的发展步伐，以增加群众收入为主，开展相关有益于扶贫的活动为辅，在此期间，农村贫困人口大量减少，由原来的 2.5 亿人减少到了 1.25 亿人，贫困人口占到了农村人口的 17%左右。

1986~1993 年：随着扶贫力度不断加大，国家开始大规模的扶贫并走上了开发式的扶贫道路，在此期间，农村的经济发展较为快速，经济水平也有所提高。但农村存在发展不平衡的问题，贫困带有明显的区域性和插花分布的特征，并且在全国各地都存在大面积的区域性贫困。所以，在此期间追求贫困地区整体经济增长的同时，不断带动贫困人口脱离贫困。

1994~2000 年：此阶段，我国东西部经济发展差距逐渐拉大，西部人均生产总值远低于东部地区，因此国家采取针对性极强的措施来扶贫。如1995年在贫困地区实行义务教育工程，1997年实行部分地区小额贷款政策，1997年通过定点扶贫政策帮助偏远地区脱离贫困。

为了保证贫困可比、给贫困一个恰当的测度，同时确定我国贫困人口数量，结合我国实际，国家最早确立了两个农村贫困线标准，即贫困标准和低收入标准，2008年两者合二为一，定为1196元。其中，贫困标准是绝对贫困线，自1995年以来，主要按照大多数发展中国家采用的"马丁法"进行测算，该方法的重点是考虑食物贫困线和非食物贫困线两部分。2011年以前，国家统计局根据农村住户调查数据，分别对1985年、1990年、1994年、1997年的贫困线进行了测定，其他年份的贫困线则根据消费价格指数进行调整。2011年11月，中央扶贫工作会议召开，大幅度提高了农村贫困线标准，从2010年的1274元调整至2300元，使更多的人被纳入扶贫范围，如表2-1所示。

表2-1 中国历年贫困线标准

单位：元

年份	1985年	1990年	1995年	2000年	2001年
贫困线	161	271	518	625（865）	630（872）
年份	2002	2003	2004	2005	2006
贫困线	627（869）	637（882）	668（924）	683（944）	693（958）
年份	2007年	2008年	2009年	2010年	2011年
贫困线	1067	1196	1196	1274	2300

2001~2010年，在这十年里，我国经济发展迅速，贫困人口占农村总人口的比例大幅下降，但仍有一部分人口尚未脱贫且存在较多数量的绝对人口，甚至出现返贫现象。在此期间，主要集中人力物力来解决绝对贫困人口的温饱问题，防止已经脱贫人口的返贫，以避免再次贫困，通过参与式扶贫的方法，以村为单位进行综合开发，从而达到整村改善贫困现状，并进行劳动力培训、转移和产业化的扶贫措施。在此阶段，贫困县乡村的基础设施建设方面、科技教育方面和生态环境方面都得到了明显的改善。要实现2020年全面建成小康社会的宏伟目标，必须使目前的贫困人口全部脱贫，才能真正使老百姓过上幸福安康的生活。

根据国家统计局数据，党的十八大以来，中国农村贫困人口累计减少6853

万人。全国农村贫困人口从2012年末的9899万人减少至2017年的3046万人，累计减少6853万人；贫困发生率从2012年末的10.2%下降至2017年的3.1%，累计下降7.1个百分点，如图2-1、表2-2所示。

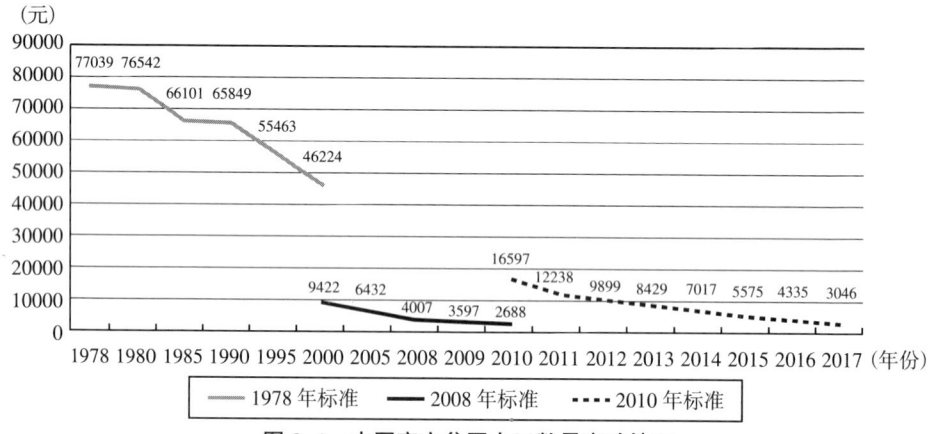

图2-1 中国官方贫困人口数量变动情况

资料来源：国家统计局（2018）。

表2-2 我国贫困人口数量变动情况

年份	1978年标准（元/人·年）	人数（万人）	2008年标准（元/人·年）	人数（万人）	2010年标准（元/人·年）	人数（万人）
1978	100	77039			366	
1980	130	76542			403	
1985	161	66101			482	
1990	271	65849			807	
1995	518	55463			1511	
2000	625	46224	865	9422	1528	
2005	683		944	6432	1742	
2008			1196	4007	2172	
2009			1196	3597	2300	
2010			1274	2688	2536	16597
2011					2625	12238
2012					2736	9899
2013					2800	8429
2014					2855	7017

续表

年份	1978年标准（元/人·年）	人数（万人）	2008年标准（元/人·年）	人数（万人）	2010年标准（元/人·年）	人数（万人）
2015						5575
2016						4335
2017						3046

注：同一标准，不同年份之间的数值显然不同，但代表了同一生活水平，是可比的，而不同标准代表了不同的生活水平，是不可比的，是"不同"的标准。

资料来源：①国家统计局历年农村贫困监测报告。②根据国家统计局历年数据整理所得。

虽然扶贫工作经过多年的开展和实施，取得了显著的成绩，但仍然存在如下问题：第一，扶贫措施以政府为主导。以行政推动为主，在制度上缺乏鼓励措施和激励性的措施，由此导致帮扶对象形成了一种等待和懒惰的心理，不思进取、安于现状的生活状态，养成了一种向政府"伸手拿，张口要"的不良习惯，显然，这种扶贫方式缺乏可持续性。第二，贫困政策缺乏瞄准性。部分贫困人口会被忽略，或者对贫困户的识别相对困难，缺乏衡量和认定贫困户的一整套体系化的依据。第三，注重以工业项目或者工业开发助力脱贫，而且忽视了农业的发展，以及土地利用率低，并且农田种植面积出现逐年减少的现象。第四，扶贫方式粗放，效率不高。过去"大水漫灌"的扶贫方式，使得有限的贫困资源被无的放矢，也影响了扶贫的效率，造成了资源浪费。第五，忽视了精神层面和意识层面的脱贫。在过去的扶贫工作中，注重物质资源的投入，在精神脱贫、教育、改变脱贫观念等方面所投入的时间、精力较少，忽视了扶贫先扶志（智）的要求。

基于我国扶贫工作开展多年以来总结出的经验和教训，习近平总书记于2013年11月3日在湖南18洞村与当地村民村干部交谈时，首次提出了实事求是、因地制宜、分类指导的精准扶贫的重要指示，精准扶贫的思想首次被提出。2014年1月，国家详细规定了精准扶贫工作的顶层设计，促进了精准扶贫思想落地实施，同年3月，习近平同志进一步强调精准扶贫的理念。2015年1月，习近平总书记在云南省调研时，强调坚决打好扶贫开发攻坚战，加快民族地区经济社会发展。5个月后，总书记来到与云南毗邻的贵州省，强调要科学谋划好"十三五"时期扶贫开发工作，确保贫困人口到2020年如期脱贫，并提出扶贫开发"贵在精准，重在精准，成败之举在于精准"。至此，"精准扶贫"成为学术界和经济领域关注的热词。

二、精准扶贫的内涵

自 2013 年 11 月"精准扶贫"被提出后，其概念不断深化和扩展。笔者认为，精准扶贫是相对过去粗放扶贫方式而言的，它的核心是指集中社会各方力量，重视贫困问题，聚集贫困村/户，对贫困申请者进行精准识别，引导各类扶贫资源优化配置，实现扶贫到村到户，构建精准扶贫工作长效机制，追求高质量的扶贫成绩，主要包括精准识别、精准帮扶、精准管理和精准考核。

精准识别是精准扶贫的前提基础，重点是精准。要改变以往"一刀切，大而全"的保护方式，要尊重贫困地区、贫困家庭人口的差异性，因地制宜地制定合理高效的可实施性强的帮扶政策，并且确保帮扶政策落实到户、到人，最好是因户施策，通过入户调查，了解每家每户的致贫原因，因户施策，帮助贫困户脱贫。同时，精准管理精准帮扶的保证。将所有被划入贫困范围内的贫困户和贫困村的具体信息进行细致入微的了解，运用信息化手段进行科学管理，贫困者的信息要及时更新，在信息比对时，若发现问题要及时指导或及时调整，确保最需要扶贫的群众能够被扶持。

精准帮扶是指在精准识别扶贫对象的基础上，根据贫困对象的实际情况和致贫原因，制定精确的帮扶计划和对策，明确精准帮扶的具体责任单位和责任人，确定适合当地实际情况的帮扶产业，针对性地实施"一村一策""一户一策"，确保每村每户都有适合自身需求的脱贫对策。相比传统的帮扶方式，精准帮扶更注重从更深层次原因入手解决脱贫问题，更加注重产业到户扶贫方式，更加注重精神文化层次的帮扶力度，集中可利用的人力物力资源集中突破重点人群和重点区域。这是对传统扶贫方式"一刀切、大而全"，重视整体不重视特殊性的纠偏。

精准管理是指在精准识别帮扶对象之后，利用现代科技手段将相关信息集中处理、分类、分析，真正实现扶贫对象、脱贫进程、帮扶措施监管的动态化、立体化和信息化。精准管理包括三个方面的内容：一是准确无误地建立数据库，将相关数据及时录入系统。二是利用数据库及时对扶贫工作进展情况进行分析，从而确定扶贫措施是否可行有效，为上级部门的科学决策提供有益的借鉴和参考。

三是及时对扶贫对象的资料进行维护、修改，对于实现脱贫人员及时调整出数据库，同时对随着经济社会水平的提高纳入低于扶贫线生活水平的人员，保证扶贫对象能退能进，实现动态管理。除此之外，精准管理过程中对驻村帮扶人员、扶贫工作人员的日常工作实绩情况也进行录入统计，从而为下一步的精准考核打下坚实的基础。

精准考核是指相关权限部门在一定时期的帮扶之后对相关的责任主体进行量化考核。精准考核就是督促贫困地区的地方政府将精准扶贫作为工作重点。一方面，通过精准考核可以更加准确系统地掌握该区域内扶贫工作现状，及时总结好的经验做法，纠正不科学不合理的举措；另一方面，可以避免以前考核容易走形式化的弊端，在保证工作积极性的同时真正传导压力，促使相关责任主体采取更有力的举措，真正完成精准扶贫任务，避免陷入"年年扶贫年年贫"的怪圈。

三、精准扶贫的战略意义

精准扶贫战略思想是对过去数十年扶贫开发经验的总结与提炼，在原理论的基础上，通过实践的检验和升华，是从过去30多年扶贫经验中总结出来的精髓，是扶贫理论的新高度和新发展，也是尚未脱贫人口摆脱贫困命运的指导思想，所以，精准扶贫具有远大的战略意义。主要体现在以下几方面：

第一，精准扶贫强力助推第一个百年目标的实现。2020年是全面建成小康社会的关键之年，是实现两个百年目标中第一个百年奋斗目标的关键之年，随着时间的不断推移，贫困任务依然很艰巨。这是全面建成小康社会的最大障碍，因此实施精准扶贫方略，有利于高效解决目前贫困现状，以保证如期脱贫。

第二，精准扶贫贯彻落实了共同富裕的最终目标。社会主义的本质是解放生产力、发展生产力、消灭剥削、消除两极分化，最终达到共同富裕。按照精准扶贫战略思想的要求，精准识别贫困者，政策落实到户，进行精准帮扶，最后运用科学、有效的办法进行精准管理。在全过程中做到信息透明化、动态管理的原则，不忽略任何一户贫困家庭，并且合理有效地防止返贫现象发生，避免再次掉入贫困的深渊，真正从源头消除贫困，彻底去除"贫根"，实现共同富裕彰显社会主义制度的优越性。

第三，精准扶贫加快了农村改革的步伐，随着城镇化进程的加快，农村和城市的发展水平差距也逐渐拉大，农村面临医疗基础设施落后的问题，看病、就医难、交不起医疗费用等问题，在突发的大病面前，贫困者毫无抵挡的能力。乡村医生数量的短缺严重导致农民的身体健康问题不能及时诊治。贫困村存在着儿童上学难、教育资源短缺的现象，贫困偏远地区存在大量的危房。精准扶贫在过去的六年里解决了村民生活的许多难题。如分批进行危房改造、建起了砖瓦房、建立新农村、修新路、硬化土坡路、安装道路节能灯、改善农村的基础设施、解决农村看病难题，95%以上的农村居民拥有农村合作医疗，并且提高医疗费用的报销比例，切实减轻贫困群体生活负担。通过精准帮扶也同时加快了农村改革的步伐，促进了城乡公平，使资源配置更高效合理，有利于避免扶贫资源的浪费。

第四，精准扶贫体现了以人为本的发展理念。精准扶贫，主要针对的是贫困村和贫困家庭，最终的目的是精准帮扶贫困者脱离贫困"苦海"，改善贫困的生活条件、生活环境、生活质量、把人的发展放在首位，落实以人为本的科学发展理念。精准扶贫要求政策要落实到实处，项目落实到具体人头，精准扶贫在教育领域投入了大量资金，以促进贫困地区行业的发展，有利于脱贫致富，严格的标准和考核评估方式对扶贫效果进行严格考评。所以，打好精准扶贫攻坚战，真正体现了以人为本的理念，真正把"人"放在了首位。

第五，精准扶贫体现了党的宗旨。中国共产党的宗旨就是坚持全心全意为人民服务，以习近平同志为核心的党中央精心制定合理的精准扶贫方案和方针政策，力求惠及更广大的普通民众，做到权为民所用，情为民所系，利为民所谋，真正体现了党的宗旨。

第六，精准扶贫体现了伟大的中华民族精神。习近平总书记强调，"脱贫致富贵在立志，只要有志气、有信心就没有迈不过去的坎儿"。精准扶贫强调发挥勤劳勇敢的精神。在减贫与发展高层论坛上，习总书记对既扶贫又扶志发表了重要讲话，中华民族的精神也要求自力更生、勤劳勇敢、奋发图强不断从思想意识上帮助贫困者走出贫困的思想怪圈，力争斩断贫困的代际传递，将精准扶贫从"输血"向以贫困者自力更生的"造血"功能转变，发挥精准扶贫过程中脱贫主体的内生动力。

四、精准扶贫在宁夏实施的特殊必然性

精准扶贫在宁夏实施具有特殊必然性。从贫困片区来看，宁夏属于六盘山集中连片区的贫困区域之一，因贫困而出名的是宁夏的"西海固"地区，以"苦贫甲天下"而闻名。

其一，贫瘠的土地。西海固地区位于宁夏回族自治区南山区，是黄土丘陵区的西吉县、海原县、原州区、隆德县、泾源县、彭阳县6个国家级贫困县的统称，该地区占宁夏总面积的58.8%，达到3.04万平方千米，回族人口占到宁夏回族总人口的一半以上，属于黄土高原的干旱地区，位于黄土高原西南边缘。这里地形沟壑纵横，天气恶劣，属温带大陆性半干旱—干旱气候，靠天吃饭，年降雨量最多700毫米，但年蒸发量却高达2400毫米，水源严重短缺，居民用水极为不足。加之流水切割现象和水土流失现象极为严重，为求得生存和农业的发展，千百年来的盲目开垦，造成植被覆盖率低，生态环境极为脆弱，是各种自然灾害的多发地区和频发地区，大部分地方生存条件极差，被联合国确定为最不适宜人类生存的地区之一。如位于宁夏中宁县的喊叫水乡，是宁夏极度缺水的地区之一，被称作"人行百里不见水"的死亡地带。这里满山遍野一年四季看不到一点绿色，一望无际的黄土覆盖了方圆百里。由于缺乏雨水，农业常年颗粒无收。

其二，西海固地区过快的人口增长导致原本脆弱的生态环境严重超载。按照国际粮农组织的标准，西海固地区的人口承载远远大于国际规定的单位平方公里内人口的承载能力。除隆德县外，原州区、西吉县、彭阳县、泾源县、海原县地区的人口出生率都高于宁夏全区平均水平，除了隆德的人口自然增长率低于全区平均水平的8.97‰以外，西海固其他地区的人口自然增长率都远高于全区平均水平。由于人口的过快增长，加速了对西海固地区有限资源的过度开发，导致土地沙漠化和盐碱化不断扩大，人均耕地面积逐年下降，人口、资源和经济发展的矛盾越来越突出。

其三，薄弱的经济基础影响脱贫速度。以2017年为例，西海固地区财政收入仅为18.82亿元，而财政支出高达292.39亿元；农民人均纯收入水平远低于全国的人均水平；产业结构仍以传统的农业为主，受自然气候因素的干扰较大，所

以产量低而且产量不稳定，第二、第三产业对经济的贡献值较低；优势特色产业发展和培育缓慢，未能充分发挥市场机制的调节作用；群众思想观念比较传统和保守，满足温饱现状，内在脱贫动力不足。

其四，落后的基础设施使得贫困现象更为严重。与其他地区相比，西海固地区基础设施建设仍很落后，山路盘曲，交通不便，公路里程较短，其他交通方式较少，这直接影响到当地农业、林业、畜牧业和旅游业的开发。同时，该地区的电网、通信等设施的质量和服务水平也较为落后。此外，水利设施老化、农村教育资源短缺等现象依然严重。

其五，教育滞后进一步加剧了贫困的代际传递。西海固地区农民的受教育程度普遍较低，大部分家庭父母的受教育程度为小学文化或初中文化。迫于生活压力，孩子被迫辍学现象时有发生。因其文化程度低，劳动技能缺乏，步入社会后只能在建筑工地或者餐饮行业等从事一些简单的服务工作。数年后又娶妻生子，如此循环，一代贫困，代代贫困，导致贫困代代相传。

西海固地区经历了数年坚持不懈的艰苦帮扶后，贫困人口数量大幅减少。经过五年的艰苦努力，宁夏建档立卡的贫困人口从2011年的101.5万人下降到2015年的58.12万人。2017年底，贫困发生率已经下降到6%。但无论是从横向还是纵向看，仍然存在不小差距，脱贫攻坚仍面临不小的挑战。

从经济水平看（见表2-3），2017年，宁夏经济增长速度为7.8%，GDP总额再创新高，达到3433.6亿元。无论是经济总量还是人均水平，都与经济发达省份相差甚远。按照2300元（2010年不变价）的农村贫困标准计算，2017年末，宁夏全区仍有19.3万人未脱贫，300多个贫困村和400个贫困县尚未摘除贫困帽，其中海原县就有75个贫困村，3.2万户家庭，一共12.24万贫困人口，占全县总人口的26.3%。可见，改善和保障民生仍是宁夏迫在眉睫的任务。

表2-3　2017年部分地区生产总值及增长速度

地区	地区生产总值（亿元）	第一产业	第二产业	第三产业	地区生产总值比上年增长（%）	人均地区生产总值（元）
北京市	28014.9	120.4	5326.7	22567.7	106.7	114653
天津市	18549.2	169.0	7593.6	10786.6	103.6	118944

续表

地区	地区生产总值（亿元）	第一产业	第二产业	第三产业	地区生产总值比上年增长（%）	人均地区生产总值（元）
河北省	34016.3	3130.0	15846.2	15040.1	106.6	45387
上海市	30632.9	110.8	9330.7	21191.54	106.9	126634
江苏省	85869.8	4045.16	38654.9	43169.7	107.2	107150
山东省	72634.1	4832.7	32942.8	34858.6	107.4	72807
河南省	44552.8	4139.3	21105.5	19308.0	107.8	46674
广东省	89705.2	3611.4	38008.1	48085.7	107.4	80932
陕西省	21898.1	1741.5	10882.9	9274.5	108.0	57266
甘肃省	7459.9	859.8	2561.8	4038.4	103.6	28497
宁夏回族自治区	3443.6	250.6	1580.6	1612.4	107.8	50765
青海省	2624.8	238.4	1162.4	1224.0	107.3	44047
新疆维吾尔自治区	10882.0	1551.8	4330.9	4999.2	107.6	4441

资料来源：《宁夏统计年鉴》(2018)。

从宁夏的区域收入水平来看（见表2-4），宁夏五个市之间的人均收入水平差距较大。2017年，固原市的人均收入水平是宁夏五个地级市中人均收入水平最低的城市，人均收入仅为8579元，与人均收入水平最高的银川市相差4323元。从人均生产总值看，2017年全区的人均生产总值为50765元，而银川市和固原市的人均生产总值分别为81660元和22061元，两者相差59599元，固原市的人均生产总值远低于全区的人均生产总值水平，与银川市、石嘴山市都存在较大的差距，为确保2020年全面消除贫困，必须对宁夏这些地区进行精准扶贫，重点扶持。

表2-4 主要年份宁夏各市县农村居民人均可支配收入

单位：元，%

地区	2013年		2014年		2015年		2016年		2017年	
	收入水平	比上年增长	收入水平	比上年增长	收入水平	比上年增长	收入水平	比上年增长	收入水平	比上年增长
全区总计	7599	12.1	8410	10.7	9119	8.4	9852	8	10738	9
银川市	9341	12	10275	10	11148	8.5	12037	8	13087	8.7
兴庆区	10663	11.8	11677	9.5	12625	8.1	13600	7.7	14788	8.7

续表

地区	2013年		2014年		2015年		2016年		2017年	
	收入水平	比上年增长	收入水平	比上年增长	收入水平	比上年增长	收入水平	比上年增长	收入水平	比上年增长
西夏区	7827	17.2	8618	10.1	9334	8.3	10112	8.3	10975	8.5
金凤区	8359	12.2	9187	9.9	9941	8.2	10746	8.1	11629	8.2
灵武市	9752	12	10756	10.3	11650	8.3	12546	7.7	13659	8.5
石嘴山市	9278	12.1	10215	10.1	10995	7.6	11829	7.6	12880	8.9
吴忠市	7605	12.4	8442	11	9150	8.4	9938	8.6	10912	9.8
固原市	5695	14.3	6395	12.3	7002	9.5	7714	10.2	8579	11.2
中卫市	6681	11	7403	10.8	8002	8.1	8626	7.8	9365	8.6

资料来源：《宁夏统计年鉴》(2018)。

从民族共同繁荣的角度来看，宁夏是全国唯一的回族自治区，回族人口占宁夏总人口的36.31%，主要分布在贫困地区。通过精准扶贫，让政策精准落实到每户民族家庭，合理规划、找出"贫根"、提高收入水平，帮助其脱离贫困，这不仅有利于加快少数民族地区的经济发展，更是促进国民经济整体发展的需求。精准扶贫在这一地区的实施，有利于加快民族地区的经济发展，有利于加强民族团结，促进各民族共同繁荣，具有特殊的重大意义。

从宁夏历年的扶贫方式看，长期以来，对贫困的情况掌握不够精准，贫困程度也不明确，多采用粗放式、"一刀切"的扶贫方式。距离2020年全面建成小康社会的时间极为紧迫，扶贫也进入了攻坚克难的冲刺期，要保证共富路上不落下任何地区、任何民族、任何人，这就要求在精准扶贫思想的指导下，克服扶贫中的"硬骨头"。这是解决宁夏目前面临贫困现状的行动指南，具有特殊必然性。

五、精准扶贫战略的理论基础

精准扶贫战略的提出及其理论体系的进一步发展是基于国内外贫困研究及社会发展研究的丰硕成果之上的。国内学者主要从马克思主义政治经济学、国内外减贫理论、精细社会理论较为成熟的理论视角出发，来讨论精准扶贫的学术渊源及理论依据。

从马克思主义政治经济学的视角看,精准扶贫理论是对马克思主义制度贫困理论的运用和发展,是马克思主义中国化的新的理论发展成果之一。马克思主义制度贫困论的核心观点认为,是制度缺陷造成了贫困,而精准扶贫战略强调通过破除原有扶贫机制体制的障碍来提高精准扶贫实质效果,是对制度贫困理论的继承和发展;精准扶贫理论相较于其他扶贫理论的最大特色是强调"精准",这体现了马克思主义的公平正义观,凸显了扶贫工作的公平性和正义性。

从减贫理论视角看,减贫理论为精准扶贫理论的形成和完善提供了最直接的"养分",其中几个代表性理论是权利贫困理论与包容性增长减贫理念、参与式扶贫理念与合作型反贫困理论,以及涓滴理论与利贫式减贫理念。这些减贫理论强调的参与、赋权、合作、机会均等、公平共享,将穷人作为关注对象等观念为精准扶贫战略的提出和发展带来了有益启发。从精细社会理论导向出发,精准扶贫的制度基础应该是制度的细化与合理化;行动基础应当是政策运行逻辑的规范化与可行性;思想基础应当是扶贫实践的人性化;运行基础则应该是扶贫治理的协同化。

也有学者从中央与地方关系、社会控制、社会成本等角度解读了精准扶贫战略。从中央与地方的关系视角看,精准扶贫具有较强的制度性特征,具体表现为事权下移、扶贫资源传递层级减少;监管权上提,中央二次监管可能性增加;国家入村直接面对村民,代理人角色弱化等。社会控制视角则认为,精准扶贫以贫困户为直接目标并对其行为进行干预,因此可以视为社会控制的一种形式。社会成本视角则将扶贫行为视为公共服务产品,精准扶贫在可能带来脱贫图景的同时,还会产生各类社会成本,这较好地解释了部分精准扶贫政策为何没能得到真正落实。

精准扶贫方略不仅体现了中国特色社会主义的本质要求,同时也是实现全面建成小康社会战略目标的现实需要,因此需要不断地对党的十八大以来学术界有关精准扶贫的研究成果进行梳理和总结,不断从理论上对其进行创新、发展及完善。

第三节 宁夏反贫困政策梳理

1949年以来，我国的扶贫政策一直随着经济社会的发展变化而不断变迁，但大体可以从两个层面（国家和地方）、三个角度来概括（价值取向、时间序列、政策内容），即"公平优先—效率优先—兼顾效率与公平—以人为本"的价值取向；以1949~1977年、1978~1985年、1986~1993年、1994~2000年、2001~2010、2011~2017年六个阶段的时间序列；以"救济扶贫—改革扶贫—开发扶贫—攻坚扶贫—综合扶贫—精准扶贫"为转变的政策内容。根据时间节点将反贫困政策梳理如下：

一、国家层面——相关扶贫政策梳理

（一）1949~1977年的扶贫政策

该阶段政策主要在党的八大、九大、十大、十一大4次党代会报告中均有体现；一五计划（1953~1957）、二五计划（1958~1962）、三五计划（1966~1970）、四五计划（1974~1978）4个五年规划的文本中也有体现；以及体现在1954~1977年的9个国务院政府工作报告中。这一阶段的扶贫政策制定主要是考虑发挥社会主义制度的优越性，实行以平均分配制度与城乡分割体制为显著特征的广泛性制度的救济式扶贫。体现出计划经济时代我国扶贫政策的时代特征与运作逻辑，主要表现为：

第一，"平均导向，全面覆盖"的扶贫价值观。新中国成立初期，我国经济社会百废待兴，人民的生活水平十分低，国家一半以上的人口处于贫困状态，社会贫困现象十分普遍。为了推动国家经济社会快速发展，我国建立了以行政手段为基础进行资源配置的计划经济体制，开始实行计划平均分配的扶贫政策。并在此基础上建立起了全国统一的基本医疗保险政策，"五保"供养政策、救灾救济、优抚安置的农村社会保障扶贫政策。如1956年全国人民代表大会第一次会议通

过的《高级农业生产合作社示范章程》规定:"合作社对于因公负伤或者因公致病的社员要负责医疗,并酌情给以补助。"《1956~1967全国农业发展纲要》规定:"农业合作社对于社内缺乏劳动力、生活没有依靠的鳏寡孤独的社员,应当统一筹划,指定生产队或者生产小组在生产上给以适当的安排,使他们能够参加力能胜任的劳动;在生活上给以适当的照顾,做到保吃、保穿、保烧(燃料)、保教(儿童和少年)、保葬,使他们的生养死葬都有指靠。"这一时期我国虽然建立起了全国统一的扶贫政策保障体系,但限于当时经济社会发展水平,仍然有大量的贫困人口存在。截至1977年,全国28个省、市、区,穷县数量为515个,占全国总县数的22.5%,其中人均分配收入40元以下的县为182个,占全国总县数的7.9%。穷队数180万个,占全国总队数的39%。可以看出,这一时期我国仍然处于绝对贫困与普遍性贫困时期。

第二,"城乡分割,有效兼顾"的制度救济式扶贫模式。新中国成立初期,由于我国经济水平低,工业基础薄弱,为了全面推进工业化,我国建立了以户籍制为代表的城市壁垒。如1953年政务院发布的《关于劝阻农民盲目流入城市的指示》规定:"未经劳动部门的许可和介绍,不得在农村招收工人,禁止农村剩余劳动力向城市转移。"1962年公安部三局发出《关于加强户籍管理工作的意见》,指出:"对农村迁往城市的予以严格控制,对城市迁往农村的应一律准予落户。"在城乡二元分割的背景下,我国开启了制度扶贫模式,国家采取了城乡有差别的福利分配原则,逐步建立了与计划经济相适应的扶贫保障制度。在城市采取以单位制为主要特征的全方位福利供给,在农村则建立了以人民公社为基础、以社会救济为典型特征的集体农村社会保障体系。可见,这一时期我国农村扶贫政策主要是在城乡二元体制下,建立起了以人民公社体制为核心的救济式集体扶贫模式。

第三,"政府包揽,最低保障标准"的扶贫保障观。由于这一时期我国农村主要实行的是人民公社的集体运行体制,农村主要以集体经济力量提供群众基本生活保障。而这一时期,农村扶贫的主要责任落在人民公社这个集体组织的肩上,但人民公社又具有"政社合一"的特性,表明政府有效包揽了农村扶贫工作。如1958年北戴河会议通过的《中共中央关于在农村建立人民公社问题的决议》明确规定:"人民公社实行政社合一,乡党委就是社党委,乡人民委员会就是社务委员会。"因此,兼具行政与生产双重功能的人民公社作为政府最为基层的行政组织成为农村扶贫工作的唯一主体,从而形成了"高度集中、统一计划、政府包揽"的扶贫保障模式,但由于当时我国经济社会发展水平低下,社会资源较为匮乏,这种政府包揽的扶贫保障体系仅仅限于最低生活保障标准,有时甚至是最低保障标准都难以满足。

(二) 1978~1985 年的扶贫政策

该阶段的扶贫政策主要在党的十一届三中全会、党的十二大两个党代会报告和五五计划(1976~1980)、六五计划(1981~1985)两个五年规划的文本中;1978~1985 年七个国务院政府工作报告等文本中均有体现。这一时期在经济体制改革的大背景下,农村经济体制进行了重大变革,人民公社的集体经营制度被废除,建立了以家庭联产承包责任制、统分结合的新型双层经营制度,我国进入了经营制度变革推动的大规模缓贫阶段。这一时期政策话语中"发展""改革""责任制""经济""生产""农民""农村"等词出现频率较高,尤其是改革、发展、经济三个关键词一直保持在 5% 以上的增长率,表明这一时期我国扶贫政策主要以经济体制改革与经济发展来推动农村扶贫。其基本特征表现如下:

第一,在经济发展政策方面,以家庭联产承包责任体制改革来缓解贫困问题。如党的十一届三中全会通过了《中共中央关于加快农业发展报告的若干问题决定(草案)》,提出了 25 项农业发展的措施,5 个农村基本核算的自主权。1981 年的《全国农村工作会议纪要》规定:"包产到户、包干到户和其他形式农业生产责任制一样,都是社会主义集体经济的生产责任制。"1983 年中央发布了《当前农村经济的若干问题》《中共中央关于一九八四年农村工作的投资》,要求抓紧建立农村联产承包责任制,延长土地承包期。家庭联产承包责任制的改革,极大地解放了农村生产力,使得长期处于贫困中的农民温饱问题得到了解决。

第二,以专项扶贫政策方针为指南,以扶贫对象确定为重点。1982 年国务院决定对以甘肃省定西市为代表的中部干旱地区、河西地区以及宁夏西海固地区实施"三西"农业建设,开启了区域扶贫的先河;1984 年原国家计划委员会制定了"以工代赈"的扶贫计划,通过基础设施建设来改善贫困地区落后的面貌。同时,国家还确定了"18 个集中连片的贫困地区",为后续扶贫指明了方向;1984 年国务院颁布了《关于帮助贫困地区尽快改变面貌的通知》,该通知确定了我国扶贫工作的基本原则,并提出了针对贫困地区的优惠政策,成为我国今后很长一段时间的指导性文件。截至 1985 年,我国农民人均年收入增长到 397 元,年增长率高达 16.5%;绝对贫困人口减少到 1.25 亿人,贫困发生率下降到 14.8%,社会普遍性的绝对贫困状况基本解决。这表明我国以制度变革为依托,明确、有效的扶贫政策方针开始发挥重要作用。

(三) 1986~1993 年的扶贫政策

该阶段扶贫政策主要在党的十三大、十四大两个党代会报告和七五计划 (1986~1990)、八五计划 (1991~1995) 两个五年规划的文本中均有体现,1986~1993 年七个国务院政府工作报告中也有所体现。这一时期我国进一步深化改革开放,实施效率优先的发展战略,救济式扶贫已经很难发挥作用,我国开始制定了以经济发展带动的区域开发式扶贫政策。这一时期"经济""发展""改革"等词继续保持 5% 以上的增长率,"乡镇企业""贫困地区"等词保持在 2% 以上的增长率,表明我国已经开始在经济发展的大背景下实施大规模的区域开发式扶贫。

这一时期政策扶贫运作逻辑与特征主要表现为:

第一,以确定开发式扶贫方针为重点。党的十四大指出,"要加强对老、少、边、穷地区的政策扶持力度,鼓励经济发达地区以多种形式推动老、少、边、穷地区的发展"。国民经济与社会发展的第七个五年计划指出:"积极扶持老革命根据地、边疆地区和其他贫困地区改变落后面貌。"这表明我国在这一时期已经开始了以重点区域为对象的区域开发式扶贫。

第二,以专门的扶贫机构设置为支撑。1986 年国务院成立了"贫困地区经济开发领导小组"与"国务院扶贫办公室",这标志着我国由"道义性救济式扶贫"开始转向"制度性开发式扶贫"。

第三,以针对贫困地区的专项政策制定为关键。国家专门制定了针对贫困地区的资金投入与财税补助政策,包括国家财政转移支付政策、财税优惠政策、扶贫贴息政策等。

第四,确定了贫困县的扶持标准。1986 年中央政府第一次确定了国定贫困县标准,将年均纯收入低于 150 元的县以及年均纯收入低于 200 元的少数民族自治县视为贫困县,对民族革命做过重大贡献、在海内外有较大影响的区县予以重点照顾,放宽到年均纯收入 300 元。

第五,以扶贫工作瞄准特定地区与人群为核心。这一时期国家扶贫政策主要关注18个集中连片的贫困地区，尤其是"老、少、边、穷"地区的开发式扶贫。综上所述我国在这一时期的扶贫工作逐渐进入正轨，各项扶贫政策陆续制定并开始落实，在改革开放经济快速发展初期我国扶贫工作开始迈上了新台阶。

（四）1994~2000年的扶贫政策

该阶段政策主要在党的十五大报告、九五计划（1996~2000）的规划文本以及1994~2000年的六个国务院政府工作报告中有不同的体现。在我国经济持续快速发展的背景下，针对农村贫困的长期性与复杂性，我国开始了专门针对贫困地区的开发式扶贫模式。在这一阶段的政策文本中关于"经济""发展""建设""改革"等词仍然保持在5%以上的出现频率。另外，关于"扶贫攻坚计划""贫困地区""脱贫"等词在这一时期政策文本中也成为高频率出现的热词，反映了这一阶段我国扶贫运作的基本逻辑与特征。

第一，农村反贫行动政策体系进一步完善。这一时期，我国在1994年公布实施了《"八七"扶贫攻坚计划》，在1996年公布实施了《关于尽快解决农村贫困人口的温饱问题》的通知，这两个扶贫纲领性文件的实施，标志着我国农村扶贫行动的政策体系进一步明晰和完善。

第二，扶贫攻坚的政策对象进一步拓展和具体，特别是加强了对中西部地区的扶贫攻坚。《国民经济与社会发展第九个五年计划》指出："国家要采取有力措施，支持中西部不发达地区的开发，支持民族地区、贫困地区脱贫致富和经济发展。"

第三，扶贫攻坚政策进一步调整。重新调整了贫困县的政策标准，将农村人均收入低于400元的县纳入贫困县扶持范围。进一步强化了对扶贫资金的管理政策，1997年出台了《国家扶贫资金管理办法》，明确规定了国家扶贫资金的地区投向与项目投向，并规定贫困县中的乡、村、户作为受益对象。

第四，明确了扶贫攻坚的责任制。《八七攻坚计划》强调实施扶贫攻坚的省级负责制，扶贫开发实行分级负责以省为主的首长扶贫工作责任制。

第五，推动多元力量参与扶贫工作。这一时期国际多边与双边机构以及非政府组织加入了我国的扶贫攻坚工作。1995~2000年，国际组织在中国扶贫领域投入额度超过55亿元，对我国攻坚扶贫起到了很好的补充作用。

(五) 2001~2010 年的扶贫政策

该阶段扶贫政策在党的十六大、十七大两个党代会报告，以及十五计划（2001~2005）、十一五规划（2006~2010）的两个五年规划的文本中均有体现，2001~2010 年的 9 个国务院政府工作报告等文本中也有体现。进入 21 世纪，在经济快速增长的情况下，我国开发式扶贫攻坚基本上解决了农村的温饱问题。但我国的贫困问题不再仅仅是简单的收入性贫困，而是在全面建成小康社会背景下的城乡差距、收入差距、工农差距以及农村内部分化问题。这一时期最为显著的政策背景就是全面建设小康社会，因此这一时期政策话语中"小康社会"一词出现的频率较高，在党的十七大报告中小康社会一词重复出现 27 次，同时"全面""贫困人口""贫困地区""公平"等词也保持在 2.3% 以上的出现频率。这表明该时期我国扶贫政策在全面建设小康社会的背景下，不仅要注重经济发展的开发式扶贫，而且更加注重多方面公平考量的综合式扶贫，其特征主要如下：

第一，依照全面建设小康社会要求完善扶贫政策体系。这一时期我国总结了十年扶贫开发工作的成果，颁布了《中国农村扶贫开发纲要（2001~2010）》，重新调整了建设小康社会背景下的扶贫工作重点。第二，更加注重造血型的参与式扶贫。《中国农村扶贫开发纲要（2001~2010）》明确提出了要把"种养业作为扶贫开发的重点，积极推进农业产业化经营"。这表明我国在扶贫方面从以往的"输血式扶贫"向"造血式扶贫"转变。

第三，从单一收入贫困到多维贫困的关注。这一时期，我国扶贫重点不仅是关注收入贫困，而且包括了教育、卫生、文化、生态、生活水平的多维综合式的协调扶贫。《国民经济与社会发展第十个五年计划》强调："加强贫困地区基础设施建设，加快发展教育、文化、卫生事业。"《国民经济与社会发展第十一个五年规划》提出了从农业生产能力、农村基础设施建设、农村环境保护、农村卫生事业、农村社会保障、农村义务教育、农村文化事业等方面建设"社会主义新农村"。

第四，着力实施以村为单位的综合开发以及整村推进的模式。《国民经济与社会发展第十一个五年计划》强调："加大对集中连片贫困地区扶持力度，因地制宜地实行整村推进的扶贫开发方式"，这表明以"村"为基本单位的扶贫模式开始推行，着力将政府的扶贫资源下沉到具体的村庄。综上分析，这一时期中国扶贫政策注重公平优先、综合扶贫，整村推进，为全面建成小康社会创造了条件。

（六）2011~2017年的扶贫政策

该阶段的扶贫政策主要体现在党的十八大、党的十八届三中全会、党的五中全会三个党代会报告，以及十二五规划（2011~2015）、十三五规划（2016~2020）两个五年规划文本以及2011~2017年的七个国务院政府工作报告中。该阶段中国已经经历了30多年的改革开放，扶贫工作取得了巨大成效，大部分地区贫困问题得以解决，只剩下几千万最难脱贫的人口。同时，在这一时期我国提出了2020年全面建成小康社会的奋斗目标，这表明我国扶贫工作进入了最后的攻坚阶段。这一阶段政策话语中"精准脱贫""精准扶贫""扶贫对象""脱贫攻坚""贫困户"等词出现频率较高。同时，"公平""人"等政策话语也保持在1.5%的增长率，这表明我国在全面建成小康社会的背景下开启了"以人为本"的针对贫困地区贫困户的精准扶贫政策模式。这一时期扶贫政策的特征主要如下：

第一，扶贫政策总目标确定。这一阶段我国明确提出了要在2020年保障全部贫困人口脱贫，实现全面建成小康社会的最终目标。《2011~2020中国农村扶贫开发纲要》明确提出："到2020年，要稳定实现扶贫对象不愁吃、不愁穿，保障其义务教育、基本医疗与住房。""十三五"脱贫攻坚的总体目标是：实现"两不愁三保障"，做到"一高与一接近"，兑现"两个确保"。①

第二，以"精准性"创新扶贫开发方式。这一时期我国扶贫工作强调根据致贫原因和脱贫需求，对贫困人口实行分类精准扶持。党的十八届五中全会强调："提高扶贫的实效需要实施因人因地的精准扶贫与精准脱贫政策。"2014年政府工作报告指出："要在整合与优化分配扶贫资源的基础上实行扶贫到村到户的精准扶贫政策。"2015年政府工作报告指出："要持续、深入推动集中连片特困地区的精准扶贫、精准脱贫。"

第三，健全了精准扶贫工作机制。这一时期我国针对贫困户的精准扶贫建立了一系列工作机制。《国民经济与社会发展第十三个五年规划》指出："建立贫困户建档立卡机制、脱贫认定机制、扶贫工作绩效社会监督机制、扶贫成效第三方评估机制。"

---

① "两不愁"：指实现农村贫困人口不愁吃、不愁穿；"三保障"就是保障义务教育、基本医疗、住房。

综上可知，这一时期，我国在"以人为本"理念的指引下，在全面建成小康社会的大背景下，实施了扶贫对象精准、项目安排精准、资金使用精准、措施到户精准、因村派人精准、脱贫成效精准的精准扶贫政策，从而为确保全面建成小康社会宏伟目标的实现奠定基础。

二、地区层面——宁夏相关扶贫政策梳理

（一）强力推进生态移民扶贫攻坚工程

宁夏生态移民按照"山内的问题山外解决，山上的问题山下解决、面上的问题点上解决"的思路，围绕"水源、生态、开发、特色、转移"五个重点，整合资源，统筹移民住房、产业发展、农田水利、基础设施、公益事业建设，整村搬迁，稳步推进。移民安置以有水有土安置为主。

一是开发土地集中安置。山区通过库井灌区、扬黄灌区节水改造、新建水源工程，对宜农荒地进行规模开发，集中安置。川区结合黄河金岸建设、现代农业发展、中北部土地整理、引黄灌区节水改造等重大项目，挖掘利用川区土地资源，调剂国有农林牧场耕地，安置移民。

二是适度集中就近安置。迁出县（区）在乡镇范围内，选择靠镇、近水、沿路的区域，采用集雨补灌措施对原有耕地进行改造，就近适度集中安置。

三是因地制宜插花安置。根据各地实际，在有条件的地方插花安置部分移民。初步形成以特色种养收入为基础、劳务收入为主体的移民新格局。

（二）深入实施整村推进扶贫开发

宁夏扶贫规划从 2011 年起，用 10 年时间，对全区具有发展条件的 1118 个贫困村进行新一轮整村推进扶贫开发，每批实施期为两年，分 5 批完成。"十二五"期间，按照社会主义新农村建设目标和西部大开发"六到农家"的新要求，提升标准，增加投入，以发展特色支柱产业、改善生产生活条件、增强自我发展能力为重点，结合当地基础设施建设、产业开发和社会事业发展，统一规划，集中各类涉农资金和社会帮扶资源，村均整合项目资金 200 万元，分期分批扶持 122 个乡（镇）的 600 个贫困村整体脱贫。整村推进工作以县（区）为组织实施单位，贫困村相对集中的地方，鼓励和支持打破地域界限，开展整乡推进、连片

开发,探索整村推进与区域经济发展相结合的路子。加强整村推进后续发展,巩固提高扶贫开发成果。

(三) 深入开展劳务输出

宁夏依托国家相关扶贫政策,深入开展劳务输出,坚持劳动力资源开发与转移相结合,依托沿黄城市、重点城镇、工业园区、产业基地,大力发展劳务产业。走市场化、技能化、品牌化、产业化路子,强化技能培训、组织管理、维权服务、形象塑造等关键环节。加大富余劳动力转移就业中长期培训力度,不断提高务工人员的技能素质和转移就业能力。培养壮大专业化劳务集团公司,大力发展劳务中介组织、劳务经纪人队伍。重点打造电工电焊、清真餐饮等一批劳务品牌和福建省、新疆维吾尔自治区、沿黄经济带等一批劳务基地。加速推进劳务输出由季节型向常年型、分散型向集中型、体力型向技能型、打工型向创业型的转变。

(四) 全面建立贫困村村级发展互助资金

宁夏在完成"千村互助资金扶贫工程"的基础上,进行整乡、整县推进,将农垦贫困场队、生态移民村全部纳入互助资金覆盖范围;拓展贫困村村级互助资金投入渠道,争取每个村由平均25万元增加到40万元左右,增加受益人口,切实解决贫困户发展生产借款难问题;积极探索引进金融资本与互助资金叠加的运作机制,壮大互助资金使用规模,提高资金使用效益;建立和完善对特别贫困农户的扶持政策,力争使更多的贫困农户得到互助资金项目的扶持;进一步研究和探索村级互助资金安全运行、健康发展的长效机制。

(五) 深入开展以工代赈扶贫工程

以改善贫困地区农业生产条件、提高农业综合生产能力为目标,通过库井灌区节水灌溉工程、基本农田、淤地坝系建设等项目的实施,大力发展稳产高产农田,扩大有效灌溉面积,提高防灾抗险能力,进一步巩固"温饱"成果,提高生活质量;以保护生态环境和促进贫困乡村主任远发展为目标,结合"三河源"水源保护工程,以大流域为骨干、小流域为单元,因地制宜地开展山水田林草路村综合治理,加快水土流失治理步伐;以群众出行方便为目标,完善贫困地区乡村交通网络,延伸路网通达深度,提高农村路网服务能力。重点解决自然村组道路建设、县乡断头路、小型独立桥梁涵等。在优先解决贫困人口行路难问题的基础上，统筹做好乡村出口路以及为优势资源开发、特色农业生产基地和农村市场建设等配套的乡村道路建设。2017年底，通过以工代赈项目实施，新增和改善农业高效节水面积累计达253.33平方千米，治理水土流失面积915平方千米。

（六）全面落实少数民族发展资金政策

少数民族发展资金主要是国家投向经济发展相对滞后的少数民族地区，以改善少数民族的生产生活条件为重点、以扶贫开发为目标、以项目落实到乡村为基点、用于扶持22个人口较少民族的发展、用于推进边境地区开展的"兴边富民行动"的一项惠民政策。宁夏作为全国少数民族自治区，无疑享受到了这一政策。2010年宁夏投入少数民族贫困地区的少数民族发展资金为3950万元，2015年宁夏享受到的少数民族发展资金为8080万元，是2010年的2倍多。而2017年，国家民委下达宁夏的少数民族发展资金更是已经达到11141万元（含提前下达8442万元），比2016年的9380万元增加了1761万元，增幅达到19%。

第三章 实践篇

第一节 宁夏扶贫现状分析

一、宁夏贫困的区域性特征

（一）贫困面广

根据《中国农村扶贫开发纲要（2011~2020年）》公布的片区县名单，宁夏共有7个县（区）被纳入六盘山集中连片特困片区（见表3-1），约占全部县（区）数的36%，固原市的所有县都属于国家级贫困县。宁夏全部国家级贫困县为六盘山连片特困地区内的7个县（区）再加上盐池县。另外，宁夏还有一些非贫困县下的一些贫困村。

表 3-1　六盘山片区宁夏贫困县名单

分区	地市名	县名
六盘山区	吴忠市（1）	同心县
	固原市（5）	原州区、西吉县、隆德县、泾源县、彭阳县
	中卫市（1）	海原县

资料来源：宁夏回族自治区扶贫办。

（二）区域性贫困显著

区域贫困主要是基于贫困的空间视角体现的特征，贫困地区在经济、政治、文化、社会等方面的发展水平与其他地区存在显著差异，贫困与地理环境存在内在联系，在空间分布上也呈现出显著的区域性特征。

宁夏农村贫困分布主要呈现出"大分散、小集中"的特点，贫困主要分布在相对自然条件较差的地区。从自然地理特征看，一是贫困区域主要分布在中部干旱风沙区。这一区域包括盐池县、同心县、红寺堡全境的34个乡镇，海原县北部的4个乡镇，中卫和灵武2县山区部分的10个乡镇，共计48个乡镇369个行政村。该区域地处鄂尔多斯高原西南缘，属半荒漠地带，干旱少雨，蒸发—降水比为6~10，植被稀疏，风蚀及风沙危害严重，水土流失面积达17867平方千米，占本区域土地面积的82.9%。二是贫困区域集中分布在黄土丘陵区。该区域包括海原县、西吉县、原州区、彭阳县4个国家扶贫开发工作重点县的部分乡镇，共涉及61个乡镇的636个行政村。这一区域为典型的黄土高原区，低山丘陵、川、台、盆、塬、梁、峁相间分布；年均降雨量300~500毫米，水土流失面积达8091平方千米，占本区域土地面积的80.8%。三是贫困区域主要分布在六盘山地区。该区域主要包括隆德县和泾源县全境的32个乡镇，海原县西南部的8个乡镇，西吉县北部的5个乡镇，原州区南部的3个乡镇，彭阳县西南部的3个乡镇，共涉及51个乡镇的355个行政村。此区域属六盘山的高寒阴湿区，年均降雨量500毫米左右。可见，宁夏现有贫困人口主要分布在干旱风沙区、黄土丘陵区和高寒阴湿区等自然条件严酷、生态环境脆弱、资源匮乏的民族聚居区，具有明显的区域性特征。

从行政区划看，贫困人口集中分布在固原市；从气候条件看，贫困区域集中分布于自然条件恶劣的地区，85%的贫困村和贫困人口集中在中南部地区，干旱山区以及自然条件恶劣、自然灾害频繁的地区。在贫困地区中，偏远山区、革命老区、民族地区相对集中和突出。以"十二五"为例，可以从表3-2分析宁夏各地贫困人口分布及贫困发生率的概况。

以2015年为例，8个国家级贫困县的贫困人口数量约占全区贫困人口数量的77%。从各县区比较看，按贫困人口数量排序，2015年贫困人口排在前3位的贫困县依次是西吉县、海原县、同心县；按贫困发生率排序，排在前3位的分别是红寺堡区、同心县、西吉县。综合贫困人口和贫困发生率，一般认为，同心县和西吉县是农村贫困最为深重的地区，是扶贫开发的主战场和重中之重。同心

表3-2 宁夏"十二五"农村贫困人口及贫困发生率统计

年份 地区	2011		2012		2013		2014		2015	
	贫困人口(万人)	贫困发生率(%)	贫困人口(万人)	贫困发生率(%)	贫困人口(万人)	贫困发生率(%)	贫困人口(万人)	贫困发生率(%)	贫困人口(万人)	贫困发生率(%)
全区	101.5	25.6	91.35	22.8	80.3	19.9	70.26	17.4	58.12	12.5
原州区	8.37	26.1	8.75	26.3	10.5	33.2	9.2	29.5	7.21	23.01
西吉县	18.8	40.0	16.2	35.0	13.4	29.0	15.6	34.0	10.57	23.29
彭阳县	8.8	37.5	8.16	35.6	7.3	32.5	6.38	28.8	4.24	19.21
隆德县	5.6	37.0	5.40	35.0	5.1	33.0	4.60	30.0	2.71	19.56
泾源县	4.5	39.8	4.18	37.0	2.96	26.5	2.65	24.0	1.99	18.33
海原县	17.2	41.0	15.6	37.0	13.92	33.0	13.24	31.5	8.83	21.94
同心县	11.6	29.2	7.80	19.9	9.44	24.1	8.22	21.6	6.89	24.44
盐池县	3.83	28.5	2.75	20.27	2.15	15.7	3.90	28.0	2.45	17.68
红寺堡区	5.47	33.0	5.25	31.6	4.93	29.7	4.72	28.4	4.49	27.00

资料来源：自治区扶贫办资料整理。

县和西吉县是全区少数民族的聚居地区，特别是西吉县，因而其贫困人口数量是最多的，因此在"十二五"期间西吉县和同心县贫困人口下降的速度较慢，这表明民族地区的贫困更为深重，脱贫难度更大，成为难中之难。

（三）区域发展滞后

在经济社会发展方面，宁夏贫困地区相互之间有很多共同或相似的贫困特征，主要表现在贫困地区经济发展落后的现代化水平、薄弱的基础设施、低下的公共服务等。而且，贫困较集中地体现在地方政府组织领导经济社会建设、提供公共服务等能力和水平上的相对不足。工业化和城镇化是拉动现代化的"两驾马车"，其发展水平直接影响到经济发展的质量和速度。对于宁夏广大贫困地区而言，工业化和城镇化发展明显滞后。宁夏贫困地区由于自然、历史等多方面的原因，产业结构严重失衡，第一产业比重偏大、水平不高以及第三产业比例偏小的现象依然很严重。

二、宁夏贫困人口特征

(一) 数量较多,程度较深

总体来看,宁夏贫困人口较多,贫困发生率较高。数据显示:根据现行国家 2300 元的扶贫标准线,2015 年全区贫困人口数量为 58.12 万,贫困发生率为 14.5%。表 3-3 是根据国务院扶贫办《关于开展 2015 年扶贫开发信息采集工作的通知》要求,2014 年宁夏对全区建档立卡贫困户帮扶情况、减贫情况等信息的情况采集表。

以 2014 年为例,宁夏全区共有贫困人口 18.38 万户 70.26 万人,贫困发生率为 7.45%。其中,重点贫困人口 45.17 万,一般贫困人口 25.09 万(见图 3-1 和表 3-3)。图 3-1 进一步显示了贫困人口的主要分布区域,从中可以看出,固原市有贫困人口 34.42 万,占建档立卡贫困人口总数的 48.99%,吴忠市有贫困人口 17.34 万,占建档立卡贫困人口总数的 24.68%,中卫市有贫困人口 14.86 万,占建档立卡贫困人口总数的 21.15%,银川市有贫困人口 2.63 万,占建档立卡贫困人口总数的 3.75%,石嘴山市有贫困人口 1.01 万,占建档立卡贫困人口总数的 1.44%。

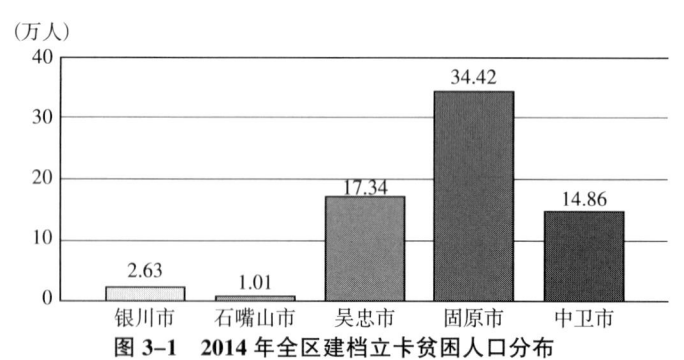

图 3-1 2014 年全区建档立卡贫困人口分布

资料来源:宁夏回族自治区扶贫办(2015)。

表 3-3 2014年宁夏贫困人口建档立卡情况统计

	贫困户建档立卡涉及的乡、村				贫困户建档立卡							
	乡	村	其中		合计		贫困发生率(%)	重点贫困户		(国定)	一般贫困户	(省定)
			重点	非重点	户数	人数		户数	人数		户数	人数
合计	142	1573	1100	473	183848	702557	17.45	118664	451700		65184	250857
重点县	100	1238	939	299	147676	560888	27.11	94926	358484		52750	202404
原州区	11	156	110	46	25284	91939	29.18	16245	58292		9039	33647
西吉县	19	296	238	58	32365	134281	29.42	18331	75628		14034	58653
隆德县	13	105	70	35	9182	35010	25.13	6202	23241		2980	11769
泾源县	7	102	84	18	6947	26479	24.28	4385	16627		2562	9852
彭阳县	12	156	122	34	14209	56533	25.48	9809	39564		4400	16969
盐池县	8	102	74	28	8830	28713	20.65	6145	19877		2685	8836
同心县	12	153	100	53	22872	82246	29.02	14206	50962		8666	31284
海原县	18	168	141	27	27987	105687	26.11	19603	74293		8384	31394
非重点县	42	335	161	174	36172	141669	4.17	23738	93216		12434	48453
红寺堡区	5	61	40	21	13379	49651	29.73	8520	31227		4859	18424
沙坡头区	9	119	28	91	5627	20667	8.22	3475	13186		2152	7481
中宁县	3	34	34	0	4117	15359	6.20	2973	11066		1144	4293
兴庆区	1	11	5	6	1786	7679	10.98	1102	4746		684	2933
金凤区	1	8	8	0	847	2844	6.31	641	2178		206	666
西夏区	3	8	1	7	311	1215	3.63	273	1090		38	125
永宁县	2	8	6	2	1223	5226	3.10	670	2866		553	2360

续表

贫困户建档立卡涉及的乡、村				贫困户建档立卡						
乡	村	其中		合计		贫困发生率(%)	重点贫困户(国定)		一般贫困户(省定)	
		重点	非重点	户数	人数		户数	人数	户数	人数
贺兰县	1	2	2	0	737	3591	2.47	479	2336	258	1255
灵武市	3	14	14	0	1369	5778	4.85	878	3586	491	2192
平罗	8	40	3	37	2088	10054	4.46	1371	6511	717	3543
利通区	3	18	11	7	1622	6381	3.05	1051	4461	571	1920
青铜峡	2	6	3	3	1579	6427	3.24	996	3976	583	2451
农垦局	1	6	6	0	1487	6797		1309	5987	178	810

资料来源：宁夏自治区扶贫办（2015）。

如今，宁夏全区在贫困地区脱贫攻坚方面又取得新的阶段性成果，盐池县退出贫困县序列，农民收入快速增长。截至2017年底，宁夏建档立卡贫困村由2013年的1573个减少到249个，贫困人口从2014年的70.25万下降到23.89万，贫困发生率由25.5%下降到6%，贫困地区农民人均可支配收入由2011年的4193元增长到8347元，贫困群众生活水平显著提高，贫困地区面貌发生巨大变化。但在现有建档立卡贫困人口中，深度贫困地区贫困人口占80.3%、病残老特殊贫困群体占27.6%，剩下的贫困人口和深度贫困地区才是目前宁夏脱贫攻坚的主攻对象，也是宁夏能否如期脱贫、稳定脱贫，并与全国一道步入全面小康社会的关键。

（二）社会特征复杂多样

一是受教育程度低。受教育水平低是贫困的基本表现，也是重要的致贫因素。宁夏贫困地区农村贫困人口的受教育程度低。有关资料显示，2016年宁夏全区贫困人口中小学及以下文化程度的占54%，高中及以上文化程度的只占20%。同时，由于受教育水平偏低，接受新事物困难，贫困家庭劳动力对职业技能培训的重视程度不高，接受职业技能培训的能力低于非贫困群体。

二是劳动技能缺乏。贫困农户家庭一般存在劳动技能缺乏的问题。由于接受教育培训的水平低，贫困家庭劳动者的劳动技能不足，视野相对狭窄，适应城市生活和市场竞争、创新致富的能力不足，致富门路少。

三是脱贫的精神动力不足。长期的贫困和闭塞，严重削弱了农村贫困群体脱贫致富的意志，"等、靠、要"的观念随着扶贫开发力度的增强而增强。随着政府向农村贫困群体倾斜性的优惠政策落实，甘愿贫困、以贫为荣、争"贫困帽"的现象在不少贫困人口中有蔓延之势。

三、宁夏扶贫工作现状

近年来，宁夏回族自治区反贫困工作在整体推进中重点突破，在苦抓实干中彰显特色，在创新发展中构建和谐，全区上下聚焦精准扶贫、聚力脱贫攻坚的氛围越加浓厚，反贫困工作成效显著，如图3-2所示。

	2011年	2012年	2013年	2014年	2015年	2016年	2017年
贫困人口（万人）	101.53	91.35	80.24	70.26	58.12	38.82	23.89
贫困发生率（%）	25.6	22.88	19.94	17.45	14.51	10.28	6

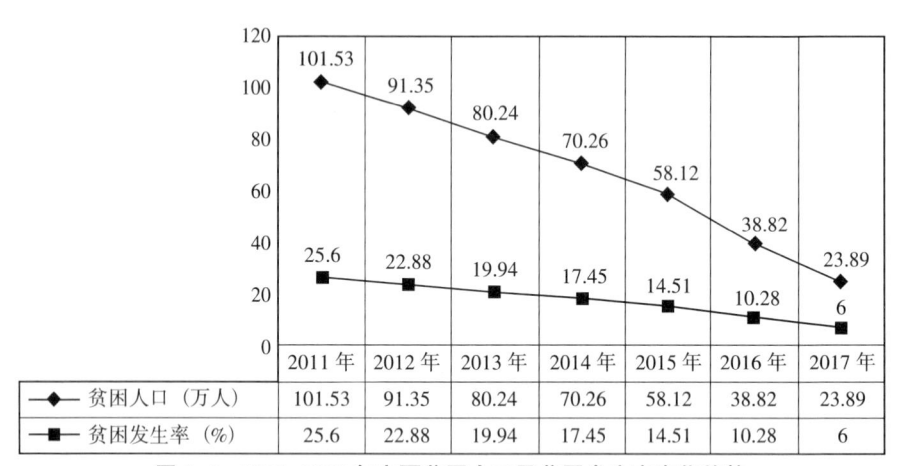

图 3-2　2011~2017 年宁夏贫困人口及贫困发生率变化趋势

资料来源：《宁夏统计年鉴》(2018)。

其一，贫困人口明显减少。经过多年的扶贫开发，特别是"十二五"以来，宁夏的贫困人口不断减少。由图 3-2 可以看出，宁夏的贫困人口和贫困发生率均呈现出下降趋势。贫困人口由 2011 年的 101.53 万降至 2017 年的 23.89 万，7 年来累计减少贫困人口 71.9 万，年均消除贫困人口 8.68 万。与此同时，贫困发生率也由同期的 25.6% 下降至 6%，相对应地，贫困地区的综合实力也进一步得到提升。如西海固地区的 GDP 总产值从 1982 年的 1.84 亿元增长到 2017 年的 333.43 亿元，人均 GDP 从 1982 年的 113.2 元增长到 2017 年的 1.1 万元，地方公共财政收入从 1274.9 万元增长到 18.82 亿元，贫困地区综合实力明显提升。

其二，贫困人口收入大幅提高。在组织实施了"三西"建设、"双百"扶贫、千村扶贫和吊庄移民、生态移民，以川济山、山川共济等反贫困措施后，自治区又确立了百万贫困人口扶贫攻坚和沿黄经济区发展两大战略，做出了"1269"扶贫攻坚的总体部署，集中力量解决贫困地区群众的生产生活条件。全市贫困人口由 2012 年底的 44.8 万减少到 2017 年底的 9.55 万，贫困发生率由 2012 年底的 35.2% 下降到 8.4%；2017 年，全市地区生产总值达到 270.09 亿元；城镇居民人均可支配收入由 1978 年的 161.7 元提高到 24628 元；农村居民人均可支配收入由 1978 年的 49 元提高到 8578 元。据自治区统计局统计监测，西海固有 200 个重点贫困村在 2015 年的农民人均可支配收入就已经达到 6389 元，符合脱贫销号的标准。

其三，贫困地区基础条件改善明显。2017年，全区投入财政资金52.88亿元，实施"13项脱贫行动计划"，新建移民住房1.1万套，搬迁移民1.5万人，圆满完成本年度1万人的民生计划任务，而且移民群众的生产生活条件大幅改善。在"十二五"累计建成移民住房7.75万套，占规划任务的98.4%，累计搬迁移民32.9万人，占规划任务的95%。移民安置区道路硬化率、自来水普及率、供电保证率等均达到100%，解决了移民饮水难、出行难、上学难、就医难、住房难等一系列问题。

其四，贫困地区社会事业协调发展。宁夏在贫困地区率先实施义务教育的"三免一补"政策，率先在全区范围内构建中等职业教育免学费政策和高等职业教育学生资助政策体系，政府出台对涉农专业、农村家庭经济困难高职学生给予每生每年3000元的资助政策。贫困地区的农村最低生活保障制度全面建立，低保实现应保尽保；新型农村合作医疗和基本药物制度实现全覆盖，乡镇卫生院和村卫生室基本实现标准化。同时，在贫困地区实施妇幼卫生"七免一救助"和"少生快富"的惠民政策，人口自然增长率由23.02‰降到8.57‰。

其五，"四到"扶贫攻坚效果显著。在扶贫攻坚过程中，宁夏创造性地探索出了"四到"扶贫模式，为扶贫精准发力提供了"靶向"，成效显著。①加快推进基础设施到村。按照"顶层设计、规划引领、示范带动、项目聚焦、精准扶贫、考核销号"的要求和"自治区规划引领、各厅局项目聚焦、县（区）实施主体抓落实"的工作机制，以改善基础设施条件为目标，加大资金整合力度，200个脱贫销号村全年整合投入各类资金36.4亿元，村均投入1820万元，贫困村生产生活条件大为改善。②产业项目和扶贫小额信贷精准扶持到户。宁夏以"5·30"养殖计划和特色种植为重点，发展互助资金和扶贫小额信贷，支持7.5万户建档立卡扶贫对象发展优势特色产业，实现建档立卡的贫困家庭户都有1~2项增收产业项目。③大力实施培训转移到人。2017年全区共完成"雨露计划"各学段资助学生共48万余人次，各级财政累计安排学生资助资金6.75亿元，完成贫困地区劳动力转移技能培训6717人，完成建档立卡家庭劳动力机动车驾驶技能培训957人，完成农村实用技术培训3万人次，举办各类扶贫业务培训34期2887人。④落实帮扶责任到单位。自治区、市、县（区）三级定点帮扶力度持续加大，结对帮扶从市、县（区）延伸到了乡（镇）和行政村，已有32对乡镇、

17对行政村建立了结对帮扶关系,共有2251名干部驻村帮扶1100个贫困村,驻村工作队和第一书记实现了全覆盖,自2013年以来,中央定点扶贫单位累计投入各类帮扶资金3.92亿元支持对口贫困县(区)基础设施、产业、教育卫生事业发展,各帮扶单位还通过选派干部挂职、引进项目、社会资源、科技智力帮扶贫困县(区),帮扶效果明显。

其六,金融扶贫取得新突破。①自治区安排专项资金8500万元,新增30个项目村,在230个A类互助社增资扩面。截至2015年底,互助资金项目村达1118个,资金运行总量达7.35亿元,有12.8万贫困户53.4万贫困人口从中受益。②区扶贫与各金融机构签订金融扶贫合作协议,共同推进"金扶工程",形成了政、银、企、社、民"五位一体"的联合互动金融扶贫新格局,2015年扶贫贷款风险补偿金达到2亿元,扶贫贷款达到140亿元,有4.4万建档立卡贫困户得到了贷款支持,户均贷款超过4万元。③与宁夏农发行签订了战略合作协议,计划投放信贷资金300亿元支持扶贫开发。这些举措为农民持续增收和脱贫致富奠定了坚实基础。

综上分析,尽管宁夏扶贫攻坚工作步伐明显加快、贫困地区生产生活条件不断改善,但要在2020年消除贫困,与全国一道全面建成小康社会还存在许多不容忽视的问题,面临许多严峻的挑战。如贫困基数大,减贫任务重,截至2017年,全区仍有23.89万的贫困人口,贫困发生率为6%,现在距离全面建成小康不足2年,这意味着每年要解决超过11万贫困人口的脱贫问题,脱贫任务非常繁重。同时,现有剩余贫困人口主要分布在自然条件严酷、资源贫乏、生态环境恶化的中部干旱带和土石山区,所处地理位置偏僻、生态环境恶劣、自然资源贫乏,一方水土养不活一方人,就地脱贫成本高、难度大。因此,提高精准扶贫的针对性显得尤为迫切和重要。

第二节 宁夏精准扶贫的典型案例

虽然不同地区的自然地理条件不一样,扶贫工作的方法和思路千差万别,但是到 2020 年现行贫困标准下全部脱贫和全面建成小康社会的目标全国各地都是一样的。宁夏在实现这一目标的过程中，涌现出了精准扶贫的诸多典型做法，对这些个案和做法进行总结提炼，这对不同区域之间的脱贫攻坚有一定的参考借鉴价值。

一、产业扶贫

产业扶贫最早出现在《中国农村扶贫开发纲要（2001~2010 年）》，是以发展贫困地区特色产业为手段的扶贫方式，其内涵是以经济效益为中心，以产业集聚为依托，以资源开发为基础，对贫困地区的经济实行区域化布局、工业化生产、一体化经营、专门化服务，形成一种利益共同体的经营体制。为了实现以市场为导向的产业化扶贫，必然要求贫困地区在政府的必要扶持下，充分挖掘地方特色优势资源，培育优势产业，扶持壮大一批有带动能力的龙头企业，通过一定的契约关系，将农户纳入农业产业链条中，分享产业链条的利润，给予贫困地区和群体以发展机会，提高贫困地区和群体的发展能力。这种扶贫模式不同于其他模式之处在于，它是一种内生的发展机制。所以，产业化扶贫是利用当地资源、提高人口素质，集中力量发展优势特色产业、推动农业产业化发展为主要内容的扶贫方式，是改变条件与提高素质、发展经济和社会事业进步，增加收入和保护环境并重的扶贫开发模式。同时，产业化扶贫的提出标志着我国的扶贫理念由"输血式"向"造血式"转变，这是具有中国特色的扶贫模式之一。

随着 2020 年脱贫目标的逼近，宁夏回族自治区政府根据农业部、发改委、财政部、扶贫办、林业局等九部委联合印发的《关于印发贫困地区发展特色产业促进精准脱贫指导意见的通知》以及宁夏回族自治区党委《关于力争提前两年实现"两个确保"脱贫目标的意见》，专门制定了《宁夏特色产业精准扶贫规划（2016~2020 年）》，以此作为指导推动贫困地区经济社会发展的指南。

（一）产业扶贫的实践之一：固原市西吉县农畜"多轮驱动"的精准扶贫

1. 基本概况

西吉县位于宁夏南部，六盘山西麓，总面积 3130 平方千米，其中耕地面积 1614 平方千米。现辖 4 镇 15 乡，296 个行政村，8 个居委会，1870 个村民小组，2017年总人口49.6万，其中农业人口42.5万，回族人口28.8万，占58%，是宁夏人口的第一大县，也是少数民族的聚居县，更是国家和自治区扶贫开发的重点县，其贫困人口分别占宁夏全区和固原全市贫困人口的19.4%、43.9%。主要有葫芦河川道平原区、西南部黄土丘陵沟壑区和东北部土石山区三个地貌类型，海拔1688~2633米，年均气温5.3℃，年均降水400毫米左右，主要集中在7~9月。人均可利用水资源仅95平方米，不到全国平均水平的1/20，属于典型的温带大陆性季风气候；生态环境脆弱，"十年九旱"，灾害频繁，曾被联合国确定为"不宜人类生存地区"。但自2013年末以来，西吉县全力实施整村推进扶贫开发，落实精准扶贫措施，围绕马铃薯、草畜、特色蔬菜、小杂粮四大产业，强力推进"五百"工程。截至2017年，西吉县完成62个贫困村销号，累计减贫3.43万人，贫困人口持续减少，贫困发生率下降到11.5%，脱贫攻坚效果显著。

2. 西吉县产业脱贫的特点

西吉县特殊的地理位置以及独有的文化氛围，决定了其扶贫工作的特有性质，因此，西吉县政府的产业扶贫开发也形成了自己独具特色的方式和方法。

第一，政府致力于脱贫攻坚，发展基础不断夯实。西吉县政府认真贯彻习近平总书记关于扶贫开发"四个切实""五个一批""六个精准"的战略思想，制定出台了《关于创新机制推进扶贫攻坚战略的实施意见》和《关于进一步加强产业精准扶贫工作的实施意见》，建立"部门组建、乡镇负责、项目捆绑、资金整合、整村推进"的机制，推广了八种扶贫模式，整合各类资金10.65亿元打好扶贫攻坚战。同时，县政府致力于项目建设，扎实开展"无闲冬计划"，建立了"领导包抓、目标倒逼、观摩促进、考评问责"的项目推进机制，努力打好重点项目建设大会战。完成六盘山片区交通扶贫攻坚示范县公路续建项目17条114.9千米，S60西会高速、S20海西公路等干线公路开工建设；改造危房3865户，建设村组道路487.56千米，完成自来水入户0.8万户，安装太阳能热水器15925台。同时，对2016年已经销号的44个贫困村和58个非贫困村进行"回头看"，保持脱贫攻坚政策延续性，确保补齐短板、稳定退出。这使地区生产总值、固定资产投资、农村居民可支配收入等主要指标增速走到了全区、全市前列，极大地改善了贫困村的生产生活条件。

第二，依托优势，发展特色产业。立足葫芦河川道区、西部黄土丘陵区、东部土石区三大区域，围绕马铃薯、畜牧养殖业、蔬菜等，农牧业"3456"一带多园的生产格局初步形成。马铃薯年种植面积稳定在667平方千米以上，脱毒种薯三级繁育体系不断健全，种薯、鲜薯、淀粉、主食产品"四薯并进"。"乡乡规模带动、村村大户示范、户户舍饲养殖"的产业体系粗具雏形，建成标准化规模养殖场（园区）117个，多年生牧草留床面积400平方千米，肉牛和羊饲养总量分别达到38万头和86万只。多元化种植、合理化布局，破解了销售净瓶，特色蔬菜年种植面积达100平方千米。荣获全国粮食生产先进县、全区全市农业特色优势产业发展先进县一等奖，"西吉芹菜"荣获中国驰名商标。同时，西吉县政府大力发展全域旅游，围绕全景全业全时全民和"旅游+"，立足红色资源、自然资源，建立链接全域、融入全市、辐射周边的旅游大环线。全面完成将台堡红军长征旧址公园、长城公园、革命旧址堡墙抢险加固项目，用好将台堡爱国主义教育基地和狭义堂国防教育基地，做亮火石寨、震湖等独特自然景观游、做大龙王坝、毛家湾等乡村休闲避暑游，打响"天高云淡六盘山·多彩西吉分外娇"旅游品牌。种植林下牧草、药材等147平方千米，发展林下养殖15万只，种植油用牡丹20平方千米、万寿菊2万亩、花椒3000亩，积极培育苹果、中药材、核桃、艾草等高品质经济林，打造了一批具有西吉特色的林下经济产品，累计接待游客200多万人（次），旅游社会总收入6.1亿元。

第三，建强扶贫队伍，抓好重点帮扶。266个帮扶单位、238个驻村工作队、480名第一书记和工作队员、7315名机关干部职工在19个乡镇、283个贫困村与建档立卡贫困户结对帮扶，实现了驻村工作队和"第一书记"全覆盖。培养优秀党组织带头283人、致富带头人1065人；完成贫困人口实用技术培训5万人（次），使贫困村村民的自我发展能力显著增强。此外，深化闽宁协作，加强与交通部、商飞集团对接，落实对口帮扶资金1508万元，建成闽宁示范村5个，专项扶贫、行业扶贫、社会扶贫"三位一体"大扶贫作用日益彰显。同时，为了确保帮扶到点到位，西吉县政府要求做到产业扶持到村到户、教育培训到村到户、基础设施到村到户，彻底解决房、水、路、电等基础设施建设滞后的问题，改善贫困群众生产生活条件，实现整村脱贫。

(二)产业化扶贫实践二:固原市隆德县以药"治"贫

1. 基本概况

隆德县位于六盘山西麓、宁南边陲。东与甘肃省庆阳市、平凉市为邻,南与平凉市相连,西与白银市分界,北与宁夏中卫市、吴忠市接壤。全县辖区面积985平方千米,总人口17.5392万(2017年),回族人口2.2686万,占总人口的13%。全县辖13个乡镇、113个行政村、10个社区。该县先后荣获过全国文化先进县、中国人居环境范例奖、乡村旅游示范县、优质中药材基地等多项殊荣,2017年成功入选"中国避暑休闲百佳县"。

2. 隆德县产业脱贫特点

由于六盘山区地处欧亚大陆暖温带湿润森林草原—干旱半干旱草原—干旱荒漠草原的过渡带,气候类型多样、生态适宜幅度宽,适合多种中药材栽培,是我国西北主要中药材产区,载入《全国中草药汇编》的药用植物达420多种。同时,六盘山区远离工业污染源,具有打造"绿色"品牌的自然条件;人均占有耕地面积相对充裕,大面积旱作耕地和退耕还林地具有发展中药材种植的资源潜力;大量农村剩余劳动力能保证中药材种植与初加工环节劳动密集型生产的需要。因此,隆德县凭借得天独厚的资源优势和产业基础,近年来政府开始加大对中药材的扶持力度,向加工要效益,用品牌打市场,中药材产业也逐渐成为地标性和脱贫富民的产业。

隆德县正全力推进"百户加工、千户育苗、万户种植",采取"合作社+基地+农户"的运作模式,加大政策扶持力度,整合涉农资金,在种植、加工、营销等环节给予稳定的资金扶持。同时,建成的宁夏六盘山现代中药资源动态监测信息和技术服务中心隆德站以及多功能一体化的六盘山药用植物园,不仅为企业、广大药农提供最新的市场信息和技术指导,还对保护六盘山濒危野生中药材起到了积极的推动作用。此外,隆德县大力发展草畜产业,全县2017年种植地膜玉米110平方千米,新建神林杨野河、凤林李士2个千头规模肉牛养殖场和15个肉牛养殖示范村,全县肉牛饲养量达到6.8万头。新建联财联合等4个永久性蔬菜基地,建成5000顿蔬菜气调库一座。

在宁夏回族自治区党委政府、德隆县委、县政府出台的一系列惠民政策支持下,在科技扶贫"百人团"工作小组指导下,德隆县除了对药农提供技术指导、培训外,还在不断改进、完善技术成果转化、推广新机制;引导自治区、市、县科技资源与国家扶贫开发任务和各地主导、特色产业有机结合,为科技扶贫长效机制的建立创造条件;充分发挥"农业专家库""农村经济合作社"等组织作用,通过多途径进行贫困地区科技成果转化和科技推广工作,让贫困农户得到切实的实惠,最终达到脱贫致富的目标。如今,在致富带头人示范引领贫困户发展中药材的带动下,现在德隆县平均一个村通过成立中药材专业合作社,吸收和发展社员来提供务工岗位,从而带动建档立卡贫困户从事中药材种植、贩运和加工产业,能基本实现合作社年加工中药材 300 多吨,销售中药材 600 多吨,销售收入 200 多万元。

隆德县在产业脱贫方面,坚持因人施策、分类扶持,2017 年整合投入资金 3175 万元,发放金融扶贫贷款 5000 万元、特色产业贷款 3500 万元,扶持发展旅游扶贫示范村 12 个、特色产业扶贫示范村 10 个,培育壮大龙头企业 10 家、产业扶贫新型经营主体 31 家,巩固提升 30 个村集体经济,培养致富带头人 225 名,以此推动产业扶贫。同时对有自主发展能力的 9524 户贫困户,扶持种植玉米 28.67 平方千米、中药材 4.3 平方千米、凉冷蔬菜 2.73 平方千米、马铃薯 9.3 平方千米,养殖肉牛 2100 头、中华蜂 1720 箱、生态鸡 1.8 万只。旅游方面,隆德县积极推进由文化大县向文化旅游强县的转变,编制完成《隆德县全域旅游规划》《隆德县文化产业发展规划》,出台《隆德县文化旅游产业扶持意见》,续建县文化馆、图书馆、博物馆及老县衙旅游项目,建成隆泾公路旅游环线基础设施。扶持建设 6 家休闲农业示范基地,红崖老巷子、陈靳新和等民俗文化和乡村旅游景点特色凸显;积极申报"千年古县",成功举办首届环六盘山全国山地自行车赛、入选 2017 年中国避暑休闲百家县、来隆旅游人数突破百万人次。

3. 产业扶贫的分析与启示

产业精准扶贫,需要与扶智、扶能、扶需(缺什么)、扶急(急不得,也等不得)、扶稳(可持续)、扶险(抗风险)以及实现增收目标有机结合起来,这是一个政府与农民建立利益共同体的过程,要在全程实施过程中时时刻刻为农户着想,为农户排忧解难,从根本上为贫困户谋利益。同时,产业扶贫,特别是特色产业精准扶贫,是一项复杂的系统工程,它鼓励引导工商资本进入农业领域的同时,也积极推动生态高效农业和农产品加工业的发展,延伸了农产品产业链,提

升了农产品附加值。除此以外,产业精准扶贫内含的五要素也使其成为脱贫攻坚的主要抓手,分别是:

市场是核心。龙头企业、专业合作社以及产业大户在产业扶贫中具有辐射带动和引导作用,通过调整产业结构,跟踪市场信息,带动贫困户就地就业增收。

资金是关键。所谓"兵马未动粮草先行",从调研看,发展当地特色产业均需要大笔资金支持,而各级政府也都做好了不同的应对措施,优化财政支出结构,强化金融信贷支撑,做到项目、资金"一盘棋"投入,争取放大信贷规模,增加中长期贷款占比。同时,需要简化借款主体担保程序,缓解其借款风险。

贫困户是关键。产业扶贫中的大部分产业都是劳动密集型产业,而大多数贫困户家庭成员文化素养偏低,有的地方守旧风俗严重、思想保守僵化,以至于部分贫困群众缺乏脱贫的信心和勇气。因此,加强文化教育,拓宽涉农培训项目覆盖面,有针对性地使贫困户承接和深入到各类特色产业扶贫开发项目中,激发贫困户内生致富的动力,以此调动贫困地区农户脱贫致富的积极性。

政策机制是保障。产业扶贫各方利益的调节,需要在产业扶贫体系中建立完善的"利益共享,风险分担"机制。而特色产业的发展离不开技术支持体系,尤其是对于本地区特色新兴产业的发展,专业企业、科研单位、高等院校等部门的参与对其具有十分重要的作用。因此,健全科技支持产业扶贫的政策体系,出台奖励政策,支持高水平的科研机构及其技术人才与贫困乡村结对帮扶,让贫困户在家门口学到实用技术,用到所学技术。

二、金融扶贫

(一) 金融扶贫的提出

做好金融精准扶贫工作是贯彻执行中央金融扶贫决策部署的战略举措,引导和鼓励金融资本参与扶贫是解决农村贫困问题的有效途径之一。早在 2011 年底,中共中央、国务院就印发了《中国农村扶贫开发纲要(2011~2020 年)》,其中明确要求各金融机构完善国家扶贫贴息贷款政策,针对贫困地区开展金融产品创新和金融服务创新,拓宽融资渠道,推动农村保险事业发展,且国有控股金融机构要积极参与定点扶贫。此外,2016 年初国家发布的《中华人民共和国国民经济和社会发展第十三个五年规划纲要》提出全力实施脱贫攻坚,不仅要加大中央、省级财政扶贫资金投入和鼓励通过发行政策性金融债券、专项债券等方式来筹集扶贫资金,而且要发挥政策性金融、开发性金融、商业性金融和合作性金融的互补作用。

因此,做好金融精准扶贫工作不仅是贯彻执行了中央金融扶贫决策部署的战略举措,也是加快脱贫攻坚进程的有力手段,更是金融系统履行社会责任的必然要求。为了推动金融扶贫工作的深入开展,人民银行等七部委专门下发了《关于全面做好扶贫开发金融服务工作的指导意见》,对金融扶贫提出了明确、具体的要求。习近平总书记也明确要求,要加强金融扶贫等七项扶贫行动,突出扶贫小额信贷、扶贫再贷款等信贷政策的精准性。国务院扶贫办也进一步指出,必须要发挥金融扶贫的重要作用,切实提升贫困户扶贫小额信贷的获贷率。

随着扶贫工作的深入推进,宁夏也进入了撬动"穷根"的攻坚阶段,先是由自治区政府与各县(区)签订年度脱贫攻坚责任书,将金融扶贫纳入综合考核,并且定期召开金融扶贫专题会议,督导工作进度,研究解决重点难点问题。随之宁夏回族自治区扶贫办与自治区党委农办、金融局、人民银行等相继出台《农村金融改革创新试点推广工作方案》、《关于做好金融助推脱贫攻坚的指导意见》、《关于进一步推进金融扶贫工作的若干意见》、《关于进一步加强银行业金融机构助推脱贫攻坚的实施意见》等一系列政策文件,从顶层设计上完善了金融扶贫政策体系,逐渐培育金融扶贫长效机制。最后,自治区政府健全金融扶贫成效与财政资金存放挂钩、机构引进优惠、费用补贴等一系列激励政策措施,在督促金融机构履行金融扶贫政治责任的同时,实现权、责、利对等,形成金融扶贫的强大合力,逐步运用专业化手段实现由救济式扶贫向开发式扶贫转变,这期间涌现出了许多通过金融扶贫脱贫的成功案例,择一述之。

(二)固原市泾源县以"新金融"治贫

1. 基本概况

泾源县位于宁夏回族自治区最南端,因泾河发源于此而得名。地处六盘山东麓,东与甘肃省平凉市崆峒区相连,南与甘肃省平凉市华亭县、庄浪县接壤,西与宁夏回族自治区隆德县毗邻,北与原州区、彭阳县交界,素有"秦风咽喉,关陇要地"之称。全县辖4乡(新民乡、兴盛乡、黄花乡、大湾乡)3镇(香水镇、泾河源镇、六盘山镇），2个社区，105个行政村，总人口118332人，其中回族人口占90%，农业人口占90%。辖区总面积1131平方千米，占全自治区总面积的2.18%，其中耕地面积386平方千米，森林覆盖率为48.5%，且县内物产资源丰富，旅游资源丰富，被誉为黄土高原上的"绿色明珠"和"小九寨"。自泾源县实施金融扶贫开发工程以来，效果显著。截至2017年，累计整合各类资金6.28亿元，累计向建档立卡贫困户发放贷款3.5亿元，贷款覆盖率达到93%，有效推进84个贫困村脱贫攻坚，完成3个村整乡推进、25个整村推进、50个贫困村脱贫，贫困人口减少2176户9452人，贫困发生率下降到4.6%。

泾源县虽景色秀丽，但由于交通不便，基础设施不健全，所以总体经济发展相对滞后，对外开放水平不高，金融资源总量有限。2016年末，泾源县各项贷款余额15.2亿元，新增贷款1.54亿元，仅占宁夏全区贷款总额的0.29%。目前，全县还有贫困人口2.23万，脱贫形势异常严峻。针对以上问题，泾源县政府另辟蹊径，积极探索新的金融扶贫机制，从以下四个方面，逐一破解金融难题。

第一，县政府针对贫困农户财产少、能作为有效贷款抵押物的财产几近为零的现状，以及由于"三权"金融创新领域的资产评估、流转等平台机制建设的不健全而导致的银行放贷积极性不高的事实，县政府主动出资设立担保基金和风险补偿金，积极推动银行向建档立卡贫困户发放免抵押、免担保的小额信用贷款。这样尽可能减轻了贫困户的负担，减少了银行承担的风险比例，有效地解决了贫困户"担保难"的问题，大幅降低了贷款风险，提高了银行贷款的积极性。

第二，针对贫困农户资产少、收入低、不适用传统的评级授信指标的现状，当地农信社改变以往的"被动等待上门"模式，而是进村入户，实事求是调查采集贫困户基本情况、种养殖情况、资金需求、还款能力，逐户评级测算贷款额度，并为建档立卡贫困户颁发特殊的信用证，使贫困户能够免抵押担保而获得小额贷款支持。据调查，2016年，泾源县已全面完成45个脱贫销号村贫困户的信息采集和评级授信工作，信息采集率、评级授信率均达100%，总授信额度达到1.2亿元。

第三，针对县区自然条件普遍较差，经济发展水平不高，机构网点少，甚至部分地区为金融基础空白区的现状，泾源县政府通过助农金融服务"全覆盖"而狠下功夫，大力改善农村支付环境。比如县政府不断加快"金融服务村村通"工程建设,新增营业网点,多点投放存取款一体机、自动取款机等,以及在乡村小商品店布置离行式存取款机或者POS机等。经过一段时间的工程建设,现已设立银行卡助农取款服务点318个,并对重点金融服务空白乡的助农取款服务点完成额系统转型升级,实现了业务范围的全覆盖。基本解决了农户为办理存取款、转账、缴费等金融业务而走十几里路的苦恼,为农户办理基础性金融服务提供了很大便利。

第四,针对贫困农户文化程度不高、法制观念淡漠、金融知识匮乏以及诚信基础不牢固等诸多不利因素,泾源县政府着力推进农村信用体系建设。利用农户小额信贷系统,实行农户信息集中管理,分类适放:①对正常类客户,在授信额度内,农户凭借授信卡,可以直接办理贷款手续;②对60岁以上超龄客户,由其同一户口上的成年子女作为承贷的主体,承担相应的权力责任和义务;③对黑名单客户,甄别不良记录形成原因,区别对待,对于非恶意造成不良贷款的,在结清存量不良贷款本息后,可申请退出黑名单,并由担保公司提供担保,给予信贷支持。此举进一步提高了农户的诚信意识,让农户逐渐了解了诚信的重要性,有效地防控了道德风险,逐步营造出了健康和谐的金融生态环境。

除此之外,为了加大金融扶贫的力度,泾源县政府还专门成立了金融扶贫工作领导小组,在172个贫困村成立信用协会,组建担保放大投融资平台,并开设风险补偿金专户,注入财政风险补偿金1000万元,初步构建了"一平台、一模式、一协会和一体系"金融扶贫格局。在贷款审批程序上,由各乡镇、扶贫办提供贫困户名单,金融机构、乡镇干部进村入户,逐个评级。先后提供了农村直补资金"一卡通"贷款、蔬菜大棚抵押贷款、农机具抵押贷款,同时扩大农业保险保费补贴力度,政策性农业保险优先在贫困村试点和推广,积极防范农业生产风险。

2. 金融扶贫的分析与启示

作为扶贫开发的重要组成部分,金融扶贫一直是促进农民增收、农业增效和城乡经济协调发展的重要举措,并不同程度地促进了农村多维贫困的减缓。但在肯定其显著成效的同时,也不能忽略其自身依然存在的诸多问题与不足:金融减贫的广度、深度、强度均还存在一定的提升空间;农村正规金融、非正规金融的减贫效应还存在较大差异,并且在促进农村经济贫困、社会贫困的缓解上也存在诸多亟待完善的地方。新形势下，有必要进一步深化农村金融体制改革，针对乡村振兴建设和反贫困进程中金融需求特点，要探索构建与之相适应的新型农村金融服务体系。

一是进一步完善普惠型农村金融服务体系建设的顶层设计，加快推进正规金融与非正规金融并存，政策性金融、商业性金融、合作性金融和新型金融分工合作、功能互补、竞争有序的普惠型现代农村金融体系建设，为健全农村金融减贫长效机制，深层次推进农村金融减贫打好坚实基础。

二是完善农村金融组织体系，增强金融服务协同效应。按照现代社会经济发展模式和金融制度，存量改革与增量发展并举，加快推进农村金融组织完善与优化，促进农村金融机构的适度竞争，增强农村金融服务协同效应，提升农村金融服务的充分性。

三是强化农村金融减贫功能，提升金融减贫深度与强度。促进农村贫困人口脱贫是农村金融机构的重要功能和农村金融发展的重要职能。在建立现代农村金融服务体系的基础上，通过规范信贷投向，优化信贷结构，建立健全小微企业融资渠道，推进微型金融培育与发展，推进贫困群体信用体系建设，创新信贷抵押担保机制，探索农村金融减贫的有效方式，构建多元化农村金融减贫供给模式，提升农村金融减贫的深度与强度。

三、乡村旅游扶贫

旅游扶贫因其强大的市场价值、强劲的造血功能以及良好的产业依托使其相对于其他扶贫方式具有天然的优势。自国家提出"精准扶贫"战略以来，国家各部委及单位都出台了相应措施，力争通过精准扶贫实现2020年全面脱贫的总体目标。国家旅游部门在全国范围内开展了以村为单位的旅游精准扶贫，取得了显著成效。

国家层面首次完整提出"乡村旅游精准扶贫"概念，是在2014年国务院出台的《关于促进旅游产业改革的若干意见》第七条"加强乡村旅游精准扶贫"，精准扶贫理念为乡村旅游精准扶贫提供了强有力的分析框架，但乡村旅游精准扶贫并非是对精准扶贫的简单嫁接、套用，而是在精准扶贫理念的框架下，结合乡村旅游扶贫自身的特点提出并将精准扶贫理念应用于乡村旅游扶贫领域之中。因此，乡村旅游精准扶贫是一种全新的扶贫模式，是针对不同贫困地区的乡村旅游扶贫开发条件、不同贫困人口的状况，运用科学有效的程序和方法对乡村旅游扶贫的目标对象进行精准识别、精准帮扶和精准管理，以实现乡村旅游扶贫"扶真贫"和"真扶贫"的目标。

（一）乡村旅游精准扶贫研究历程

乡村旅游精准扶贫研究大致可以分为以下四个阶段：

第一阶段：农村减贫研究和乡村旅游经济发展研究相对独立阶段。这一阶段，两方面的研究基本上是相互独立的，扶贫尚未作为旅游开发的核心内容，旅游开发也没有成为一种主要的扶贫手段。

第二阶段：乡村旅游扶贫积极效应研究阶段。伴随着城市居民休闲度假需求的产生和乡村旅游的蓬勃发展，一些学者开始研究乡村旅游资源丰富的贫困地区如何通过发挥自身的比较优势来发展乡村旅游业，从而实现脱贫致富的目标。这个阶段是乡村旅游发展的初期阶段，旅游扶贫的正效应明显，大家很自然地较少关注乡村旅游扶贫的负面效应和可能存在的风险。

第三阶段：乡村旅游扶贫全面研究阶段。在贫困地区发展旅游业的过程中，某些贫困地区经济增长迅速，部分贫困人口迅速脱贫致富，但由于种种原因，最贫困的那部分人口从旅游开发中获利甚微。为此，有学者认为乡村旅游扶贫应该采取倾斜性政策以增加、保障贫困人口的受益程度。

第四阶段：乡村旅游精准扶贫研究阶段。乡村旅游扶贫作为一种产业扶贫方式，也开始显露出产业扶贫方式存在的共性问题：扶贫目标偏离，扶贫方式同质化，考核标准不合理等，由此导致扶富不扶贫的现象。伴随着2013年国家提出精准扶贫战略，旅游精准扶贫应运而生。

（二）乡村旅游扶贫实践：固原市隆德县红色旅游开辟扶贫新路径

1. 基本概况

2004年至今，全国红色旅游产业一直呈现出持续快速发展的良好势头。其中红色旅游是指以1921年中国共产党建立以后的革命纪念地、纪念物及其所承载的革命精神为吸引物，组织接待游客进行参观游览，学习革命精神，接受革命传统教育和振奋精神、放松身心、增加阅历的旅游活动。宁夏隆德县作为红军长征途经之处，其红色旅游资源丰富，内涵深厚。2016年，习近平总书记视察宁夏时强调重走长征路，专门前往位于宁南边陲并且集汉、回、满、藏杂居的偏远山区小县隆德县，隆德县由此开始步入红色旅游精准脱贫的快车道。

2.旅游扶贫的举措

过去，隆德县虽是红军长征所经过的一个县，但它的红色旅游无论在发展规模上还是游客的熟识度上都远低于西柏坡、延安等其他重要革命老区。当地对红色文化和红色旅游的开发和研究也很少。因此，隆德县红色旅游业的发展也一直处于较低水平。上述原因使得隆德县红色旅游发展面临基础设施落后、专业人才缺乏、旅游产品单调、旅游内容老化、旅游结构层次低等各种问题。

近些年来，随着国家精准扶贫、精准脱贫方略的深入推进，宁夏回族自治区党委、政府就逐步开始规划并寻找全区有潜力的"全景、全时、全民、全业"旅游扶贫模式，全力创建全域旅游示范（省）区的发展目标，打造"一核两带三廊七板块"的全域旅游新格局。其中，六盘山红色生态旅游板块是"七板块"的重中之重。隆德县立足本地区域特色，统筹规划，融合发力，不仅彻底改变了红色资源密集地区的基础条件，还把着力点放在培植红色龙头旅游企业、实施能人带动战略、引领本村贫困户脱贫致富等方面。

同时，德隆县政府针对自身红色旅游发展资金短缺的问题，固原市相继颁布实施了《关于金融支持文化旅游产业发展的意见》、《隆德县扶贫小额信贷试点工作实施方案》，进一步深化了金融服务旅游的功能。在扶贫小额贷款发放中，对在红色旅游规划区中有一定经营基础，发展农家乐积极性高的贫困农户，信用社给予免抵押、免担保的扶贫小额信贷优惠政策，执行国家基准利率，并对到期还本的优先享受财政全额贴息。对红色旅游企业提供享受基准利率、年3%利率贴息、政府购买担保的"富民生产贷"优惠政策，培植核心拉动型红色旅游项目。在全县列入市农发行扶贫贷款的38个项目中，用于改善红色旅游规划区道路交通、水利、生态等旅游发展基础条件的项目31个，贷款额度7.2亿元。同时，隆德县正在积极寻求发起成立20亿元规模的隆德旅游扶贫发展产业基金的倡议，以支持红色旅游项目可持续发展，为全县红色旅游精准扶贫工作提供强有力的金融保证。

3. 乡村旅游扶贫分析与启示

近年来，宁夏回族自治区旅游发展委员会认真贯彻中央扶贫开发工作会议及《中共中央 国务院关于打赢扶贫攻坚战的决定》精神和宁夏回族自治区党委、政府脱贫攻坚工作的部署，按照"依托贫困地区特有的自然人文资源，深入实施乡村旅游扶贫富民工程"的要求，大力组织实施乡村旅游扶贫工程，将乡村旅游扶贫开发建设作为创建宁夏全域旅游示范（省）区和全域旅游示范市、示范县的突破口，通过不懈努力，在全区建设了一批可复制、可推广的乡村旅游扶贫示范村，扶持了一批示范带动强、扶贫效果好的精品旅游景区和重点旅游项目，西吉县龙王坝村、泾源县冶家村、盐池县花马湖镇四墩子村等旅游扶贫重点村受到游客青睐，旅游精准扶贫取得了明显成效。

同时，对确立的旅游的扶贫重点村实现旅游规划全覆盖。目前已编制完成了《宁夏六盘山旅游扶贫发展规划（2015~2020 年）》。协调规划设计单位与 19 个旅游扶贫重点村进行对口帮扶，完成了规划编制。2018 年，对国家发展和改革委员会、国家文化和旅游部、国家环境保护部、国家住房和城乡建设部、国家农业农村部、国务院扶贫办等七部委确定的宁夏回族自治区 72 个乡村旅游重点村中的建档立卡村实现旅游规划全覆盖。力争到 2020 年，宁夏扶持全区 8 个国家级贫困县的 72 个旅游扶贫重点村开展乡村旅游，建成 100 个以上乡村旅游特色村，500 家三星级以上农家乐，乡村旅游年接待量将超过 650 万人次。每年还要通过乡村旅游，实现每个重点村乡村旅游年经营收入达到 100 万元，力争实现直接拉动当地 12 万农民脱贫致富，间接拉动 50 万贫困人口脱贫致富的目标。

但通过乡村旅游实现脱贫的目标，除了当地政府对其有一个整体的发展规划和宏观统筹外，各地区也要有自己独特的旅游资源特色、地域历史条件，同时，旅游发展专项资金必不可少，旅游基础设施要配套并不断完善。在综合考虑旅游资源品质、区域交通条件、可辐射贫困人口规模等因素的同时，规划和建设一批带动功能强的新景区、新项目，升级改造一批设施落后、功能单一的现有景区，通过提供就业岗位、开发经营性资产、闲置土地房产租赁、入股分红等多种方式，带动景区内及周边地区的建档立卡贫困村、贫困户通过旅游实现脱贫致富。

当然，要想做大做强旅游产业，还要培训一批村干部和旅游扶贫的致富带头人，提升经营管理人员和从业人员的专业技能。同时，扩大社会参与和宣传推广，健全社会力量的参与机制，鼓励支持民营企业、社会组织以及个人参与扶贫开发的格局，实现社会帮扶资源和精准扶贫有效对接。另外，要充分依托微博、微信等新媒体手段促进乡村旅游产品在线宣传和销售，实现乡村旅游、旅游扶贫富民工程与旅游市场的常年对接。挖掘出更多具宁夏民族地域历史、民族、文化特点的特色旅游扶贫村镇，扶持发展更多的农家乐经营户，使全域旅游发展的成果惠及更多群众，也让乡村旅游成为美丽中国、富美乡村的生动载体，成为全国各地游客看得见山、望得见水、记得住乡愁、留得住乡情的真实写照。

四、易地搬迁与精准扶贫

（一）宁夏易地搬迁简况

移民扶贫也称为易地扶贫搬迁或生态移民扶贫，是指将生活在缺乏生存条件地区的贫困人口搬迁安置到其他地区，并通过改善安置区的生产生活条件、调整经济结构和拓展增收渠道，帮助搬迁人口逐步脱贫致富，是扶贫开发重要的专项工程之一，也是解决生态脆弱地区贫困问题的有效手段。我国各地坚持以改善生态环境、调整产业结构与城镇建设同步发展的原则，以组织易地搬迁扶贫工作。主要针对的是扶贫重点旗县和生态环境恶劣、失去基本生存生活条件、就地扶贫难以解决温饱的贫困群体，而宁夏回族自治区则是开展易地搬迁扶贫时间比较长且规模比较大的省区，先后组织了吊庄移民、扶贫扬黄灌溉工程移民及易地搬迁移民，累计搬迁移民近84万人。积极扎实而又富有成效的生态移民工程，极大地改善了贫困群众的生产生活条件，拓宽了移民群众的脱贫致富空间，有效地推进了生态保护和建设，较好地实现了"移得出、稳得住、能致富"的战略目标。

2017年8月底，宁夏回族自治区政府又印发了《宁夏"十三五"易地扶贫搬迁规划》（以下简称《规划》）。根据这一《规划》，截至2018年末，宁夏回族自治区将完成82060人建档立卡贫困人口的易地扶贫搬迁工作，到2020年使移民生产生活条件得到明显改善，移民收入接近全区农民收入的平均水平。

（二）易地搬迁扶贫实践：吴忠市红寺堡生态移民"搬"出幸福路

1. 基本概况

宁夏红寺堡移民区坐落在宁夏中部、大罗山脚下，现属宁夏吴忠市管辖。这里气候炎热干旱，每年降水量很少，全年日照数达到3000小时，高于10℃的总积温达到3936.9平方千米，仅次于西藏，是全国第二高值中心。红寺堡移民区东西长约80千米，南北宽约40千米，区域面积19992平方千米。海拔1240~1450米，为山间平地，属于温带干旱气候，全年日照时间长，昼夜温差大。移民区距银川市150千米，距中宁县37千米，交通较为发达，区位优势明显，是宁夏中部地区的交通枢纽。

红寺堡移民区通过十几年的不懈努力，移民开发工程基本完成，共移民搬迁19万余人。移民迁入红寺堡后，大多都实现了生产方式和生活方式的转变。移民群众的职业也发生了根本性变化，大多数群众搬迁前都是守着几亩旱田过日子，每年收成都靠天吃饭；但在移民搬迁之后，农民的职业开始向多样化发展，有养殖户、种植户以及打工经商等，不仅拓宽了脱贫致富的空间，也增加了农民的收入。根据红寺堡区公布的信息，2017年红寺堡区城镇居民人均可支配收入首次突破2万元，达到了21197.5元，同比增长9.2%。增速居山区九县第一，比山区的8.6%高0.6个百分点，比宁夏全区的8.5%高0.7个百分点。

自红寺堡开发建设以来，红寺堡区狠抓产业结构调整，转变经济增长方式，全力推进工业化、城市化和农业产业化进程。大力培育节水高效农业，累计发展酿酒葡萄77.33平方千米、设施农业49.67平方千米、黄牛养殖8万头，葡萄产业已经成为引领农业转型的特色优势主导产业，并作为宁夏四大葡萄产区之一纳入宁夏贺兰山东麓葡萄产业规划长廊。此外，红寺堡依托境内丰富风光资源和国有未利用荒地，大力发展环保新型工业，葡萄酒厂、榨汁厂、酒庄等重点工业项目快速推进，长头山、鲁家窑、宁夏发电集团等新能源产业不断壮大。商务服务、信息中介、金融保险、交通运输和清真餐饮等服务业也一并快速发展。

2. 易地搬迁扶贫措施特点及做法

（1）高度重视教育。红寺堡区政府针对生态移民平均每户人口数多而无力负担幼龄儿童上学的现状，专门下拨专项资金，高度重视家庭适龄儿童的教育问题，使失学现象有了很大的改善。

（2）因地制宜发展产业。近几年，红寺堡移民区根据当地气候条件，不再进行单一的产业发展，而是开创出以当地优势产业为主的多元化发展战略，又赶上宁夏回族自治区提出的围绕贺兰山东麓，建设总规模达666.67平方千米的优质酿酒葡萄产业带的发展规划这一契机，红寺堡凭借独特自然禀赋和地理优势（贺兰山东麓位于北纬38℃，是与法国波尔多梅多克、意大利扎斯卡纳、美国加州纳帕山谷并列的世界公认的酿酒葡萄种植的黄金地带），成为我国酿酒葡萄产业最具潜质和最具发展前景的区域，并于2012年被宁夏回族自治区确定为贺兰山东麓酿酒葡萄的明星产区。这不仅为当地经济发展注入了活力、带动了当地就业，同时也提高了农民的生活水平，大大改善了生活条件。

（3）十分注重社会效益。由于红寺堡区是宁夏生态移民的重点开发区，所以在硬件建设、软件管理和移民安置共同推进等方面取得了显著成效。此外，因为宁夏是一个少数民族聚集地，民族团结显得更为重要，而区政府通过移民村的新农村建设，巧妙地将汉族和回族同胞安置在相同的村子，增进了彼此间的了解，促进了回汉文化之间的交流与融合，形成了独具特色的新型移民文化。

（4）重视生态效益发挥。宁南山区被视为不适合人类居住的区域，生态环境脆弱、人口承载力小。通过移民搬迁，不仅减轻了环境压力、改善了现状、降低了生态灾害的发生频率，也使移民搬迁户有了更好的发展前景和生活条件。如今，红寺堡经过多年来的种草植树、退耕还林还草、围栏封育、荒山造林等实际行动，累计完成人工造林面积918.67平方千米，林木、植被覆盖率显著提升。而且，通过宁夏扶贫扬黄灌溉工程，红寺堡区已经开辟出266.67平方千米旱涝保收的水浇地，拥有66.67平方千米葡萄、66.67平方千米经果林。这些生态环境的改变，有效改善了当地人的居住环境，同时促进了经济的发展。经济总量的提升、生态环境的改观、特色产业的发展、基础设施的改进以及民生问题的改善，都极大地改善了贫困户的生活条件和质量。

（5）开发土地集中安置。宁夏平原北部结合现代农业示范区（基地）、引黄灌区节水改造、调剂国有农林牧场耕地等重大项目安置移民；另外，进行适度集中的就近安置。选择靠镇、近水、沿路的区域建设大村庄，通过对原有耕地进行改造、进行移民安置。此外，因地制宜，根据实际情况引导移民通过投亲靠友等多种形式实施移民安置。

（6）综合施策解决移民后续生计。生态移民的最大挑战在于移民安置地的解决和后续生计问题的解决。对于前者，宁夏自20世纪80年代以来，在选定引黄灌溉渠等便于居住的搬迁地后，对西海固地区的贫困人口先后实施了一系列的移民工程；对于移民搬迁户的后续生计问题，这些家庭普遍存在人口多、开销大、房屋少、收入不稳定等问题，以及上学难、缺乏产业和相应的技术指导等问题，这些问题严重制约着搬迁户的可持续发展。

仅靠精准扶贫"五个一批工程"中的任一个都无法解决此类问题。为此，对待生态移民这个复杂的系统工程，红寺堡地区综合对经济、社会、文化、基建等多方面进行深入专业的分析和考察，灵活使用各种财政政策和金融工具，最终打出产业扶贫、金融扶贫、教育扶贫的组合拳，从根本上解决了搬迁移民户的后续生计问题。

第三节 宁夏精准扶贫实证调查

一、调查区域基本概况

（一）调查点选取

考虑到宁夏区情的特殊性和贫困成因的复杂性，笔者选取兴泾镇和镇北堡镇为实证调查点，按照随机抽样的方式进行样本的抽取。即在兴泾镇选取6个样本村，每个样本村选取20个样本户；在镇北堡镇，鉴于同阳新村是该镇集中连片安置宁夏南部山区彭阳县的贫困移民社区，因此，该镇的调查村主要选取该移民社区，在此社区随机选取样本户93户。总共发放问卷213份，最后共获取有效问卷200份，有效回收率为94%。样本分布如表3-4所示。

（二）调查的基本概况

镇北堡镇隶属银川市西夏区管辖，辖1个居委会，11个村委会：团结村、新华村、德林村、昊苑村、顾家桥村、芦花村、三闸村、同庄村、良渠稍村、镇北堡村和同阳新村，其中，同阳新村是该镇新近规划安置宁夏南部山区的生态移民安置点，该村距镇北堡镇15千米，是2012年和2013年从彭阳县王洼、草庙、李俊等乡镇搬迁出来的307户村民组成的新村庄，主要是以汉族为主的贫困户。

表 3-4 样本分布情况

乡镇	样本村	样本农户	有效样本
镇北堡镇	同阳新村	93	90
兴泾镇	西干村	20	18
	泾河村	20	17
	兴盛村	20	19
	泾华村	20	19
	黄花村	20	18
	十里铺村	20	19
合计		213	200

彭阳县地处"西海固"核心区，山大沟深、气候干旱、自然条件恶劣，被联合国粮食开发计划署确定为不适宜人类生存的地区之一，在宁夏几乎是贫困落后的代名词。

兴泾镇位于银川市西夏区文昌南路，全镇总面积28.8平方千米，辖6个行政村（38个自然村），1个社区居委会，1个流动移民管理服务站，总人口3432户17003人，回族占总人口数的98.8%。该镇现住人口是1983年响应国家移民政策由国家级贫困县宁夏泾源县迁入的，是最早从宁夏南部山区泾源县实现异地搬迁的贫困户，贫困持续时间长、少数民族比重极高。

综上可知，所选两镇实证调查点均为从宁夏生态脆弱区实现易地搬迁的长期贫困户，既有以回族为主的聚居社区，也有以汉族为主的生活群落，因此，具有很好的对比性和典型性，是较为理想的实证研究区域。

（三）实证调查基本描述

本次调查涉及213户贫困农户，户籍总人口约907人，平均每户4.26人，高于全国平均每户3.10人。从表3-5可以看出，在所调查的样本中，家庭人口最多的为8人，最少的仅为2人；户主年龄最大的为85岁，最小的为24岁，平均年龄为50.17岁；户主受教育年限的平均值为4.68年，受教育年限最长的为12年，最短的为0年；从民族构成看，调查样本中回族占到68.38%，汉族占比为31.62%；从户主性别构成看，男性高达96.30%，女性占比仅为3.70%；家庭劳动力数平均为1.78人，最多的为6人；家庭赡养60岁以上老人数平均为1.11

人，最多的为 4 人；家庭有长期患病人数最多的为 3 人，平均为 0.85 人；在被访调查户中，户主为村干部的仅占 4.4%，其健康状况为良好的占 64.70%，健康状况较差的亦占到 20.60%。

表 3-5 实证调查相关变量描述

家庭总人口			户主年龄			户主受教育年限			民族（%）		性别（%）	
极小值	极大值	平均值	极小值	极大值	平均值	极小值	极大值	平均值	汉族	回族	男	女
2	8	4.26	24	85	50.17	0	12	4.68	31.62	68.38	96.30	3.70
家庭劳动力数			家庭老人数			家庭病人数			户主是否村干部（%）		户主健康状况（%）	
极小值	极大值	平均值	极小值	极大值	平均值	极小值	极大值	平均值	是	否	良好	较差
0	6	1.78	0	4	1.11	0	3	0.85	4.40	95.60	64.70	20.60

表 3-6 不同民族家庭人口及户主受教育状况

民族	家庭总人口			户主受教育年限		
	极小值	极大值	平均值	极小值	极大值	平均值
汉族	2	8	4.25	0	12	4.80
回族	2	7	4.30	0	12	4.42

从表 3-6 可进一步看出，不同民族家庭总人口和户主受教育年限也具有一定的差异性。在家庭人口构成规模中，汉族家庭平均人口规模为 4.25 人，回族家庭平均人口规模为 4.30 人，这可能与国家民族生育政策有关；从受教育程度看，汉族家庭户主平均受教育年限为 4.8 年，而回族家庭户主略低于这一标准，为 4.42 年，这也许与回族群众长期崇尚经商不太重视教育有关。

二、典型贫困类型调查分析

（一）慢性贫困现状调查分析

1. 关于慢性贫困

长期以来，研究学者关于贫困的研究重心主要放在致贫因素、贫困衡量、贫困的影响等研究领域，往往忽视了贫困的"生命周期"，即一个人或家庭随着时间而摆脱（且经常返回）贫困的轨道。国外关于该问题的研究始于 20 世纪末 21

世纪初，国内关于这一问题的研究尚处于起步阶段。普遍认为，慢性贫困是指贫困状态持续多年（一般为 5 年或 5 年以上，甚至贯穿穷人一生）并且可能将贫困传递给下一代的贫困状况。

之所以将慢性贫困的时间界定为 5 年，一方面，是因为相关实证研究表明，如果一个人的一生中有 5 年时间或超过 5 年的时间处于贫困状态，那么，在其剩下的生命时间里继续处于贫困状态的可能性将会大大增加；另一方面，在利用时间序列数据进行的研究中，5 年往往是研究人员作为一个阶段进行数据收集的基础。本研究正是基于这一界定进行研究的。

2. 慢性贫困调查现状分析

（1）贫困面广，贫困持续时间长。统计分析结果表明，实证调查区域的贫困农户不仅贫困面广，而且贫困持续的时间都较长，具有典型的慢性贫困特征。从贫困面看，当问及"您认为您家是否属于贫困家庭"时，高达 84.6% 的被访户都认为自己家是贫困家庭。同时，从家庭收入看，严格按照家庭总收入减去家庭总支出计算后，发现 52.59% 的被访户家庭人均纯收入为负，这很可能与中国老百姓不愿露富和有意夸大支出的心理因素有关，但一定程度上也反映出贫困户收入低下的现实。还有 11.11% 的被访户家庭人均纯收入低于国家贫困标准线 2300 元。

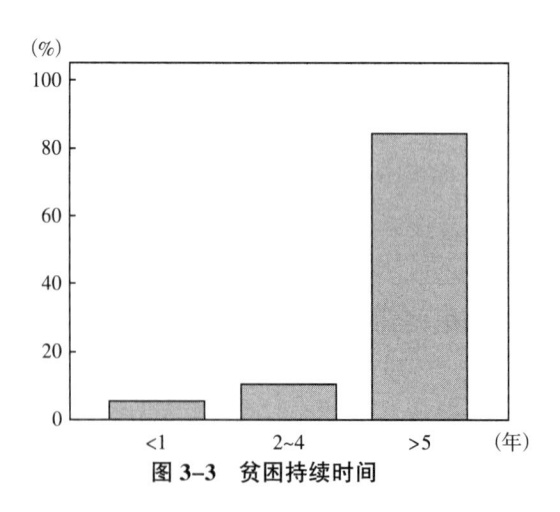

图 3-3　贫困持续时间

图 3-4 父辈是否贫困

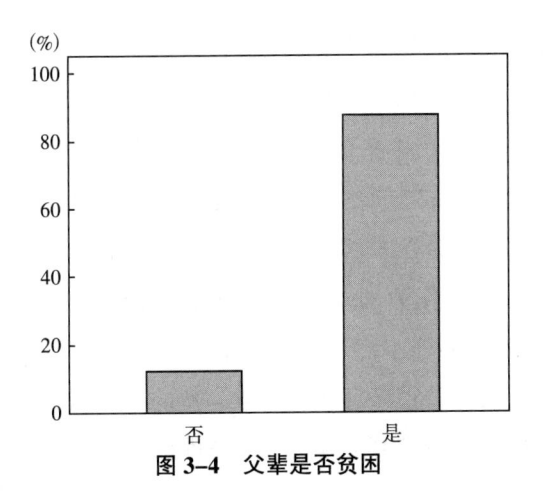

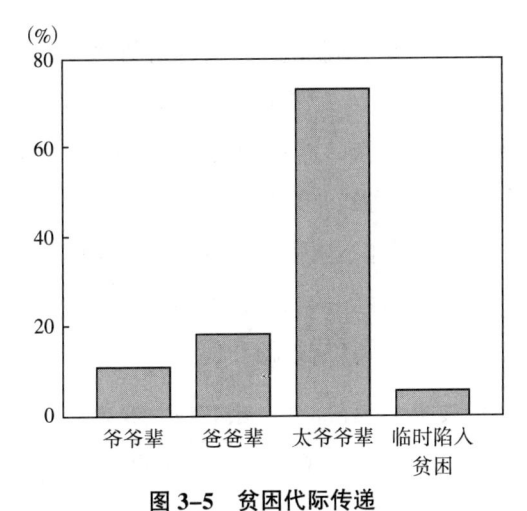

图 3-5 贫困代际传递

与此同时，图 3-3、图 3-4、图 3-5 分别从贫困持续的时间、父辈的贫困状况以及贫困的代际性三个方面展示了贫困的持续性周期。从贫困持续的时间看，贫困时间≥5 年的被访户高达 84.3%，贫困时间持续 2~4 年的被访户占到 10.4%，而贫困时间≤1 年的被访户仅占 5.2%，持续时间超过 5 年的慢性贫困户占了绝对主体。此外，当问及"父辈是否存在贫困"时，有高达 87.4% 的被访户认为父辈们存在贫困；当进一步问及"您家是从哪一代人开始贫困"时，回答从爷爷辈开始贫困的占到 10.4%，回答从太爷爷辈就开始贫困的占到 67.4%，回答从爸爸辈开始贫困的为 17%，回答临时陷入贫困的仅为 5.2%。由此可见，贫困的代际传递性也是慢性贫困持续时间长的一个重要体现。

（2）生活满意度有所提升，未来生活忧虑依存。调查数据表明，贫困农户对生活总体满意度较高。从表 3-7 可以看出，有 29.41% 的被访户对生活总体满意度为很满意，有 37.50% 的被访户认为比较满意，而不满意或者很不满意的两项合计仅为 2.21%，这表明随着国家以人为本理念的逐步深入，贫困农户生活的幸福指数也不断提升；对工作劳动条件持很满意和比较满意看法的被访户也高达41.91%；尽管有 35.30% 的样本户对收入持不满意或者很不满意的看法，但仍有 33.09% 的被访户对其收入持很满意或者比较满意的态度；而且，被访户对住房条件、孩子上学便利程度、邻里关系以及医疗条件都有很高的满意度。表 3-8 进一步显示，与 5 年前相比，贫困农户对其生活满意度均有不同程度的提高。有 18.52% 的被访贫困户认为总体生活状况比 5 年前好许多，认为较 5 年前好一点的占到 59.26%；对其收入、资产、工作条件、社会经济地位以及自身职位等同 5 年前相比，被访贫困户的认可度都较高。表 3-9 进一步从横向角度反映了贫困农户对生活满意度的认知。从中可知，有超过 20% 的被访户认为自己家的总体生活优于周围家庭，这一优越感同样不同程度体现在其对家庭资产、个人职位、家庭收入、工作条件和社会经济条件等认知上，说明贫困户对其改变贫困面貌所付出努力的自我认可，以及对脱贫致富信心的展现。

表 3-7　贫困农户生活满意度自我认知

类别	等级	比例	类别	等级	比例	类别	等级	比例	类别	等级	比例
生活总体满意度（%）	很满意	29.41	工作条件满意度（%）	很满意	6.62	劳动收入满意度（%）	很满意	3.68	住房条件满意度（%）	很满意	18.38
	较满意	37.50		较满意	35.29		较满意	29.41		较满意	49.26
	一般	29.41		一般	27.21		一般	27.21		一般	19.12
	不满意	1.47		不满意	17.65		不满意	27.21		不满意	8.82
	很不满意	0.74		很不满意	10.29		很不满意	8.09		很不满意	2.94
	说不清	1.47		说不清	2.94		说不清	4.41		说不清	1.47
上学便利程度（%）	很满意	36.03	邻里关系（%）	很满意	55.15	医疗条件（%）	很满意	69.85			
	较满意	38.97		较满意	32.35		较满意	16.91			
	一般	13.97		一般	8.09		一般	11.03			
	不满意	7.35		不满意	2.21		不满意	1.47			
	很不满意	0.74		很不满意	1.47		很不满意	0.74			
	说不清	2.94		说不清	0.74						

表 3-8 不同时期贫困农户生活满意度比较

与5年前比总体生活状况(%)			与5年前比收入状况(%)			与5年前比资产状况(%)		
	好许多	18.52		好许多	12.50		好许多	8.82
	好一点	59.26		好一点	56.62		好一点	52.21
	差不多	18.52		差不多	22.79		差不多	31.62
	差一点	2.22		差一点	5.15		差一点	5.15
	差许多	1.48		差许多	2.94		差许多	2.21
与5年前比工作条件(%)	好许多	5.15	与5年前比社会经济地位(%)	好许多	5.88	与5年前比职位(%)	好许多	0.74
	好一点	46.32		好一点	41.91		好一点	30.15
	差不多	36.76		差不多	46.32		差不多	61.03
	差一点	9.56		差一点	3.68		差一点	3.68
	差许多	2.21		差许多	2.21		差许多	4.41

表 3-9 贫困农户生活满意度横向比较

与周围比总体生活(%)			与周围比资产(%)			与周围比职位(%)		
	好许多	6.62		好许多	2.21		好许多	2.22
	好一点	16.91		好一点	18.38		好一点	11.85
	差不多	55.15		差不多	57.35		差不多	69.63
	差一点	14.71		差一点	15.44		差一点	11.85
	差许多	5.88		差许多	5.88		差许多	2.96
	不清楚	0.74		不清楚	0.74		不清楚	1.48
与周围比收入(%)	好许多	5.88	与周围比工作条件(%)	好许多	2.21	与周围比社会经济条件(%)	好许多	2.21
	好一点	14.71		好一点	15.44		好一点	9.56
	差不多	55.15		差不多	63.24		差不多	70.59
	差一点	19.85		差一点	15.44		差一点	13.24
	差许多	4.41		差许多	3.68		差许多	3.68
							不清楚	0.74

然而，贫困户对其未来生活状态仍然存在不同层面的担忧。由表 3-10 可知，对未来生活有些忧虑的被访户为 36.57%，很忧虑的为 13.43%，毫无忧虑的仅占 2.99%。而对未来养老、医疗、失业、收入以及教育支出，被访贫困户均表现出不同程度的很忧虑，尤其是对未来收入和可能的失业表现更为强烈。相对应这几项忧虑和关切，被访贫困户认为毫无忧虑的最高比重也仅为 3.73%，这说明贫困户现有生活满意度存在一定的脆弱性和不确定性。

表 3-10 贫困户对未来生活忧虑的认知

未来生活(%)		未来养老(%)		未来医疗(%)		未来失业(%)	
毫无忧虑	2.99	毫无忧虑	2.99	毫无忧虑	2.24	毫无忧虑	2.99
不忧虑	28.36	不忧虑	26.12	不忧虑	26.12	不忧虑	11.19
无所谓	17.91	无所谓	18.66	无所谓	23.88	无所谓	28.36
有点忧虑	36.57	有点忧虑	39.55	有点忧虑	29.10	有点忧虑	32.09
很忧虑	13.43	很忧虑	12.69	很忧虑	18.66	很忧虑	22.39

未来收入(%)		未来教育支出(%)	
毫无忧虑	2.24	毫无忧虑	3.73
不忧虑	12.69	不忧虑	12.69
无所谓	20.90	无所谓	15.67
有点忧虑	34.33	有点忧虑	42.54
很忧虑	26.87	很忧虑	20.90
不清楚	0.75	不清楚	0.75

(3)就业不充分,体力型从业为主。从实证调查分析可知,被访贫困群体均存在就业不充分和从事行业低水平的特征。从表 3-11 可以看出,调查样本家庭户主的年平均工作月数尚不到 9 个月,仅为 8.56 个月。这就意味着在有工作意愿的情况下,被访户主有 3 个多月的时间处于就业不充分的非稳定状态,由此导致其收入的不稳定。表 3-11 进一步显示,全年工作 12 个月的被访户主占比仅为 25.3%,工作 10 个月的占 20%,而全年工作月数在 6 个月以下的累计占 26.5%。与此相对应的月收入亦呈现出趋低的态势,整体月平均收入还不到 2800 元,月收入低于 1000 元和 1300~2000 元的被访户主共占到 38.9%,4500 元以上的更是凤毛麟角(见图 3-6 和图 3-7)。

表 3-11 户主年工作月数及月收入频数分布

年工作月数(个)	0	1	2	3	4	5	6
有效百分比(%)	1.1	1.1	1.1	4.2	3.2	3.2	12.6
月收入(元)	1000	1300~2000	2500~3000	3500~4000	4500~5000	7000~8000	20000
有效百分比(%)	15.6	23.3	38.9	14.4	3.4	2.2	1.1
年工作月数(个)	7	8	9	10	11	12	
有效百分比(%)	8.4	14.7	1.1	20	4.2	25.3	
平均工作月数(个)	8.56						
平均月收入(元)	2796.26						

同时，这一贫困群体从事的工作仍以"苦、脏、累和技术含量不高"的体力型行业为主。由图3-8可知，在户主从事的行业中，建筑业占比高达40.30%，还有27.61%的在家歇着，从事农业的占到8.96%，从事零工等其他行业占10.4%。图3-9显示出户主的职业状况，可以看出50%的属于体力劳动者，熟练技工仅占6%，中层管理者更少，仅为1.5%。图3-10反映的是被访户主的就业形态分布特征，从中可知，高达56.25%的户主属于雇工，料理家务的占到13.39%，固定工尚不及4%，这反映出贫困户从事的体力型行业具有很强的流动性和时令性。

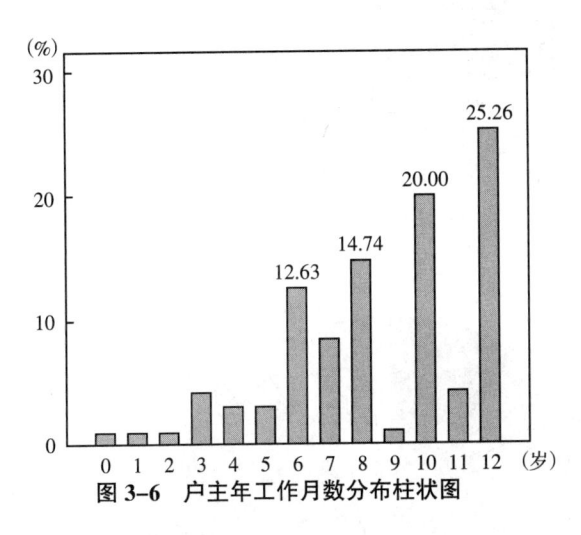

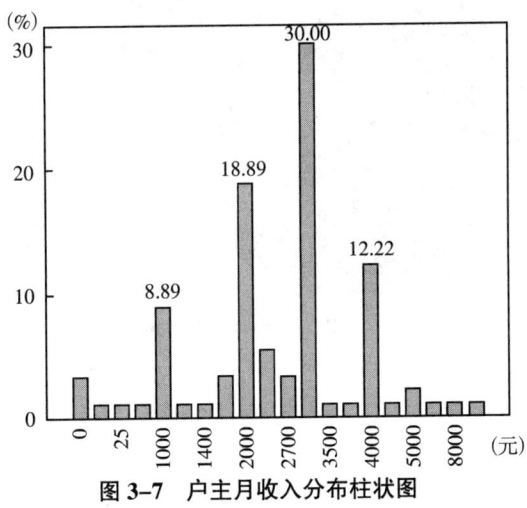

图3-6　户主年工作月数分布柱状图

图3-7　户主月收入分布柱状图

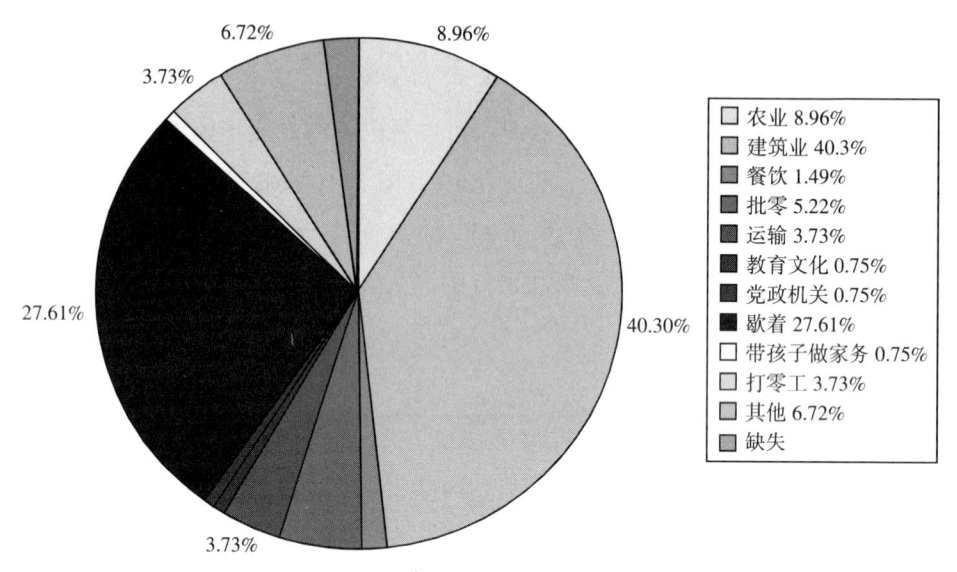

图 3-8 户主从事行业分布特征

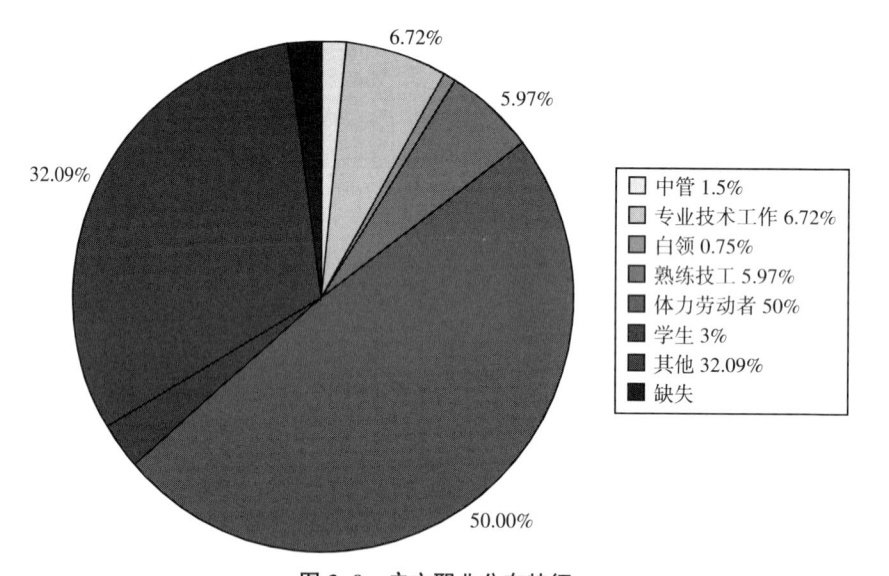

农业 8.96%
建筑业 40.3%
餐饮 1.49%
批零 5.22%
运输 3.73%
教育文化 0.75%
党政机关 0.75%
歇着 27.61%
带孩子做家务 0.75%
打零工 3.73%
其他 6.72%
缺失

图 3-9 户主职业分布特征

中管 1.5%
专业技术工作 6.72%
白领 0.75%
熟练技工 5.97%
体力劳动者 50%
学生 3%
其他 32.09%
缺失

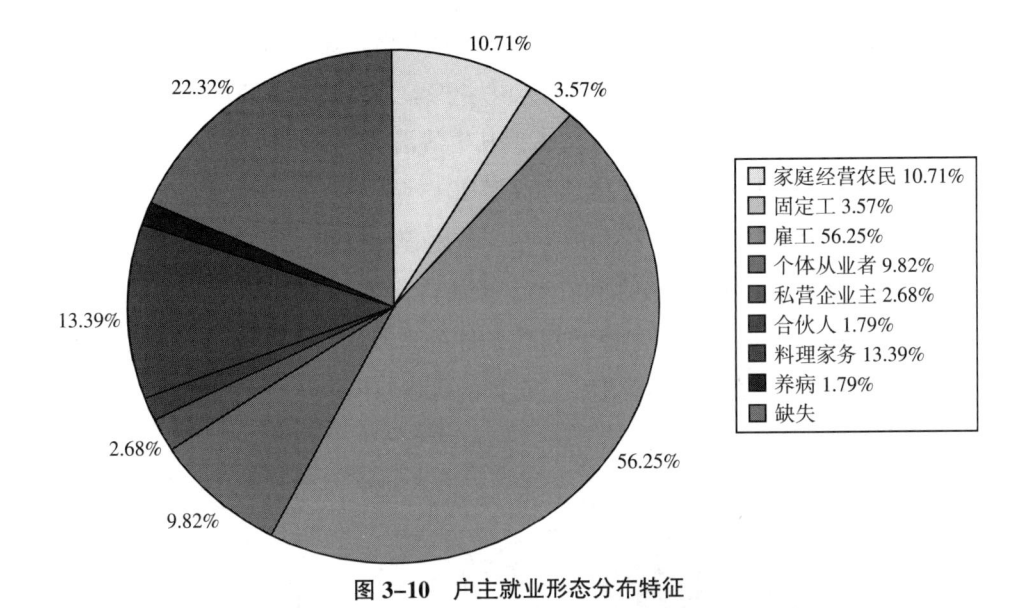

```
            10.71%
22.32%              3.57%
                              □ 家庭经营农民 10.71%
                              □ 固定工 3.57%
                              □ 雇工 56.25%
                              □ 个体从业者 9.82%
13.39%                        □ 私营企业主 2.68%
                              □ 合伙人 1.79%
                              □ 料理家务 13.39%
                              □ 养病 1.79%
     2.68%                    □ 缺失
           9.82%      56.25%
```

图 3–10　户主就业形态分布特征

（4）负债普遍，生活水平不高。调查统计数据表明，贫困家庭负债现象比较普遍。由表 3-12 可知，有超过 50% 的被访户家庭存在负债现象，平均借款数额为 1.81 万元，而且有 5% 的借款家庭其负债是父辈遗留的，其中，借款额度最高的家庭为 10 万元；平均借款年限 1.66 年，借款年限最长的为 7 年；还有高达 57.10% 的被访家庭认为还款有些困难，认为还款非常困难的占 21.10%，这意味着有高达 78.20% 的负债贫困户存在不同程度的还款困难，仅有 3.8% 的家庭认为偿还借款完全没有困难；从其借款用途看，主要用于看病、孩子上学、建购房以及子女结婚等方面的支出，这成为贫困家庭负债的主要原因。

表 3-12　贫困农户借款情况描述统计

借贷情况（%）			借款额度（万元）			借款年限（年）		
有借款	无借款	父辈遗留	极大值	极小值	平均值	极大值	极小值	平均值
51.5	48.5	5	10	0	1.81	7	0	1.66
还款难易程度（%）					借款用途（%）			
完全没有	不太困难	有些困难	非常困难	说不上	看病	学费	建购房	孩子结婚	做生意
3.8	14.3	57.1	21.1	3.8	30.9	27.2	13.6	11.1	9.9

由于贫困家庭的普遍负债以及就业不充分导致的收入低下，使得其家庭生活

水平仍然处于温饱为主的状态。从图3-11可以看出，在贫困家庭生活消费的支出结构中，食品支出仍然居于首位，平均为40%，超过这一比重的调查个案占到39.71%，其中，最高的家庭食品支出占到其生活消费总支出的81.08%。换言之，被调查贫困家庭的恩格尔系数较高，远高于2013年宁夏34.4%和全国37.7%的水平，表明这些贫困家庭仍以解决温饱为主，贫困程度依然较深。紧随食品支出之后的依次是建购房、医疗、教育和衣着支出所占比重较大，依次为15%、13%、11%和9%，进一步说明贫困户改善居住条件的意愿较为迫切，而且伴随医疗、教育制度的不完善，成为加重贫困家庭负担的重要原因。

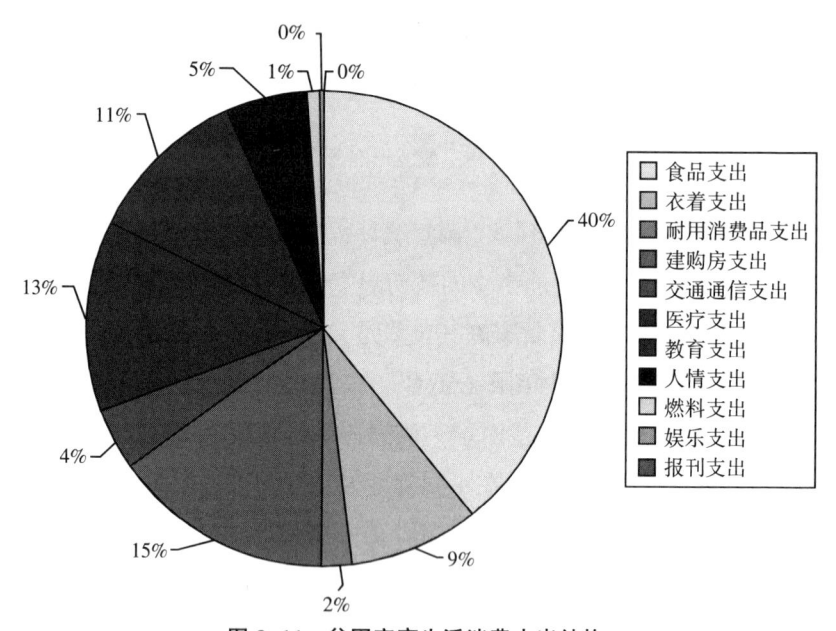

图3-11 贫困家庭生活消费支出结构

（5）异质人口贫困严重，贫困群体脱贫意识有待加强。本书所提异质人口特指老人和妇女因健康或技能缺乏等原因而长期陷入能力缺失的贫困群体。这一能力缺失，我们将其归结为可行能力集，包括基本能力和生存能力两方面。有研究者认为，要达到这种基本能力，需具备健康的生理与心理状态和基本的听、说及读写能力。反之，若个体在生理和心理上均处于疾病和虚弱的非健康状态，同时缺乏接受外界基本信息和认知的起码意识及条件，该个体无疑被视为缺乏基本能力。该研究者进一步指出，生存能力包含劳动能力与就业能力两个层面，是指个体借助生产资料（劳动工具）从事生产性或服务性活动，以实现个体维持其基本的生存能力。

调查数据表明，24~45岁的被调查者其健康状况均为"良好"，占到调查总样本数的51.47%，这一年龄段群体的人均月收入也平均在3992.93元；45~60岁被访群体其健康状况大多为"一般"，占到总样本数的23.53%，其月收入也明显低于健康状况"良好"的群体，为2573.33元；61岁以上的被访群体其健康状况基本为"较差"，占到总样本数的25%，其月收入显著低于前两者，仅为1194.10元，这也主要是61~65岁的群体有微薄的收入，65岁以上的贫困人口基本没有收入来源。从就业与劳动能力看，24~45岁的女性，尽管有就业意愿，但由于缺乏就业技能和家庭拖累，其就业状态主要为"在家带孩子做家务"，占到总样本数的80%左右。而60岁以上的贫困群体，不论男女，由于年龄和健康因素的影响，其就业状态基本为"在家歇着"。即便实现了就业的女性，以年龄在50岁左右的为例，其月均收入也仅为同年龄段男性的81.56%。可见，异质贫困人口尽管其所占比重不高，但其贫困现状往往是一个家庭长期陷入贫困的主要因素。可以说，异质人口的能力缺失与慢性贫困之间是一种"双向的恶性循环"关系。异质人口由于健康、体弱、性别等不利因素导致个体能力的缺失和被排斥，进而导致收入获得机会的下降，从而不得不陷入慢性贫困，而慢性贫困随之带来的影响是社会排斥的加剧，并进一步造成高的疾病风险，最终回到更加严重的伤害状态。另外，慢性贫困所导致的社会排斥体现在受教育机会和就业机会受限、医疗卫生条件受限，以及生存的物质资本受限等各个方面，这些不利因素共同作用又必然会导致能力缺失与歧视，形成社会排斥和收入损失，进而导致贫困加剧并再次演变为慢性贫困。

此外，从图3-12可以看出，对于如何实现脱贫，贫困农户的看法和认知存在显著的差异。仍有14%的被访贫困户坚持认为脱贫应靠政府，有高达55%的被访贫困户认为，脱贫要以政府为主、家庭为辅；22%的被访者认为，脱贫要以自身为主、政府为辅，仅有8%的被访者认为脱贫要完全靠家庭自身。不可否认，贫困群体对于该问题的认知具有一定的合理性，因为该群体在一定程度上因生存环境恶劣、基础设施严重滞后和社会保障制度不完善而陷入长期贫困，因此，政府有责任从这些方面入手加以完善。但是，贫困群体最终的脱贫还是要在政府的帮助下，提高自身发展能力，坚决摈弃"等、靠、要"思想，实现由"输血式扶贫"向"造血式扶贫"转变。

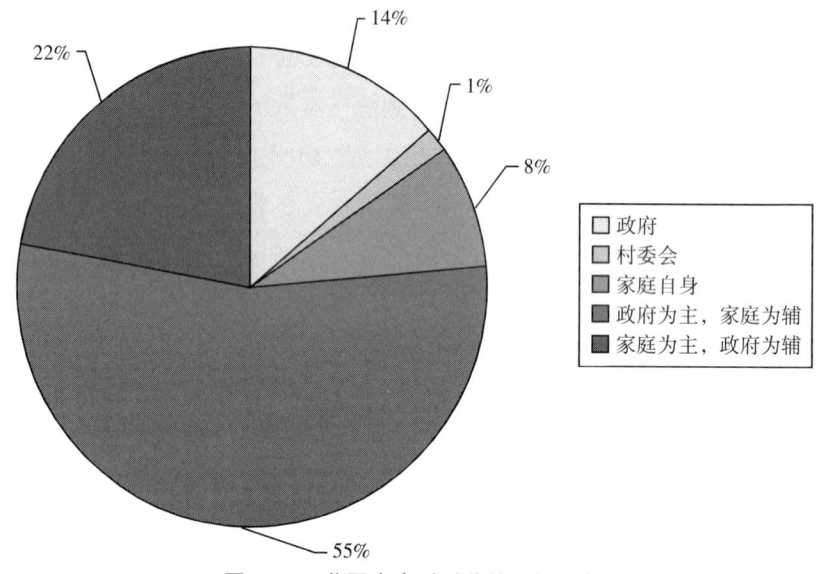

图 3-12 贫困农户对脱贫的认知分布

（政府 14%；村委会 1%；家庭自身 8%；政府为主，家庭为辅 55%；家庭为主，政府为辅 22%）

（6）贫困农户自我发展能力不足。这里主要是其基本发展能力不足。以家庭人口规模、劳动力人数、劳动力负担、家庭病人数、家庭老人数和家庭学生数等指标来衡量贫困农户的基本发展能力。一般而言，一个家庭人口越多而完全劳动力越少，则意味着该家庭的劳动力负担越重、生活越困难；而家庭病人数和老人数则更会加重家庭负担，并导致家庭很难有剩余积累，进而其发展能力受到限制；家庭学生数多，能够提高贫困家庭人口的质量，有利于其长远发展能力的提升，但是，家里学生尤其是大学生数量越多劳动力负担越重，也会影响到贫困农户的持续发展。调查数据显示，特困户家中全劳动力平均为1.47个，平均劳动力负担1.99；而中低收入户和高收入户的平均全劳动力依次为1.8个和2.27个，劳动力负担分别为2.47个和2.45个，可以看出，特困户的平均全劳动力比中低收入户和高收入户均低。与此同时，中低收入户和高收入户的劳动力负担也比特困户高出0.48个和0.46个，他们的家庭人口规模平均比特困户多0.1个和0.62个。这表明劳动力缺乏对特困户发展的制约并非根本性因素。中低收入户和高收入户尽管劳动力人数高于特困户，但由于其家庭总人口普遍高于特困户，因而劳动力负担高于特困户，然而他们却非最贫群体，这说明劳动力质量的提升更重要。数据进一步显示，贫困户家庭结构不合理的特征也较为显著。贫困户家庭的病人数、学生数和孩子数较多也是导致其长期陷入贫困的主要原因。

(7) 贫困户畸形消费严重。调查发现，贫困农户存在严重的畸形消费现象，具体体现在婚丧嫁娶等方面的过度消费。该现象虽为农村日常性支出，但已蕴含着严重的铺张浪费，影响到农村的发展和社会进步。调查发现，贫困农村地区仅结婚彩礼一项的平均支出就超过 10 万元，最高甚至达到 21 万元；加上所有花费，结婚总花费平均超过 23.71 万元，最少的也在 10 万元，最高的已达到 70 万元（包括买房子）；各种仪式最高的达到 4000 元；丧葬支出也成为一笔不菲的支出，最高支出为 8 万元，平均超过 3.74 万元；其他的人情支出平均为 2763.97 元，最高的飙升至 5 万元。

传统农村人情往来本是乡村社会文化的重要特征，它是以血缘、亲缘和地缘关系为纽带，形成并维护这一自然初级关系的交往原则。适度的人情往来支出本无可厚非，但目前已演变为一种相互攀比和讲排场的恶习，异化为"喝在酒上、穿在银上、用在神上、厚死薄生"的非理性消费观。这已成为贫困地区农户难以承受的负担，进一步加剧了他们的贫困程度。

(二) 支出型贫困现状调查分析

1. 关于支出型贫困

一般而言，支出型贫困是指该家庭尚有一定的经济收入，正常情况下原本可以维持家庭的正常生活开支，但由于家庭成员因出现重大疾病、子女就学、突发性灾祸等客观原因，导致家庭的刚性支出远远超出其承受能力而造成的绝对生活贫困，使得其实际生活水平处于绝对贫困状态的困难群体。由此可见，支出型贫困家庭起初并非由于收入低下而陷入贫困，是因为突发性事件导致家庭支出，使家庭陷入绝对贫困的一种状态。因此，与收入型贫困家庭相比，支出型贫困家庭具有其明显的特性。其救助对象主要包括经过各种救助帮助后仍有突出困难的群体，以及现行救助政策尚未覆盖到的两类群体。

2. 支出型贫困调查现状分析

(1) 总体收支特点。实证调查统计结果表明（见表 3-13），回族家庭的总收入和家庭人均收入均略高于汉族家庭的总收入及其家庭人均纯收入；相应的其家庭总支出也高于汉族家庭的总支出。统计数据进一步显示，家庭人均纯收入在 2000 元以下的占 11.1%；家庭人均纯收入在 3000 元的占 0.7%，家庭人均纯收入在 4000 元和 5000 元的占 1.5%；家庭人均纯收入在 6000 元的占 0.7%，有 32% 的被访者其家庭人均纯收入在 1 万~2 万元，家庭人均收入在 2 万元以上占调查总样本量的 12.3%。而 2014 年宁夏回族自治区农民人均纯收入的平均水平已达到 8410 元，可见，贫困群体的收入水平仍比较低下。从家庭支出情况看，按照家庭总收入减去家庭总支出后的结果，调查样本中有 52.9% 的家庭处于"收不抵支"的赤字状态，其家庭净收入为负，这些家庭均是由教育、医疗、建房、婚丧嫁娶等突发性事故所致。

表 3-13　汉族与回族家庭收支特征统计

单位：元

	汉族			回族		
	极小值	极大值	均值	极小值	极大值	均值
家庭总收入	0	222600	42001.66	0	240000	52332.89
人均收入	0	44520	9953.94	0	48000	11734.45
家庭总支出	7400	124800	44128.90	5100	92800	39121.78
食品支出	800	60000	13385.71	100	40000	17235.56
衣着支出	0	10000	3147.25	0	30000	4497.73
建购房支出	0	128000	11528.89	0	1000	22.22
医疗支出	0	50000	6716.48	0	50000	6517.78
教育支出	0	60000	6536.26	0	30000	3977.78
娱乐支出	0	10000	141.11	0	1000	22.22
报刊支出	0	800	23.26	0	120	4.00

（2）支出型家庭贫困的定量评估。在对支出型贫困家庭的现状特征进行实证分析的基础上，参照有关研究方法，我们对支出型家庭的贫困程度再次进行量化测度，以便根据家庭特殊支出的贫困类型享受相应的救助类别，并根据家庭的困难程度给予不同比例的救助金额。

这一测度评估的具体思路是：在考虑支出型贫困救助的"收入与支出"这两个核心要素的前提下，其评估主要考虑家庭收入 R 和家庭支出 I，家庭支出主要

包括基本支出 I_1 和特殊支出 I_2。其中，家庭基本支出 I_1 包括家庭每月食物支出、每月衣服支出、每月基本医疗支出、每月住房支出、每月日常用品支出、每月水电煤气支出、每月通信费用支出、每月文化费用支出、每月交通费用支出；家庭特殊支出 I_2 包括医疗支出（自费支出、护理支出）、教育支出（小学和初中阶段支出、高中阶段支出、大学阶段支出）、突发事件支出（自然灾害、事故支出、公共卫生社会安全事件支出）、住房支出（廉租房租金支出、经济适用房购房支出）。据此，家庭贫困程度评估测度的基本计算公式如下：

家庭困难程度 P =（家庭基本支出 I_1 + 家庭特殊支出 I_2 - 家庭收入 R）÷ 家庭收入 R × 100%

根据上述公式的计算，若 P 值 > 0，则该家庭属于支出型贫困家庭。进一步，如果 $0 \leq P < 0.5$，则该家庭为微度贫困的支出型家庭；如果 $0.5 \leq P < 0.8$，则该家庭属于一般贫困的支出型家庭；如果 $0.8 \leq P < 1$，则该家庭属于严重贫困的支出型家庭；如果 $P \geq 1$，则意味着该家庭为非常贫困的支出型家庭。

表 3-14　调查家庭贫困程度评估分布情况

类别	P > 0	$0 \leq P < 0.5$	$0.5 \leq P < 0.8$	$0.8 \leq P < 1$	$P \geq 1$
整体样本（%）	52.94	14.71	8.82	1.47	21.32
汉族样本户（%）	58.06	12.90	13.98	0	25.81
回族样本户（%）	40	15.56	4.44	4.44	11.11

依照上述方法，对所调查样本进行了评估测度，结果如表 3-14 所示。从中可以看出，在所调查的总体样本户中，超过一半的家庭为支出型贫困家庭，占到 52.94%。分民族看，汉族被调查户支出型贫困家庭的占比更高，占到其样本量的 58.06%；回族样本户中 40% 的家庭为支出型贫困家庭。进一步分析可知，微度支出型贫困家庭和非常贫困支出型家庭所占比重较高，呈现出明显的"哑铃状"，这意味着陷入支出型贫困的这些家庭其贫困程度较深，家庭"入不敷出"的现象非常严重，突发性支出严重挤占了家庭收入的支撑程度。而汉族样本户的一般贫困程度的支出型家庭则略高于微度贫困支出型家庭，这表明汉族家庭尽管陷入支出型贫困的整体比重较高，但其贫困程度的分布相对均匀，极端分布较少，这可能与其总体样本量有关。

(三) 气候贫困现状调查分析

1. 关于气候贫困

气候贫困（Climate Poverty）这一概念由国际扶贫组织乐施会于 2007 年第一次提出，它是指由于全球气候变化带来的影响及产生的灾害所导致的贫穷或使得贫穷加剧的现象。根据世界卫生组织统计，全球每年有 30 万人因气候变化而死亡；2009 年 5 月乐施会发布的《生存的权利》报告预计，到 2015 年，全球气候危机影响的人数将增长 54%，达到 3.75 亿人；到 2050 年，全球估计将有 2 亿人沦为"气候难民"。如今人们往往只关注减少"收入贫困"，而忽视消除在全球气候变化下的"生态贫困"和"气候贫困"。在中国扶贫，减少"收入贫困"人口相对容易，而消除"气候贫困"人口是最复杂、最困难的，这种困难来自对"气候贫困"的识别和统计。

2. 气候贫困调查现状分析

（1）不同特征农户对气候贫困的知晓。为了进一步了解农户对气候贫困的了解和感受程度，掌握他们对气候贫困的认知，问卷设置了"您认为本地的贫困与干旱、冰雹、风灾、缺水、气候异常等是否有关"等问题，若被访者认为相关性很高，则表明他们对气候贫困有较深入的了解；若被访者认为本地贫困与所列因素有一定的关系，则意味着他们对气候贫困有一定程度的了解；反之，则表明他们对气候贫困不知晓。表 3-15 显示了不同特征被访户对气候贫困的认知程度，总体而言，不同特征的被访者对气候贫困有不同程度的知晓。

表 3-15　不同特征农户对气候贫困的知晓情况统计

组别		非常了解 百分比（%）	了解一点 百分比（%）	不清楚 百分比（%）
性别	男	29	36	35
	女	31	36	33
年龄	<30 岁	11	22	67
	30~40 岁	23	32	45
	40~50 岁	35	39	26
	50~60 岁	42	46	13
	>60 岁	40	40	20

续表

组别		非常了解	了解一点	不清楚
		百分比（%）	百分比（%）	百分比（%）
教育	不识字	14	23	64
	小学	23	31	46
	初中	37	41	22
	高中及以上	44	48	8
家庭经营组合方式	纯农户	38	38	23
	半工半农	21	33	46

从性别特征看，男性被访者对气候贫困的总体认知皆不如女性敏感，男性对气候贫困"非常了解"和"了解一点"两者合计比重为65%，女性被访者此两项的合计比重为67%，这可能与民族地区或多或少存在"男尊女卑"的传统有关，女性从事农业生产的较多，甚至在有些被访户中以女性为主要劳动力，这一定程度上使她们认为气候变化对农业生产的影响更为敏感。从不同年龄特征看，基本上呈现了年龄越长对气候贫困认知程度越高的特点，比如在兴泾镇30岁以下的被访者中仅有11%对气候贫困"非常了解"，50~60岁的被访者对气候贫困"非常了解"的高达42%，这可能与年长者从事农牧业生产的时间较长有关。从受教育程度看，也出现了文化程度越高对气候贫困认知程度越高的特点。譬如被访者当中高中及以上文化程度的有44%对气候贫困"非常了解"，只有14%不识字的受访者对气候贫困"非常了解"，这依次低于具有小学文化、初中文化、高中及以上文化程度受访者对气候贫困的认知程度。从家庭经营组合方式看，纯农户经营的家庭对气候贫困的感知程度明显高于半工半农的经营家庭，这可能因为纯农户家庭收入主要依靠种养殖业，而半工半农家庭收入对农牧业的依赖性较弱，从而导致其对气候贫困的关注度与敏感度较弱。

（2）农户对气候贫困表现的认知。对气候贫困具体表现形式的了解是被访者对气候贫困的进一步认知程度的体现。根据调查地的实际，课题组设计了"风暴、涝灾、旱灾、病虫害、雪灾、冰雹、地震"等气候贫困的类型。统计结果显示，有50%的受访者认为气候贫困主要表现为"旱灾"的形式，有13%和12%的受访者分别认为气候贫困是以"病虫害和涝灾"的形式体现，11%的受访者认为"地震"是气候贫困的体现形式，还有5%的受访者认为风暴、雪灾也是气候贫困的具体表现。

与此同时，课题组还就未来气候贫困的变化趋势进行了调查。结果显示，被访者回答"您认为未来气候贫困现象是否会进一步加剧"时，有65%的受访者认为未来本地气候贫困现象会加剧，35%的受访者对此表示"不清楚"。由此观之，随着近年极端气候的频发和由此导致的各类灾害的增加，被访者对未来气候贫困加剧现象表示担忧。

（3）农户对气候贫困成因的认知。总体来看，在位被访者中，有21%的受访者对气候贫困的成因"非常了解"，有40%的受访者对此表示"一般了解"，还有高达38%的受访者对气候贫困的成因表示"不清楚"。从不同调查区域看，镇北堡镇有20%的受访者对气候贫困的成因表示"非常了解"，40%的受访者对此表示"一般了解"，两者合计有60%的受访者不同程度地对气候贫困的成因有所了解，仍有40%的被访者对气候贫困的成因"不清楚"。同样，兴泾镇有23%的被访者对气候贫困的成因"非常了解"，有41%的受访者对气候贫困的成因表示"一般了解"，两者合计有64%的受访者对气候贫困的成因有不同程度的认知，但仍有36%的受访者对此"不清楚"。进一步访谈得知，有18%的受访者认为气候贫困是人为因素所致，有52%的被访者认为气候贫困系自然因素所致，有30%的被访者认为是两者综合所致。可见，被访户更多的认为气候贫困主要是客观自然因素所致，对主观因素影响认识不足。

（4）农户对气候贫困影响的认知。农户对气候贫困影响的认知直接关系到其对此适应行为及如何采取规避措施，他们普遍认为气候贫困会对他们农牧业生产产生影响。为此，问卷设置了"您认为气候贫困对种植业和养殖业是否有影响"的问题，统计结果显示，有45%的受访者认为气候贫困会对种植业产生影响；另有48%的受访者认为气候贫困会对其养殖业产生重要影响。进一步访谈得知，被访者认为，因干旱、冰雹、风灾、雪灾等极端气候引发的灾害，一方面使他们的种植业病虫害增多、缺水程度加剧、作物倒伏陡增、投入成本上升、减产增加；另一方面会进一步影响到牲畜用水、牲畜疫病、草场修复、草原病虫害加剧等，进而会影响到农户家庭收入。然而，气候贫困给农牧业生产造成的危害并未引起农户的普遍关注，仍有30%以上的农户对此并不知晓。

(5) 农户对气候贫困获取渠道的认知。统计数据表明，农户对气候贫困的了解途径呈现多样化。但仍以"自我感知"为主，有45%的受访者认为通过"自我感知"来了解气候贫困；然后通过"电视、广播、报纸"等途径，有25%的被访者通过此渠道了解气候贫困；排在第三位的是通过"政府宣传"的途径了解这一现象，有20%的被访者认为是"政府宣传"使他们对气候贫困有了更为清晰的认知。当然，也有较少的被访者通过网络渠道和亲朋好友的渠道认知气候贫困。上述现象表明，农户对气候贫困的感知途径仍比较单一，主要靠"自我感知"，尤其是网络手段在促进农户对气候贫困的认知方面所起作用甚微。与此同时，气候贫困作为一个客观存在的现象已为绝大多数农户所感知，但由于个体知识、阅历等多方面的限制，使得他们对气候贫困的表现、原因、危害等认知尚处于感性阶段，较为肤浅，缺乏全面性。

（四）金融扶贫现状调查分析

长期以来，由于制度设计层面等因素的制约，农户特别是贫困农户获取金融机构资金支持困难重重，由此陷入"农户发展急需资金支持而金融机构却慎贷惜贷"的怪圈，加之伴随正规金融机构"离乡进城、贷工不贷农"的现象频发，长此以往，贫困地区成为金融机构难以覆盖的"真空地带"，贫困农户的资金需求满足更是遥不可及的梦想。因此，如何充分发挥金融在扶贫开发中的"造血"功能，拓展其在扶贫开发中的空间，助推民族地区全面建成小康社会，显得尤为迫切和重要。宁夏盐池县在全面建成小康的征程中，探索了一条破解贫困户发展资金制约的有效之路，国务院对盐池县创新金融扶贫给予了高度赞扬，国务院扶贫办也将盐池精准金融扶贫经验称为"盐池模式"，与湖南省麻阳县并称"南有麻阳，北有盐池"，这是国家对盐池金融扶贫工作的高度评价和认可。鉴于此，本书以此个案为典型作管豹之窥，以期为金融扶贫助推民族地区全面小康提供可能的借鉴和参考。

1. "盐池模式"的内涵

金融扶贫"盐池模式"基本内涵和核心要义是"信用建设+产业基础+金融支撑"，简言之，就是"信用+产业+金融"的模式。具体而言，做好金融扶贫工作，信用建设是前提、培育产业是基础、金融支撑是保障。之所以强调信用建设是前提，是因为信用缺失的话，农户的贷款问题很难解决，进而银行放大倍数贷款也就无从谈起；而没有产业支撑，老百姓脱贫致富奔小康就失去了依托和载体，因而培育产业是基础、是根本；但要实现产业富民的目标，金融支撑则是"血液"、是推力，没有金融支持，贫困户实现产业脱贫的目标就成为无本之木。

2. 金融扶贫"盐池模式"的主要类型

一是贫困村"互助资金"。盐池县将国家支持资金、财政扶贫资金与金融产品和富民主导产业实现"有效嫁接"，自2006年互助资金项目试点以来，实行"2242"的管理运行模式，即将利息的20%滚入本金，20%作为公益金、40%作为运行成本、20%作为风险准备金，在资金监督、借款的发放和回收等方面形成了一整套制度体系。2006~2015年，盐池县在贫困村实施互助资金的项目村数量由当初的3个试点村到现在的93个，基本实现了贫困村全覆盖；互助资金总量也由当初的80万元增加到现在的9721.57万元，累计发放借款3.2亿元，受益农户高达17739户，其中贫困户为8787户，占到49.53%。互助资金不仅培养了贫困户的信用意识，营造了良好的金融环境，而且有效解决了贫困户融资难的问题。

二是"千村信贷"。由于互助资金借款贷款额度小，难以满足农户发展对资金的进一步需求。为了解决这一问题，2012年，宁夏回族自治区适时启动了"千村信贷"金融创新工程，主动对接贫困村互助资金面临的不足。即农村信用社与扶贫部门构建协作机制，由互助社向农村信用社推荐在互助社借款未能满足发展所需资金的贫困户，农村信用社将给予这些需求者按照互助社借款金额1~10倍的金额进行贷款扶持，最高每户贷款额可达10万元，同时在利率方面给予不同程度的优惠，财政也相应地给予贴息支持。目前，盐池县农信社已累计为该县建档立卡的贫困户贷款4.92亿元，进一步解决了贫困户融资困难的制约。

三是"资金捆绑"。"双到"资金是宁夏回族自治区到户扶持资金，按照每户2000元的标准直接发放到户，该金额对农户产业扶持作用有限。基于这一实际，盐池县在充分征求群众意见的基础上改变过去"双到"资金直接发给贫困户的做法，将该资金注入互助社，在此基础上，互助社可为贫困户给予1万元的借款，这比之前互助社的借款资金提高许多。若照此资金仍不能满足贫困户需求的，农村信用社将按1∶10的比例再为其发放贷款，并享受利率优惠。通过此法，真正把扶贫资金转化为贫困户的发展资金，也进一步激发了贫困农户自我发展的动力，由过去的"睡着等救济吃"转变为"依靠双手干着吃"。

四是"企业参与"。盐池县充分发挥当地滩羊产业的特色优势，并以此为纽带，鼓励发展"公司+基地+农户"和"公司+专业合作社+农户"等多种模式，引导银行、龙头企业、专业合作社与贫困农户建立紧密的利益联结机制，由此带动群众增收。由龙头企业向银行提供担保，银行为农户发放贷款，农户则为企业养殖纯正的盐池滩羊，企业通过延伸产业链将产品推向市场。

五是"评级授信"。鉴于传统抵押贷款对贫困户的制约，盐池县依托国务院扶贫办推出的扶贫小额信贷，认真实施自治区"金扶工程"，在贫困村互助资金培育的信用基础上，加强与金融机构的合作，为贫困户量身打造了"631"评级授信"富农卡"的信贷产品。简言之，就是提升诚信度在贷款抵押中的占比，将原来信贷评级授信中的诚信度占比由10%提高到60%；相应降低资产抵押在贷款中的比重，将资产状况由60%降低为30%，将基本情况由30%调整为10%。将评级授信分为A、B、C三个等级，每个等级依次对应的贷款额度分别为5万~10万元、2万~5万元、2万元以下。而且，对应信用等级采取动态管理的方法，每2~3年评定一次，贫困户可凭借"富农卡"随用随取，不用不产生利息。目前，盐池县已完成对全县102个贫困村的10128户贫困户授信程度的评级，实现了村级全覆盖。

六是"惠民小贷"。对资金需求量大的贫困农户，盐池县与宁夏东方惠民小额信贷公司合作，以贫困村为单位，将互助资金作为担保基金，按照互助社借款额标准放大10倍将贷款批发给互助社，再由互助社向有资金需求的贫困户发放贷款。兴起于扶贫项目的宁夏惠民小额贷款公司在不到6年的发展历程中，注册资金由之初的1300万元壮大为现在资产总额的2.3亿元，发放贷款近1.9亿元，拥有客户量近1万人，其覆盖范围由盐池县走向了红寺堡和原州区、隆德等六盘山的贫困片区。

七是"融资担保"。为进一步解决融资担保的问题，解决金融机构的后顾之忧，盐池县成立了盐池融盐扶贫信用担保公司。该担保公司由县财政拿出1亿元资金，引导社会融资入股5亿元资金，共形成6亿元的担保基金，由此可撬动银行60亿元的信贷资金，如此便形成一个可持续发展的"资金池"，定向瞄准精准扶持建档立卡的贫困户发展特色产业。

3. 金融扶贫"盐池模式"的创新突破

"盐池模式"在实践探索中，突破了之前的诸多"藩篱"，体现了不少创新。

其一，在贷款提标扩量上取得新突破。县上将原有的"A、B、C"三级评级授信模式提档升级，创新开展了评级授信的"D级模式"。也就是将60~70岁有发展能力的建档立卡贫困户重新纳入评级授信范畴，进行二次授信，列为评级授信"D级"，这一举措有效破解了建档立卡贫困户贷款年龄受限的瓶颈制约。目前，盐池县11228户建档立卡的贫困户已全部评级授信，累计发放"富农卡"8720户，授信4.11亿元，其中为608户60~70岁的贫困户发放贷款1099.3万元。

其二，在免担保免抵押上取得新突破。为了实现有发展意愿的建档立卡贫困户免担保、免抵押贷款全覆盖的目标，特别是解决非恶意"黑名单"贫困户贷款风险补偿的问题，降低银行放贷风险，2016年，盐池县又出台了《盐池县建档立卡贫困户扶贫小额信贷风险补偿基金管理办法（试行）》，整合投入资金5000万元设立县级风险补偿金，与各涉农银行建立风险补偿合作关系，让有发展意愿的建档立卡贫困户免担保、免抵押就能在银行获得贷款，因重大灾难、重大疾病等不可抗因素造成不能偿还的，由风险补偿金和商业银行按照3∶7的比例分担。破解了建档立卡贫困户贷款无人担保、无法抵押的难题。同时，县上还坚持"普惠与特惠"相结合的原则，协调县内所有涉农银行对建档立卡贫困户5万元（信用联社为3万元）以下贷款全部实行基准利率，并进行全额贴息；对5万~10万元的贷款实行基准利率上浮部分贴息，有效破解了建档立卡贫困户贷款利率高的难题。

其三，在贷款风险保障上取得新突破。盐池县针对"盐池滩羊肉市场价格波动较大、因灾因病因婚致贫比重大、贫困群众发展信心不足、能力不强"的问题，按照"保本、微利"的原则，与驻地保险机构合作在全区率先创新开发实行"脱贫保"，筹资2217.5万元（其中县财政资金667.7万元），为贫困户"量身定做"了特色农业保、羊肉价格保、大病医疗补充保等12种脱贫保险，并实行"菜单式"推广，由贫困户自行选择，县财政及时跟进予以补贴扶持，确保"脱贫路上零风险"，破解了贫困户在发展过程中因病灾、因市场价格波动返贫风险大的难题。

其四，在诚信体系建设上取得新突破。由县政府组织、人民银行负责、各驻盐金融机构参与，研究制定了《盐池县农村信用体系建设"乡村组户"四级信用评定办法（试行）》，启动实施"四信平台"工程（即信用乡、信用村、信用组、信用户），按照"坚持标准、规范运作、强化监督、成熟一个、评定一个"的原则，将贫困户的基本情况、家庭资产、信用情况、精神文明（遵纪守法）等因素进行合理划分，按照"1351"的比例（即基本情况10%、家庭资产30%、信用情况50%、精神文明（遵纪守法）10%）将全县所有农户的信用情况由低到高分为A、A+、AA、AAA四个等级进行信用评级，对评级较高的农户在贷款额度和利率上实行优惠。这一举措有力破解了长期以来农村金融信用体系难以共建共享的难题。特别是将精神文明（遵纪守法）纳入信用评价，有效助推了村风、民风转变。同时，盐池县结合"智慧扶贫综合管理服务平台"建设，将信用评级及金融贷款情况及时录入平台、适时共享，实现了政府和金融机构的良性互动，破解了农村金融贷款精准统计的难题。

其五，在金融服务网络上取得新突破。为了让全县所有群众，特别是农村偏远地区贫困户在家门口就能享受到存取款、购买保险等金融服务，盐池县协调县内各商业银行，在全县8个乡镇设立了14个便民服务网点，102个行政村设立了193个金融便民服务终端。同时，将电子银行操作等金融知识培训纳入全县贫困户培训计划，在贫困村大力推广手机银行、网络银行等电子银行业务，并协调中民投等企业为贫困户免费发放智能手机1500部，切实让群众足不出户就能适时办理免费转账、随时还贷、清息、缴费等业务，有效破解了偏远乡村金融服务网点空白的难题。

4. 金融扶贫"盐池模式"的启示

从盐池县金融扶贫的实践可知，盐池县在坚持理念、方法、模式和机制创新等方面提供了可资借鉴的做法与经验。从在扶贫理念上看，盐池县秉承"授人以渔"的理念，从根本上认识到最终脱贫还要靠贫困户自身，因此该模式以激发贫困户自我发展动力为重点，充分挖掘贫困群众中蕴藏的创造能力，通过政府搭台，调动一切积极因素，增强贫困群众的自主意识和自我发展能力。从推进方法上看，盐池县真正坚持了因地制宜的方法，针对贫困人口致贫原因的差异性，采取"一村一策""一户一策"制定扶贫方案，找准增收路子，做到了因人、因地、因贫困原因的精准施策。从运作模式上看，盐池县遵循了联动效应的理念，将国家支持资金、财政扶贫资金与金融产品和贫困户产业发展实现有效嫁接，引导龙头企业、贫困户、银行建立紧密的"银联体"，很好地发挥了联动效应。从扶贫格局看，盐池县坚持了共担扶贫的理念，金融扶贫的特点决定了需要各方一起共同分担风险，因此，财政、金融机构、保险公司或非银行金融机构以及借款人等相关者均应参与其中，实现风险共担。从保障机制看，盐池县创造性地运用了"1+2+X"的管理机制。"1"即成立了县金融创新试点工作领导小组，"2"即充分发挥县互助资金管理中心和村级互助资金互助社的支点作用，"X"即搭建了"政、银、企"联席会议平台，引导县内各金融机构和企业共同参与，为金融扶贫持续健康发展提供有力保障。在考核奖惩机制方面，盐池县委、政府将金融扶贫纳入脱贫攻坚的责任清单，对金融扶贫主要指标实行量化考核，县财政每年拿出 300 万元作为奖励资金，以此进行激励促进。盐池县金融扶贫的上述做法，为其他贫困地区进行精准扶贫提供了很好的借鉴和启示。

三、贫困成因调查分析

（一）慢性贫困成因剖析

1. 基于资本视角的成因分析

基于资本的视角，从自然资本（环境资本）、物质资本、人力资本和社会资本等方面对慢性贫困的成因进行解析。综合上述两方面方法，本书对民族地区慢性贫困的成因进行全方位剖析。

（1）自然资本制约。此处所说自然资本主要是指贫困地区的空间地理位置、脆弱生态环境、自然禀赋等客观自然（环境）因素是导致长期贫困的客观因素。尽管学界长期以来一直有人反对"地理环境决定论"，但不可否认，在我国生态脆弱地带人口中，有 74%的生活在贫困县内，约占贫困县总人口的 81%。另据国务院扶贫办评估数据，在 2005 年持续性贫困的群体中，有 76%的人口居住在资源匮乏、环境恶劣的深石山区和高寒阴湿区以及黄土高原地区。宁夏的贫困地区和人口也主要集中在中部干旱带和南部山区的干旱半干旱山区、阴湿半阴湿山区和土石山区，宁夏全区 8 个国家扶贫开发工作重点县、6 个革命老区县的 105 万贫困人口集中分布于此。该区域位居国家 14 个集中连片贫困区之首，境内南部阴湿低温，北部干旱少雨，土地瘠薄，生态脆弱，水土流失严重，自然灾害频发。水资源极度短缺，当地人均水资源可利用量仅为 95 平方米，土地的人口容量超过了合理承载能力的 8~10 倍，人口、资源、环境严重失衡，贫困现象十分严峻。

图 3-13 和图 3-14 的实证调查数据再次表明，慢性贫困和自然资本制约有关。有 17.91% 的被访户认为长期贫困与当地气候变暖、降水减少、干旱增加等气候变化有很大关系，有 39.55% 的被访户认为有些关系，两者合计高达 57.46% 的被访户认为长期贫困与当地气候有相关性；还有 22.79% 的被访户认为长期贫困和当地水资源极度匮乏关系很大，更有 46.32% 的被访者认为与水资源稀缺有

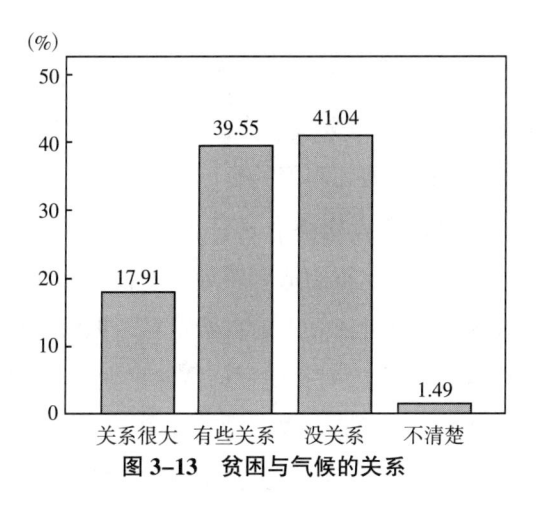

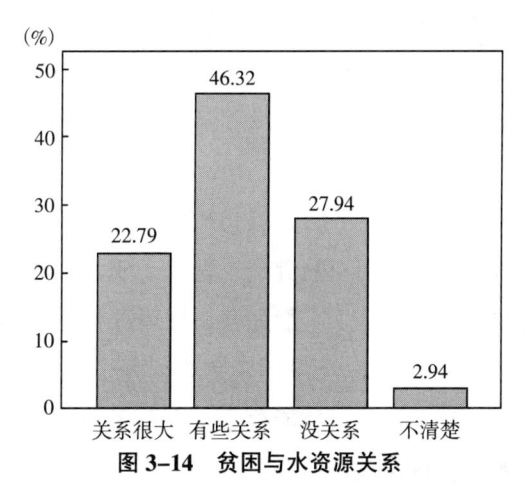

图 3-13 贫困与气候的关系

图 3-14 贫困与水资源关系

些关系，两者合计高达 69.09% 的被访者认为，长期贫困与水资源极度稀缺具有相关性。同时，当问及"您家长期处于贫困原因"时，也有 18.7% 的被访者认为是与自然环境严酷和自然灾害频发有关。

（2）物质资本匮乏。物质资本在经济发展中占主导地位，与收入相比，它是衡量经济状况是否稳定的重要指标。而且，它还可通过物质资本的代际传递将不平等进行代际传递。一个家庭拥有物质资本越多，可以为其家庭带来的发展机会就越多。然而，笔者所访贫困户物质资本匮乏现象普遍。①缺少发展资金。调查发现，有 36.8% 的被访者认为影响其家庭收入的主要原因是缺资金，还有 46.7% 的被访者认为目前家庭面临的主要问题是缺资金，48.5% 的被访户存在负债现象，而且超过 4% 的债务是父辈遗留的。在借款人员中，他们基本都无法从国家正规金融机构获得发展资金，83.5% 的贫困户主要向亲友借款，56.8% 的被访户认为是银行贷款设置门槛太高。②土地数量不多。尽管农业不再是农民收入的主要来源，但对于刚从宁夏山区移到城郊周围的贫困农民来说，一定数量的土地仍是维持其日常生活的保障。被访者人均耕地只有 3.19 亩，而同阳新村的新迁入贫困户人均只有 0.5 亩土地，他们期望的适宜耕地平均面积是 5.43 亩。在他们看来，之前日常生活所需的基本资料可依靠土地自给自足，但移民搬迁后因缺乏技能和年龄原因（44.1% 的被访者完全没有接受任何技能培训），实现就业很难，又没有土地，在一定程度上加剧了其生活负担。③家庭资产价值低廉。对贫困户而言，家庭资产主要是房屋和家庭耐用消费品。被访户之前的房屋结构 80% 以上以砖瓦和土坯房为主，新近迁入地房屋是政府统一规划的砖瓦混凝土结构，住房仍处于贫困状态。贫困户的家庭耐用消费品仍处于满足基本生活需求的初级阶段，以提高生活质量的耐用品拥有率非常低。可见，贫困户物质资本匮乏仍是制约其发展的关键。

（3）人力资本低下。随着经济的发展和知识经济的到来，人力资本的重要性日趋凸显。笔者欲从被调查贫困户的健康、教育、职业技能和思想观念等方面就人力资本对脱贫的制约进行解析。一般而言，健康存量是劳动者作为自然人质量的反映，教育存量和技能存量以及思想观念存量是劳动者作为社会人质量的反映。其中，健康存量、教育存量、技能存量是劳动者现实劳动能力的体现，思想观念体现的是劳动者整合自身和环境资源的能动性。它们从不同层面左右着劳动者与环境的互动，影响着劳动者走向贫困的概率。

从健康状况看，调查显示，被访户主中有14.7%的受访者认为自身的健康状况一般，有20.6%的受访者认为自己的健康状况较差，两者合计35.3%的被访户主对自身的健康状况不满意。这主要是由于贫困群体长期以来的"小病拖、大病扛"导致的健康问题，调查反映出不同类型贫困户和不同民族贫困户家中均有一定数量的病人。而且，医疗支出在被访贫困户家庭中的平均支出占到家庭生活消费支出的15.84%，在回答"家庭面临的最主要问题"时，18.2%的被访者认为"看病支出"太高，居12个选项的第二位。从教育状况看，户主的平均受教育年限为4.68年，中低收入贫困户和回族贫困户的平均受教育年限分别为3.67年和4.42年，均低于整体样本户户主的平均受教育年限；有28.7%的被访户主受教育年限为0年。

表3-16 贫困农户技能现状调查统计

接受技能培训（%）	农业生产技能	23.5	急需提升技能（%）	文化素质	33.8	影响收入原因（%）	缺技术	54.4
	就业技能	25.7		就业技能	29.4		缺资金	36.8
	远程教育	6.6		获取信息	7.4		农业生产成本高	4.4
	完全没有	44.1		致富技能	23.5		土地分散规模小	2.2
				其他	5.9		农业基础设施条件差	2.2
有效N	200		200			200		

由表3-16可知，贫困农户接受过农业生产技能培训的为23.5%，接受过就业技能培训的为25.7%，完全没有接受过任何技能培训的高达44.1%。从贫困户急需提升的技能看，文化素质、就业技能和政府技能排在前3位。从影响贫困户收入的因素看，"缺技术"因素占到54.4%。可见，贫困户技能缺乏仍是影响其就业难的主要原因。同时，关于"投资意愿"的测试，再次体现出不同类型和不同民族贫困户思想的保守性和安于现状的特点；另外，调查还发现了贫困户存在严重的畸形消费观念。简言之，民族地区贫困户的人力资本要素亟待提高和加强。

（4）社会资本稀缺。社会资本被视为嵌入在社会结构之中，并使社会行动得以实现的一种资源，其分布具有不平衡性特征，其具体表现形式为社会网络、信任、合作、参与、共享等。一些贫困群体因在社会结构中不占有社会资源而被迫

表3-17 贫困户社会阶层分类统计

阶层分类(%)			能否成为城里人(%)		平时交往人员(%)	
	干部阶层	0.74	不可能，农民身份无法改变	35.07	党政干部	3.70
	私营企业阶层	2.22				
	专技阶层	1.48	有可能，但还是被看不起	53.73	农民	74.81
	个体户阶层	2.96			工人	12.59
	工人阶层	4.44	不清楚	10.45	老师	5.19
	农民阶层	86.67			个体老板	2.22
	商业服务人员阶层	1.48			其他	1.48
有效N		198		196		198

陷入关系贫困的境况，由此导致长期贫困。

从社会阶层看，当前社会阶层多样化特征明显并有阶层固化加剧的趋势。由表3-17可知，86.67%的被访者认为自己属于农民阶层，还有35.07%的被访者认为自己根本不可能成为"城里人"，因为农民身份无法改变；高达53.73%的被访者认为通过自身努力（如进城打工）有可能成为"城里人"，但还是被城里人瞧不起。从平时的交往群体可进一步看出，74.81%的受访者平时主要和农民交往。可以看出，被访贫困户社交空间狭隘，进一步限制了其拓展社会资本的空间。拥有资源的个人只有在社会关系网络中进行互动和交往，才有可能形成社会资本。而贫困农民，一方面，由于和其他群体价值观念和文化差异的存在无法进行平等交流，另一方面，迫于生存压力没有过多的闲暇时间拓展社会网络资源，由此导致其社会网络空间只能局限在有限的范围内和特定的群体。长此以往，不仅容易被主流社会边缘化，更使得各阶层之间的流动受阻而不断固化，造成贫困户的社会网络资源存量仍旧停留在原有关系的基础上。

从贫困文化看，由于贫困群体居住的集中连片性，使其容易形成一整套特定的生活方式、行为准则及价值观念，这种独特的行为特征不仅强化了穷人间的互

动频率，而且易于形成一个相对隔离的社会圈子，这种脱离社会主流文化的现象被称之为贫困亚文化。这一文化通过"圈内"交往而不断得到加强，并且逐步被制度化，进而维持着贫困的生活，塑造着在贫困中长大群体的基本特点和人格，并能一代一代地传递下去，使得他们难以摆脱贫困。调查结果进一步显示，当问及"与自己周围人相比，自家的总体生活状况"时，55.15%的被访者认为大家都差不多；57.35%的被访者认为自家和周围邻居的资产差不多，高达70.59%的被访者认为自家与周围人群社会经济条件差不多，他们对这一现状似乎心安理得。同时，当被问及对"生死由命中注定，富贵由老天安排"这句话的看法时，52.6%的被访者比较同意这种说法，14.1%的被访者非常同意这种观点。这反映了他们安于现状的"宿命论"观点。此外，早婚和多子多福的观念仍得到贫困群体人口的认可。被调查户中，平均结婚年龄为23.24岁，最小的为17岁，近15%家庭超过3个孩子。总之，社会资本匮乏使穷人丧失发展能力和改变贫穷现状的能力，贫困文化则进一步加剧了穷人在社会上的无能为力、毫无发言权和处于社会边缘状态的现状。

（5）政治资本缺失。此处所言政治资本主要指贫困户对涉及自身利益、权利的参与和关心程度，主要通过"是否参加村民大会、本村村委会班子成员的产生、村委会领导产生方式"等指标来体现贫困户的政治参与度。

由表3-18可知，对于"是否经常参加村民大会"的回答，31.62%的被访者表示"从不参加"，44.85%的被访者表示"很少参加"，这意味着至少76.47%的被访贫困户不关心是否召开村民大会。涉及本村发展的重大事项或"一事一议"等都通常会以"村民大会"这一形式来由村民决断，是村民自治的体现。但所访贫困户对涉及自身利益的村民大会却表现出漠不关心，在一定程度上折射出其权利观的淡薄。进一步对"从不参加村民大会"的原因进行了解，高达63.42%的被访者其理由是对此"不感兴趣"。访谈得知，这也许是实施多年的"村民自治"与村民预期差距较大，使其对村民大会兴趣渐减。当问及"对本村村委会领导是怎样产生的"时，还是有高达67.6%的被访者表示"不知道"，征求被访者"对本村村干部产生方式"的看法时，仍有高达71.5%的回答"无所谓"，再次体现了贫困户对基层选举的"漠视"，说明贫困群体参与公共事务管理的权益存在一定程度的缺失，反映在国家政治架构中就体现为：贫困群体缺少自己的组织和利益代表，缺乏应有的话语权，始终处于被动接受的弱势和失语地位，占有较少的民主政治资本，以致在不利的政策偏离面前无法采取措施保护自身的利益。这才是政治资本缺少对贫困户带来的最大不利影响。

表3-18 贫困户基层政治参与度调查

是否经常参加村民大会（%）	只要通知经常参加	23.53	本村村委会如何产生（%）	知道	32.40	村干部产生方式（%）	村民选举	14.50
	很少参加	44.85					上级任命	4.40
	从不参加	31.62		不知道	67.60		无所谓	71.50
	不知道	12.38					不清楚	9.60
	不感兴趣	63.42						
	外出	24.20						
有效N	199		199			199		

2. 慢性贫困的Logit量化分析

在结合"生计分析法"和"代际贫困"对慢性贫困成因进行系统分析的基础上，再次引入Logit模型，对慢性贫困的形成从其他七个方面进行量化分析（见表3-19），力求做到定性分析和定量分析的科学结合，以便更为科学地探究慢性贫困发生的机理，提出针对性更强的政策措施。

（1）关于Logit模型。Logit模型（Logit Model）亦被译作"评定模型""分类评定模型"，也称作Logistic Regression，"逻辑回归"，是离散选择法模型之一，属于多重变量分析范畴。现有关于个人意愿选择或决策行为的研究中，大多采用这一模型。在研究决策、行为的过程中，常常遇到因变量是定性变量的情况，而且这种情况并不是少数，这些行为、决策和意愿均为定性的，有时是在少数类型之间选择，有时甚至只有是否或正反两种类型。在这种情况下，使用多元回归就不可避免地违反其许多重要的假设条件，导致回归估计推断存在严重误差。Logit模型中的变量间关系服从Logistic的函数分布，而Logistic能有效地将回归变量的值域限制在0~1，所以Logit模型的因变量值域分布也被限制在0~1，Logit回归就是适用于这种情况的一种分析方法。设$y=1$的概率为P，计算因变量为1的概率P就可表示如下：

$$P(y_i=0|x_i, \beta)=F(-x_i'\beta) \tag{3-1}$$

在此定义下，可用极大似然估计法对模型中的参数进行估计。对数似然函数为：

$$L(\beta) = \log L(\beta) = \sum_{i=0}^{n} \{y_i \log[1 - F(-x'_i\beta)] + (1-y_i) \log F(-x'_i\beta)\} \quad (3-2)$$

如上所述，Logit 模型是服从 Logistic 函数分布的，即：

$$\Pr(y_t = 1 | x_t) = \frac{e^{x_i\beta}}{1 + e^{x_i\beta}} \quad (3-3)$$

Logit 模型的一般形式可表示如下：

$$P_i = G\left(\alpha + \sum_{j=1}^{m} \beta_j X_{ij}\right) = \frac{1}{1 + \exp\left[-(\alpha + \sum_{j=1}^{m} \beta_j X_{ij})\right]} \quad (3-4)$$

可见，Logit 模型是对因变量为定性变量或离散型因变量进行量化分析的有效方法，能很好地对个人意愿及决策行为做出很好的阐述。故此，文中将引入该模型，对贫困农户是否属于慢性贫困进行量化研究。

（2）变量的选取及模型构建。

1）变量选取及说明。如表 3-19 所示，结合实际调研，共选取七大类 21 项具体指标，对慢性贫困的形成做进一步的量化分析。通常，家庭构成结构对一个家庭贫困的形成具有重要影响，我们选取 7 个二级指标来反映家庭结构特征。其中以家庭耐用消费品总数量来代替被调查家庭拥有的资产数量，资产是衡量家庭经济更稳定的重要指标。冒险意识的高低是衡量个体是否勇于创新和发展重要指标，先富裕起来的农户往往是敢于冒险和具有开拓精神的人，通过"假如政府给你一笔补贴，您选择100%能够当天领取现额还是选择半年后只有50%的概率但能领取更多的数额，以及您有钱后主要投向"2 个指标测度。家庭有无债务是其"轻装上阵"投资发展的前提和基础。一个负债累累的家庭首要的目标是基本生存，选取 3 个指标来说明。完善的社会保障制度是解决家庭成员后顾之忧的"稳压器"和"安全网"，通过用 2 个指标来体现。文明健康的适度消费观是可持续发展和构建节约型社会的根本要求，关系到个人生活质量的改善，以 3 个指标来反映。狭隘的贫困文化是致贫的深层次原因，通过"孩子少读点书会算账就行"的读书观点判断和"生死皆由命中注定"宿命论观点的判断 2 个指标来反映。贫困的代际传递特性是慢性贫困形成的关键因子，通过2个指标来反映。

表3-19 模型变量及具体指标设置

解释变量		单位	符号
家庭特征	受教育年限	年	x_1
	户主年龄	岁	x_2
	是否多子女	1=是；0=否	x_3
	劳动力数	个	x_4
	学生数	个	x_5
	病人数	个	x_6
	耐用品数量	件	x_7
冒险意识	补贴领取时间	1=当天领取；2=半年后领取	x_8
	有钱投向	1=改善生活；2=做生意；3=子女教育；4=存银行；5=建房；6=发展生产	x_9
家庭债务	借款数额	万元	x_{10}
	借款年限	年	x_{11}
	父辈遗留	1=有；0=无	x_{12}
社会保障	医疗支出	元	x_{13}
	教育支出	元	x_{14}
消费观念	结婚彩礼	万元	x_{15}
	丧葬支出	元	x_{16}
	人情消费	元	x_{17}
贫困文化	读书观点	1=非常赞同；2=比较赞同；3=一般赞同；4=不赞同；5=很不赞同；6=不清楚	x_{18}
	生死观点	1=非常同意；2=比较同意；3=不太同意；4=很不同意；5=不清楚	x_{19}
贫困代际传递	父辈是否贫困	1=是；0=否	x_{20}
	贫困代际	1=爷爷辈；2=爸爸辈；3=太爷爷辈；4=临时陷入贫困	x_{21}
因变量		是否慢性贫困	

2) 模型构建。结合调查实际，参照表3-19慢性贫困形成的七大影响因子，构建模型（3-5），对慢性贫困的形成进行系统定量分析。模型中，y为被调查农户的贫困持续时间是否超过5年，若超过5年y取值为1，否则y取值为0。解释变量x_1，x_2，x_3，…，x_{21}的含义分别如式（3-5）所示；α_1，α_2，α_3，…，α_{13}

依次为各解释变量对应的系数，α_0 为常数项；ζ 为随机误差项。

$$\text{Logit}(y) = \alpha_0 + \alpha_1\chi_1 + \alpha_2\chi_2 + \alpha_3\chi_3 + \cdots + \alpha_{13}\chi_{13} + \zeta \tag{3-5}$$

其中，$\text{Logit}(y) = \text{Ln}\left(\dfrac{p}{1-p}\right)$，$\dfrac{p}{1-p}$ 为事件发生的概率与不发生的概率之比，称为事件的"发生比"，通常用 Ω 来表示。于是，式（3-5）可以进一步转换为式（3-6）。

$$\Omega = \dfrac{p}{1-p} = e^{\chi\beta} = e^{\beta_0 + \beta_1\chi_1 + \beta_2\chi_2 + \cdots + \beta_{21}\chi_{21}} \tag{3-6}$$

因此，式（3-6）中回归系数 β_j 表示解释变量 χ_j 变动一单位所引起的 $\text{Ln}\left(\dfrac{p}{1-p}\right)$ 的变动量。显然，这没有明确的现实意义。从式（3-6）可以看出，当解释变量 χ_j 增加一单位时，发生比 Ω 变为原来的 e^{β_j} 倍，当 $\beta_j>0$ 时，发生比随着 χ_j 的增加而增加；当 $\beta_j<0$ 时，发生比随着 χ_j 的增加而减少。

（3）模拟结果分析。对模型进行回归模拟，回归结果如表 3-20 所示。从 Nagelkerke R^2 值和 -2Loglikelihood（缩写为 -2LL）值可知，模型的拟合度比较高，能够解释被解释变量 70% 以上的变动。由回归结果可知，不同变量因素对慢性贫困的形成具有不同的影响效应。

从家庭结构特征看，受教育年限 x_1 的回归系数为正，这表明随着家庭成员受教育年限的增长，其家庭陷入慢性贫困的概率就越大。由发生比率 Exp（B）可知，由于家庭成员受教育年限的增多使其家庭陷入慢性贫困的概率将会增大 7.12 倍，这似乎是一种悖论，实则不然。一方面，因为教育是人力资本的长期投资，其产出效应短期内不太明显；另一方面，高等教育成本的上升使贫困农户不堪重负。数据显示，若按照每名贫困大学生年均支出 7000 元（包括学费、生活费和住宿费）计算，一个本科生 4 年的最少花费在 2.8 万元，这相当于一个贫困县农民 35 年的纯收入，而且这尚未考虑农民自身的吃饭、穿衣、看病、养老等因素。贫困农民在对子女高等教育支付成本提高的同时，面临的却是就业风险的剧增，导致农户家庭"因学致贫"现象严重；这与"教育致贫是当前农村贫困缓解中最迫切需要解决的问题"观点较一致。由 Exp（B）值可知，户主年龄 X_2 对慢性贫困的形成亦具有显著效应，户主年龄越大使其家庭陷入慢性贫困的概率会增加 2.24 倍。作为家庭生产经营的最高"决策者"，户主行为特征对一个家庭的生产经营具有重大的影响。其年龄越大，可能对接受新事物的能力越弱，观念越保守，越易于安于现状。同样，孩子超过3个的家庭和家里病人多的家庭陷入慢性贫困的概率都会大增，特别是家庭中病人多的家庭其发生慢性贫困的概率会增加6.66倍，疾病往往使一个农村家庭一夜之间倾家荡产。而家中劳动力越多和资产越多都有利于降低家庭发生慢性贫困的概率，但这两个指标均未通过显著性检验，这主要是因为劳动力不单看数量，更要注重其素质技能的提高；家庭资产虽然会为农户发展储备机会，但贫困户家庭资产基本为生活必需品，对拓展发展影响甚微。同样，贫困户家庭学生数越多，陷入慢性贫困的概率也会增大4.29倍，再次说明了"因学致贫"的无奈现实。

从冒险意识看，欲改变贫困落后的现状，除了借助外界的帮扶外，更需要自身具有开拓进取、敏锐的洞察力和勇于创新的精神，这需具备一定的冒险精神。变量 X_8 和 X_9 的系数为负，说明冒险精神对减少家庭慢性贫困具有正效应，可降低家庭脱贫的概率。从家庭债务状况看，债务额度、借款持续年限和父辈的遗留债务都对慢性贫困形成具有显著影响效应。尤其是有父辈遗留债务的家庭陷入慢性贫困的概率会增加12.03倍，借款年限的持续时间增长和借款数额的增大都会使家庭陷入贫困的概率分别增加5.41倍和10.89倍。从社会保障制度看，医疗支出 X_{13} 的增加会使家庭陷入持续性贫困的概率增大11.08倍，说明"因病致贫"的现象尚未得到根本改观，仍是被访户陷入慢性贫困的主要原因。同时，教育支出 X_{14} 的系数为负，意味着尽管有"因学致贫"现象的发生，但从长远看教育投入可提升人力资本的质量，有利于脱贫。

从消费观念看，当前贫困地区的"畸形消费"观念导致的过度消费已成为贫困户难以承受的重负，主要体现在"婚丧嫁娶"方面的攀比、讲排场。变量 X_{15}、X_{16} 和 X_{17} 的系数均为正，这意味着结婚彩礼、丧葬费用和人情消费均增加了农户家庭陷入慢性贫困的概率，其中结婚彩礼费支出影响最大，高额的结婚彩礼费使一个家庭陷入慢性贫困的概率会增加8.44倍，人情支出的日趋增加也使一个家庭陷入慢性贫困的概率增加3.10倍。适度的人情往来支出本无可厚非，但目前已演变为一种相互攀比和讲排场的恶习，异化为"喝在酒上、穿在银上、用在神上、厚死薄生"的非理性消费观，已成为贫困地区农户难以承受的负担，进一步加剧了他们的贫困程度。

从贫困文化影响看,这种贫困群体中形成的特定"亚文化"对慢性贫困的形成根深蒂固,变量 X_{18} 和 X_{19} 系数及其显著性检验,再次印证了贫困文化对慢性贫困形成有巨大促进效应(见表 3-20)。从贫困的代际传递看,父辈的贫困和贫困的代际传递对家庭慢性贫困的形成具有极为显著的影响。父辈存在贫困的家庭是那些父辈不贫困家庭陷入慢性贫困的 14.56 倍,而贫困在不同代际间的发生进一步使得该家庭慢性贫困的发生增加 12.84 倍。可以说,贫困的代际传递对慢性

表 3-20 模型变量的参数估计

变量	系数	S.E	Wals	df	Sig.	Exp(B)
X_1	1.9627	1.2942	1.137	1	0.4694	7.1182
X_2	0.8049	0.3642	2.290	1	0.0638	2.2365
X_3	1.4151	1.0778	2.644	1	0.0393	4.1170
X_4	−1.1422	0.3627	4.576	1	0.0607	0.3191
X_5	1.4563	0.4833	1.726	1	0.0458	4.2900
X_6	1.8966	0.5251	1.714	1	0.0209	6.6633
X_7	−0.1456	0.2112	1.463	1	0.0913	0.8645
X_8	−0.9764	0.0865	2.266	1	0.0356	0.3767
X_9	−1.5907	0.3176	2.845	1	0.0320	0.2038
X_{10}	1.6875	1.8863	3.099	1	0.4032	5.4060
X_{11}	2.3876	0.2933	4.554	1	0.0358	10.8877
X_{12}	2.4876	1.7992	5.013	1	0.0248	12.0326
X_{13}	2.4050	3.9357	20.358	1	0.0354	11.0779
X_{14}	−0.0228	4.2876	4.552	1	0.0314	0.9775
X_{15}	2.1327	1.0078	5.498	1	0.0220	8.4377
X_{16}	0.6815	2.7428	1.243	1	0.0463	1.9767
X_{17}	1.1311	6.1628	3.589	1	0.0511	3.0991
X_{18}	0.9508	3.6811	9.454	1	0.0474	2.5878
X_{19}	0.6307	3.9360	9.699	1	0.0411	1.8789
X_{20}	2.6782	1.0772	5.477	1	0.0321	14.5591
X_{21}	2.5528	1.0364	8.213	1	0.0482	12.8430
α_0	−10.1740	0.4023	9.860	1	0.9959	
Nagelkerke R^2	0.713	−2LL	116.5832			

贫困的形成影响巨大。

(二) 支出型贫困成因分析

1. 因病支出剧增导致家庭陷入贫困

疾病已成为影响我国农村地区经济发展和群众追求幸福生活的重要因素。有调查显示，在我国农村地区的贫困户中，因病致贫的高达37.8%，每年大约有1305万农村人口面临因生病而倾家荡产的危险。在民族连片特困区，这一比例可能更高，因病致贫无疑成为农村地区陷入贫困的主要因素之一。据我们调查，从健康状况看，被访户主中有14.7%的受访者认为自身的健康状况一般，有20.6%的受访者认为自己的健康状况较差，两者合计35.3%的被访户主对自身的健康状况不满意。这主要是由于贫困户长期以来的"小病拖、大病扛"导致的健康问题，医疗支出在被访的贫困户家庭中平均支出占到其家庭生活消费支出的15.84%，18.2%的被访者认为"看病支出"太高。在宁夏西海固地区建档立卡的贫困户中，长期患慢性病的有25913人，患大病的有7697人，两者占建档立卡总人数的8.54%；宁夏吴忠市因病致贫的占贫困人口的15.9%。尽管随着我国新农合、大病救助等相关医疗保险政策逐步实现全覆盖，但受制于有限的医疗资源，加之报销条件、报销比例等问题的客观存在，因病致贫现象仍较为普遍。特别是，实施新农合后，各级医疗机构的实际收费标准较之前提高了，农民看似得到一定比例的报销，但实际看病费用并未得到降低。还有县、乡以上医院普遍存在开"大处方""大检查"的现象，这使本应致力于使农民受惠的资金大打折扣。再者，一旦突发大病，基层医疗机构的医疗资源难以应对，而省、市级医院的住院费用很高，自费药品使用比例也很高，患者的实际补偿比例仍很低。此外，因残致贫现象也是导致正常家庭陷入贫困的又一重大因素。又如，在宁夏西海固地区建档立卡的贫困户中，身有残疾的有4101人，占建档立卡总人数的1.04%；同样在宁夏吴忠市，因残或缺劳动力致贫的占贫困人口的12.7%。这些贫困人群尽管数量不大，但仍是其家庭长期陷入贫困状态不可小觑之因素。

2. 因学费急剧增长导致家庭陷入贫困

著名经济学家舒尔茨曾指出，无论是个人还是社会，人力资本的投资是收益最广、收益率最高的资本投入方式之一。因此，从理论上讲，人们对教育投资带来的效应是"因教致富"而不应是"因学致贫"。但现实状况是，普通家庭因其子女接受教育成本的投入而影响了家庭的正常生活,并由此导致家庭经济陷入贫困。一个孩子从小学教育一直到大学教育,对于一个普通农家来说是一笔不菲的支出。数据显示,若按照每名贫困大学生年均支出至少7000元(包括学费、生活费和住宿费)计算,一个本科生4年的最少花费在2.8万元,这相当于一个贫困县农民35年的纯收入,面临的却是就业风险的剧增,导致农户家庭"因学致贫"现象严重,如在西海固地区建档立卡的贫困户中,占建档立卡总户数4.63%的家庭属因学致贫。这使得教育投资成为一个风险较大的行业,试想,倘若受教育者在消费了大量教育投资之后得不到合适的工作机会或无法将所学转化为实际生产力,不仅收益和回报无从谈起,而且导致家庭长期陷入困窘不堪的泥淖,这就形成了"因学致贫、因贫而失教"的恶性循环,由此中断了贫困家庭子女向上流动的通道。这是社会失范的一种表现,其直接后果会危害到社会的公平正义与和谐发展。数据显示,在北京高校的大学生中,20世纪80年代来自农村的学生占到30%,90年代中期只占17%,现在则低于12%。这意味着通过高考使农村孩子向上流动的渠道被缩窄。合理的社会流动受阻会使社会结构断裂程度加深,加剧社会排斥,最终导致一部分人被排斥在社会结构之外。进而使得新一轮"新读书无用论"现象再次抬头,中国社科院《2012年社会蓝皮书》中的调查数据显示,2012年,农村小学和初中的辍学率分别达到3.45%和4.91%,在经济发展相对滞后的中西部地区,这一问题更为突出。

3. 因结婚支出剧增导致家庭陷入贫困

农村结婚的巨额费用已成为时下民族贫困地区普通家庭返贫不可忽视的因素,也成为农村家庭难以名状的沉重负担。许多家庭为了给儿子结婚,不得不东借西凑、债台高筑,有的不得不卖掉牲畜,有的甚至外借高利贷。按照千年流传下来的传统习俗,当女儿出嫁时男方给女方家庭适当的彩礼钱以示对女儿养育之恩所付出辛劳的一点心意,这一婚嫁风俗原本也无可厚非。但在时下的农村,尤其在贫困地区,逐年攀升的婚嫁彩礼已让农民家庭苦不堪言,以致谈"娶"色变,"因婚致贫"的现象频频发生。特别是在偏远贫困山区,女性青壮年劳动力外出务工后一般都嫁到经济条件相对较好的地区,这导致贫困山区适龄女青年更稀缺;相反,贫困地区外出务工的男青年因外地环境陌生、择偶空间有限,最终大多还是得在媒人与父母的撮合下解决终身大事,这无形中助长了彩礼的提高,加之物价快速上涨，结婚的彩礼也在水涨船高。资料显示，农村结婚的彩礼已从几年前的三四万元普遍涨到 10 多万元。贫困落后地区更高，除了 10 万元左右的彩礼外，有的还要求有"三金一车"，这很容易使一个普通家庭成为"婚奴"，也足以使一个普通家庭一夜之间倾家荡产。因此，贫困地区出现的"因婚致贫、因婚返贫"的现象已成为当下民族地区复杂致贫因素中不可忽视的新情况和新问题。而且已形成"越是贫困地区彩礼越贵、彩礼越贵越容易导致贫困"的一种恶性循环。而且，当前这种高额的彩礼费用在贫困地区农村大有攀比泛滥之势，有的甚至借女儿外嫁达到脱贫的目的，以至于骗婚现象在贫困地区也屡有发生。殊不知，这种以讲排场、比阔气、铺张浪费为特征的不良婚俗，也为男女双方婚后婚姻不牢固埋下祸根。结婚讲排场的另一表现就是大建新屋，建房购房成本增加迅速。可见，飙升的结婚成本已成为民族连片特困地区新一轮扶贫开发中的不和谐音符，更是当下贫困家庭新的隐形负担。

4. 农户自身发展能力欠缺

（1）基本发展能力欠缺。结构决定行为，行为影响绩效，结构不科学、不合理的组织难以得到良性发展。贫困农户家庭结构的不合理也必然会影响其基本发展能力。

由表 3-21 可知，不同类型被访户的家庭结构特征各异。特困户家中全劳动力平均为 1.47 个，平均劳动力负担 1.99；而中低收入户和高收入户的平均全劳动力和劳动力负担分别为 1.8、2.47 和 2.27、2.45，可以看出，特困户的平均全劳动力分别比中低收入户和高收入户低 0.33 个和 0.8 个，但与此同时，中低收入户和高收入户的劳动力负担也比特困户高出 0.48 个和 0.46 个，他们的家庭人口规模平均比特困户多 0.1 个和 0.62 个。这表明，劳动力缺乏对特困户发展形成制约，但这并非根本性因素。中低收入户和高收入户尽管劳动力人数高于特困户，但由于其家庭总人口普遍高于特困户，因而劳动力负担高于特困户，然而他们却非最苦难群体，说明劳动力的质量更重要。若家庭中某个成员创造财富的能力越高，则其家庭财富的剩余积累同样会带动家庭经济的发展。

表 3-21 不同类型贫困户家庭结构特征描述

	家庭总人口	全劳动力数	劳动力负担	家庭病人数	家庭老人数	家庭学生数	孩子超过3个
特困户							
极小值	2.00	0.00	0.00	0.00	0.00	0.00	
极大值	8.00	6.00	6.00	3.00	3.00	4.00	
均值	4.03	1.47	1.99	0.92	1.11	1.11	15.00%
标准差	1.35	1.16	1.47	0.87	0.91	1.04	
有效N	90	90	90	90	90	90	
高收入户							
极小值	2.00	1.00	1.00	0.00	0.00	0.00	
极大值	8.00	5.00	7.00	3.00	4.00	3.00	
均值	4.65	2.27	2.45	0.67	1.06	0.84	16.30%
标准差	1.32	1.08	1.22	0.85	1.03	0.94	
有效N	60	60	60	60	60	60	
中低收入户							
极小值	2.00	0.00	0.00	0.00	0.00	0.00	
极大值	8.00	4.00	6.00	2.00	3.00	2.00	
均值	4.13	1.80	2.47	1.07	1.27	0.87	6.67%
标准差	1.51	1.08	1.45	0.80	1.03	0.92	
有效N	50	50	50	50	50	50	

表3-21还显示，贫困户家庭结构不合理的特征较为显著。特困户家庭的得病人数、学生数和孩子数较多是导致其陷入贫困的主要原因。但关键是要培育和提升贫困户自身发展的能力，如高收入户家庭孩子超过3个的比重明显高于特困户，但其收入水平明显高于特困户。

（2）学习能力欠缺。贫困农户这一能力通过户主文化程度、家庭用于征订书报和期刊的费用支出以及获取农业生产信息的渠道来衡量。通常，户主受教育程度越高，学习能力越强，见识越广，求知欲望越强烈，用于书报征订的费用越高，也越能提高自主开发的潜力。而贫困户获取农业信息渠道的多样化是反映其学习能力的重要体现。学习能力是贫困户提升自主发展的核心，对信息、技能、知识的获得以及观念的更新都离不开学习能力的提高。在农村，收入较高的人多善于学习和钻研。

由表3-22可知，特困户户主的平均受教育年限比中低收入户和高收入户分别少1.02年和1.29年。相关研究表明，农民收入与其受教育程度呈正相关关系。当农民平均受教育年限小于1年时，若受教育年限每增加1年，其人均收入将增加36.4元；当农民平均受教育年限大于10年时，若受教育年限每增加1年，其人均收入将增加112.16元。书报征订费的支出是特困户、中低收入户和高收入户学习能力差异的又一体现，特困户的这一支出年平均为0，中低收入户的年平均支出为2.24元，高收入户的年平均支出为30.57元。贫困农户学习能力低下导致其只能从事简单的体力型行业。被访户获取农业信息的渠道进一步表明，特困户的农业信息来源渠道主要依靠政府组织和亲朋好友，中低收入户和高收入户已开始涉猎互联网，而特困户对这一现代化的信息来源尚处于空白。

（3）沟通交际能力欠缺。通过选取邻里关系、平时交往人群和获取信息渠道三个指标反映贫困户的沟通交际能力。良好的邻里关系是贫困家庭共谋脱贫致富的保障，否则，沟通不力必然导致发展受阻；信息获取渠道来源越广，意味着贫困农户对外交流和打交道的能力越强。以"户主获取打工信息的渠道"表示；贫困农户平时交往群体尺度的大小，是其发展能力提高的社会资本，交往尺度越广，沟通交际的能力就越强。

从表3-23可以看出，三类被访户对邻里关系的满意度都较高，但特困户认为邻里关系一般、不满意和很不满意三项合计的比重只有12.5%，中低收入户三

表3-22 不同类型贫困户学习能力特征分布

高收入户

	书报征订费	农业生产信息获取（%）						户主文化程度
		政府部门	村干部	亲朋邻居	图书报纸	广播电视	互联网	
极小值	0							0
极大值	800							12
均值	30.57	36.11	6.94	22.22	2.78	30.56	1.39	3.67
标准差	121.95							3.68
有效N	88	90						90

中低收入户

	书报征订费	农业生产信息获取（%）						户主文化程度
		政府部门	村干部	亲朋邻居	图书报纸	广播电视	互联网	
极小值	0							0
极大值	60							12
均值	2.24	18.37	6.12	36.73	4.08	34.69		4.96
标准差	11.04							3.61
有效N	60	60						60

特困户

	书报征订费	农业生产信息获取						户主文化程度
		政府部门	村干部	亲朋邻居	图书报纸	广播电视	互联网	
极小值	0							0
极大值	0							12
均值	0.00	20.00		40.00		40.00		4.69
标准差	0.00							3.72
有效N	50	50						50

表3-23 不同类型贫困户沟通交际能力特征分布

特困户

	邻里关系(%)					平时交往人员(%)						获取信息渠道(%)			
	很满意	较满意	一般	不满意	很不满意	党政干部	农民	工人	老师	个体老板	其他	自己找	招工广告	亲朋介绍	政府组织
有效百分比	62.50	25.00	9.72	1.39	1.39	2.82	81.69	7.04	5.63	1.41	1.41	73.33	2.22	15.56	6.67
有效N	90					90						90			

中低收入户

	邻里关系(%)					平时交往人员(%)						获取信息渠道(%)			
	很满意	较满意	一般	不满意	很不满意	党政干部	农民	工人	老师	个体老板	其他	自己找	招工广告	亲朋介绍	政府组织
有效百分比	40	53.3	6.7	4.08	2.04		73.3	26.7				91.7		8.3	
有效N	50					50						50			

高收入户

	邻里关系(%)					平时交往人员(%)						获取信息渠道(%)			
	很满意	较满意	一般	不满意	很不满意	党政干部	农民	工人	老师	个体老板	其他	自己找	招工广告	亲朋介绍	政府组织
有效百分比	48.98	36.73	8.16	4.08	2.04	6.12	65.31	16.33	6.12	4.08	2.04	86.10		11.10	2.80
有效N	60					60						47			

项合计的比重为 6.7%，高收入户三项合计的比重为 14.28%。不同类型贫困户的平时交往人员表明，他们平时都以农民交往最为密切，但特困户尤为突出，81.69% 的特困户平时与农民打交道最多，不及中低收入贫困户和高收入贫困户，他们还与工人、老师等其他群体来往，说明特困户的交际范围极为狭小和集中。获取打工信息的渠道同样显示，三类不同被访户都是以自身获取为主要信息渠道，其次是亲朋好友介绍。上述现象意味着，贫困户的交际圈普遍比较狭窄，容易形成范围较小的贫困交际圈，在这个交际圈中彼此经济条件相差不大，经济社会地位彼此平等，而贫困群体和贫困群体的交往更易形成心安理得的贫困文化，更羞于向富裕户学习和借鉴。

（三）气候贫困影响因素分析

调查统计显示，农户对本区域气候贫困的认知存在明显的差异性，进一步探究影响其对气候贫困认知的影响因素，对其调适和应对气候贫困具有重要意义。为此，课题组将运用量化分析方法对这一问题进行深入探讨。

1. 变量的选取

（1）因变量的选取。本书选取"是否了解气候贫困"作为因变量 y，如果被访者对气候贫困有一定程度的了解或者非常了解，则因变量 y 取值为 1；反之，若被访者对气候贫困不了解或者不清楚，则因变量 y 取值为 0。

（2）自变量的选取。本书共选取 6 个一级指标、19 个二级指标为影响农户对气候贫困变化认知的自变量，如表 3-24 所示。

表 3-24 模型变量及其预期影响效应

解释变量	变量定义	符号	预期效应
个体特征			
性别	以户主为准，1=男；0=女	x_1	?
年龄	户主实际年龄（岁）	x_2	?
文化程度	户主实际受教育年限（年）	x_3	+
政治面貌	以户主为准，1=党员；0=非党员	x_4	+
家庭特征			
家庭经营组合方式	1=纯农经营；2=多样化经营	x_5	+
种植业收入比重	种植业收入占家庭总收入的比重（%）	x_6	+
养殖业收入比重	养殖业收入占家庭总收入的比重（%）	x_7	+

续表

解释变量	变量定义	符号	预期效应
从事农业生产年限	务农的年限（年）	χ_8	+
贫困持续时间	家庭贫困时间长短（年）	χ_9	?
习俗观念			
一切皆命中注定	1=同意；0=不同意	χ_{10}	−
奋斗改变现状	1=可能；0=不可能	χ_{11}	+
结婚花费	结婚总费用（元）	χ_{12}	−
自然地理			
土地面积	家庭经营草场、林地和耕地面积（公顷）	χ_{13}	+
村到县城的距离	所在村委会到县城的距离（千米）	χ_{14}	+
地域差别	1=兴泾镇；2=镇北堡镇	χ_{15}	?
社会关系网络			
平时交往群体	1=农民；2=其他	χ_{16}	+
亲戚数量	家庭所有的亲戚总数（个）	χ_{17}	+
政府政策			
惠农补贴	政府的种粮、种子、农机具、生态补偿等各种补贴（元/户）	χ_{18}	+
官然灾害救助	1=有；0=没有	χ_{19}	+
因变量—是否了解气候贫困	1=了解；0=不了解	y	

在个体特征方面，性别因素对农户气候贫困的认知影响趋向难以事先确切预判，存在一定的不确定性；年龄越长可能从事农业生产的年限越长，越有利于对气候贫困的认知，但是，年龄越长也有可能越趋保守，对新现象的认识也可能趋于消极，因而该因素的影响也存在不确定性；文化程度越高越容易认识到极端气候等异常事件对生产生活的影响，故假定该因素对农户的认知影响为正；政治面貌为党员的农户，在思想认识、业务技能、学习意识等方面具有一定的先进性，故也设其对农户的认知影响为正。从家庭特征层面看，一个家庭的经营方式越趋于多元化，越有利于其减轻对单一农业经营的依赖，规避农业风险，因而可能对气候贫困的关注度降低；但种植业和养殖业在家庭收入中所占比重越高，就可能越高度关注气候贫困给他们带来的影响；同样，从事农业生产年限越长，可能对气候贫困的变化越敏感；而家庭贫困持续时间的长短，有可能会使得贫困户更为

关注气候贫困对家庭脆弱性的影响，也有可能因长期贫困使他们对所发生的一切"认命"，漠不关心。从习俗观念层面看，若贫困户对于所处现状持"命中注定"的宿命论观点，这从根本上对认识气候贫困是不利的；相反，若他们持"通过个人不懈奋斗会改变生存现状"的积极生活态度，则对气候贫困影响的认知也更为关注；难以负荷的结婚费用会使一个贫困家庭负债累累，更无暇顾及气候贫困变化及其带来的影响。

从自然地理因素看，一个家庭若经营的土地面积越大，越可能关注气候贫困等变化对其生产的影响；村子到县城的距离越近，则意味着村民与外界交流和获取信息的渠道越便捷，越有利于提高认知；而不同的调查区域，因其不同的自然特征可能对气候贫困变化的认知也不一样，因此，该虚拟变量对农户认知气候贫困存在不确定性。从社会关系网络看，农牧民若平时来往的群体越多元化，亲戚数量越多，则可能意味着其拥有的社会资本量越大，信息来源渠道越广泛，对事物的感知能力越强。就政府政策而言，如果农户领取一定额度政府惠农补贴，并在受到自然灾害时得到政府的各种救助，这一定程度会提升贫困户应对气候贫困影响的积极性和采取主动适应性行为。

2. 模型的构建

如上所述，设定的因变量取值具有明显的二元变量特征，因此，本书引入 Logit 模型，对农户是否认识到气候贫困现象的影响因素进行量化实证分析。该模型通常服从 Logistic 的函数分布特征，能很好地将回归方程解释变量的值域范围界定在 0~1，以及被解释变量为"是否"或"正反"两种类型定性变量的现象。结合调查实际及所选取变量，构建模型如（3-7）所示，被解释变量 Y 和解释变量 χ_1, χ_2, χ_3, …, χ_{19} 的含义如表 3-27 所示；β_1, β_2, β_3, …, β_{21} 依次为各自变量所对应的参数系数，β_0 为常数项；U 为随机干扰项。

$$\text{Logit}(y) = \beta_0 + \beta_1\chi_1 + \beta_2\chi_2 + \beta_3\chi_3 + \cdots + \beta_{19}\chi_{19} + U \tag{3-7}$$

其中，$\text{Logit}(y) = \text{Ln}\left(\frac{p}{1-p}\right)$，其中 $\frac{p}{1-p}$ 为事件发生概率与不发生概率之比，通常用 Ω 来表示。因此，可将式（3-7）进一步转换为如式（3-8）所示。

$$\Omega = \frac{p}{1-p} = e^{\chi\beta} = e^{\beta_0 + \beta_1\chi_1 + \beta_2\chi_2 + \cdots + \beta_{19}\chi_{19}} \tag{3-8}$$

其中，当解释变量 χ_j 增加一单位时，发生比 Ω 就变为原来的 e^{β_j} 倍，当 $\beta_j>0$ 时，发生比随着 χ_j 的增加而增加；当 $\beta_j<0$ 时，发生比随着 χ_j 的增加而减少。

3. 模型估计结果与分析

基于构建的 Logit 模型和所设定的变量，运用 SPSS19.0 统计软件，采用向前 LR 法对模型变量进行参数估计，进入回归模型的变量模拟估计结果如表 3-25 所示。由 Nagelkerke R^2 和 -2Loglikelihood（缩写为 -2LL）值可知，兴泾镇和镇北堡镇实证模拟的 Nagelkerke R^2 值分别为 0.732 和 0.741，说明模型的总体拟合度较好，能解释自变量 70% 以上的变动。同时，兴泾镇和镇北堡镇实证模拟的 -2LL 值分别为 37.415 和 56.192，这进一步说明模型的拟合效果较好。

从个体特征看，χ_1 的系数为负，这说明女性比男性更容易认识到气候贫困，这可能与女性对气候变化的敏感度有关，也与民族地区女性更多地参与到农业生产劳动有关。同时，农牧民文化程度对其认识气候贫困的影响与预期一致，受教育年限越长的农牧民对气候贫困的认知度越高，在其他条件不变的情况下，相对于文化程度较低或不识字的农牧民，受教育年限较长的兴泾镇和镇北堡镇的农牧民对气候贫困的认知概率会增加 1.261 倍和 0.264 倍。χ_4 的系数为正，这意味着身份为党员的农牧民对气候贫困具有较高的认知度，其认知概率比非党员分别提高 2.462 倍和 0.351 倍，这可能与党员人群的学习、培训等有关，拓展了他们认知的视野。而年龄越长的农户，其阅历和经验可能越加丰富，特别是对交通条件不便的兴泾镇而言，更有利于对气候贫困的认知。

从家庭特征因素看，养殖业收入比重、从事农业生产年限和贫困持续的时间是影响兴泾镇农牧民对气候贫困认知的主要因素；而家庭经营组合方式、养殖业收入比重和贫困持续时间是影响镇北堡镇农户对气候贫困认知的主要因素。χ_5 的系数为负，说明镇北堡镇农户的家庭经营多样化趋势明显，不再依靠单一的农业经营，因而对气候贫困的关注可能较低，这与预期效应一致。χ_7 的系数为正及其对应的 Exp（B）值说明畜牧养殖业因素对提高兴泾镇和镇北堡镇农牧民认知气候贫困变化的正影响。畜牧养殖业作为农牧民的收入重要来源之一，他们更关注气候异常、干旱、自然灾害等对其养殖业的影响。χ_9 的系数为负表明贫困持续时间越长，使兴泾镇和镇北堡镇的农牧民对气候贫困认知下降的概率增加 3.596 倍和 4.062 倍，这主要是因为长期处于贫困的群体更易于形成一个相对隔离的社会圈子和相对封闭的群体，从根本上不利于他们认识事物变化。同样，从事农业生产时间越长，对兴泾镇的农牧民来说其对气候变化、自然灾害等现象的规律可能越发熟知，因而该因素的影响效应与预期一致。

从传统习俗看，χ_{10}和χ_{12}为影响兴泾镇和镇北堡镇农牧民对气候贫困认知的共同变量。χ_{10}的系数为负，表明民族地区贫困户对"一切皆为命中注定"的宿命论观点持肯定态度，因而会影响其对周围事物变化的积极关注。如兴泾镇和镇北堡镇农牧民因持这种宿命论观点，将会使他们对气候贫困认知下降的概率增加4.623倍和3.986倍。同样，χ_{12}的系数也为负，意味着结婚等畸形消费已成为民族贫困地区农牧民"因婚致贫"的巨大负担，致使农牧民家庭负债累累无力应对气候贫困带来的影响。因这一巨额负担的影响，兴泾镇和镇北堡镇农牧民对气候贫困变化认知下降的概率可能会增加2.064倍和1.268倍。

从自然地理因素看，χ_{14}的系数为正，说明"村到县城的距离"对兴泾镇农牧民气候贫困认知具有正的影响效应，这与之前的预期相一致。可能是因为村子与县城的距离越近，意味着农牧民与外界交流和接触的便捷度越高，越有利于提升其获取信息的渠道，从而影响到其对气候贫困的认知。χ_{13}的系数亦为正，表明"土地面积"对农牧民气候贫困认知具有正影响效应，这可能是因为农牧民经营的土地规模越大，越担心气候变化和自然灾害等对其农业生产经营的影响。

表 3–25 模型变量的参数估计值

变量	B	兴泾镇			Sig.	Exp（B）
		S.E.	Wals	df		
χ_1	−1.264	0.797	2.461	1	0.035	0.201
χ_2	0.053	0.030	3.225	1	0.073	0.948
χ_3	1.754	1.608	3.492	1	0.036	1.261
χ_4	1.230	2.137	4.953	1	0.027	2.462
χ_7	2.245	1.117	5.936	1	0.041	1.641
χ_8	0.240	0.624	2.543	1	0.324	2.643
χ_9	−0.377	1.439	3.435	1	0.039	3.596
χ_{10}	−1.609	0.894	2.408	1	0.044	4.623
χ_{12}	−2.933	2.605	3.109	1	0.031	2.064

续表

变量	B	兴泾镇			Sig.	Exp (B)
		S.E.	Wals	df		
χ_{14}	1.799	2.538	3.628	1	0.026	0.869
χ_{17}	1.818	1.953	3.867	1	0.041	1.062
χ_{19}	1.509	0.805	3.518	1	0.061	0.221
β_0	3.545	1.558	5.177	1	0.023	34.656
Nagelkerke R^2		0.732	−2LL	37.415		

变量	B	镇北堡镇			Sig.	Exp (B)
		S.E.	Wals	df		
χ_1	−2.195	1.000	4.821	1	0.028	0.111
χ_3	0.376	0.246	1.205	1	0.043	0.264
χ_4	0.418	0.508	1.382	1	0.042	0.351
χ_5	−0.269	0.604	1.249	1	0.033	1.208
χ_7	1.991	2.406	5.937	1	0.029	3.056
χ_9	−0.286	0.986	1.109	1	0.036	4.062
χ_{10}	−1.687	0.764	2.043	1	0.041	3.986
χ_{12}	−2.765	1.843	5.634	1	0.038	1.268
χ_{13}	7.630	2.561	8.874	1	0.003	2.598
χ_{16}	1.133	1.869	4.937	1	0.032	2.435
χ_{19}	3.460	2.064	1.906	1	0.023	1.168
β_0	−1.734	0.770	5.065	1	0.024	0.177
Nagelkerke R^2		0.741	−2LL	56.192		

从社会关系网络看，χ_{17} 的系数为正，这表明"亲戚数量"对兴泾镇农牧民认知气候贫困具有正的影响效应，可能是因为拥有的亲戚数越多，他们接触政府最新政策的能力和通过外界关系获取信息的能力就越强，就越有可能采取应对气候变化的措施。模拟结果显示，家庭拥有的亲戚数量越多，使其对气候贫困认知的概率提升1.062倍。χ_{16} 的系数为正，说明贫困户"平时交往群体"的多元化对气候贫困的认知同样具有正的影响效应，这可能是因为他们同除农牧民以外的其他群体交往，有利于他们获取新的气候异常现象方面的知识，从而有利于提升他

们对气候贫困的认知程度并采取适应措施。

从政府政策影响看，χ_{19} 的系数为正，这意味着政府的"灾害救助"政策对被访户气候贫困的认知具有正的影响效应，符合之前的预期，这可能是因为政府对农户自然灾害的救助行为在一定程度上提高了农牧民从事农业生产和预防农业风险及灾害的积极性，减少了农户的灾害损失，这对提升农牧民认知气候贫困变化具有正向引导作用。

综上所述，不同调查地和不同特征的农牧民对气候贫困的认知又具有一定的差异性，主要是受性别、年龄、文化程度、政治面貌、家庭组合经营方式、养殖业收入比重、贫困持续时间、宿命论观点、社交群体及政府的灾害救助等因素对气候贫困认知有不同程度的影响，其影响效应已通过定量实证量化模拟。但与此同时，气候贫困系多因素所致，因此，农牧民对气候贫困的认知仅为其采取适应性应对行为的必要而非充分条件，还应加大外部条件的配套和重视。

第四章 专题篇

专题一 精准扶贫与农村公共产品供给

农村公共产品的有效投资是助力精准扶贫和建设美丽乡村的内在要求，更是改善农民生活和生活条件的基本保证。目前，我国少数民族地区的农村公共产品投资在整体投入不足的同时，结构也存在严重失衡。宁夏作为西部内陆民族深度贫困地区，加大和改善农村公共产品的投入，对宁夏精准脱贫和加快建成全面小康社会具有重要的理论和现实意义。

一、农村公共产品基本概述

（一）农村公共产品的概念

保罗·萨缪尔森在1954年发表的《公共开支的纯理论》中明确界定了公共产品，即"每个人的消费不会减少任意其他人对这种物品的消费"的产品，指出了公共产品具有非竞争性和非排他性的特征。他以灯塔为例，把同时具备非排他性和非竞争性的公共产品称为纯公共产品。相应地，只具备一个特征的公共产品称为准公共产品。

农村公共产品是指在农村地区，农民生产生活所需要的具有一定非排他性和非竞争性的产品或服务，如农村基础设施建设、农村义务教育、农业科研等。

（二）农村公共产品的分类

农村公共产品可以分为纯公共产品和准公共产品。根据于奎（2005年）总结的划分，农村纯公共产品包括农业科研、河水治理、环境保护、基层政府服务等，而农村准公共产品包括：接近于纯公共产品的农村准公共产品如农村社会保障、农村义务教育、农村卫生、农业科技成果的推广、病虫害的防治、农村小流域治理等，中间性准公共产品（如农村医疗、农村道路建设、农村职业教育等），接近于市场产品的准公共产品（如实用型技术的农业科技、农村文化娱乐、农村体育设施、农村自来水工程等）。

（三）农村公共产品的特征

农村公共产品具有一般公共产品的特点，但它也有一些特殊性：

（1）多层次。它包含中央政府提供的农村公共产品，以及地方政府和农村组织提供的限于本地区或部分外溢到周围地区的公共产品。

（2）外溢。如农村道路、电力不仅优化了农村投资环境，而且具有收入效应、消费效应、就业效应，对农村扩大内需和刺激经济增长，具有明显的推动作用。

（3）效率低下。因为大多数农村边缘，分散化，即农村是中国行政区划的底层。农村地区生产规模小，而投资到农村地区公共产品的收益比较少，使用效率低。

（4）依赖性。由于农业在国民经济中的地位低下、农业生产的分散性，决定了农民对农村公共生产产品的强烈依赖，并且农村经济市场化程度越高，说明依赖性就越大。

综上，本书拟从两方面对宁夏的农村公共产品投资现状进行分析：一方面，从农村公共产品的投资规模总量、投资强度等视角进行分析；另一方面，从农村公共产品投资、农业科研投入、农村义务教育等视角进行分析，通过上述两方面对宁夏的农村公共产品投资现状进行系统研究。

二、宁夏农村公共产品投资现状

(一) 宁夏农村公共产品投资总体分析

1. 农村公共产品投资规模总量分析

一般情况下,分析政府对某区域的支出规模,通常有两种办法,一种是政府对该区域支出的绝对规模,可用当年政府对该行业支出的绝对额表示;另一种是政府对该区域支出的相对规模,可用政府对该行业的支出绝对额占当年财政支出总额的比重来表示。本书对农村公共产品投资规模的分析,采用了这两种方法。对农村公共产品投资的绝对规模进行分析时,采用当年政府对农村投资的绝对额指标,具体包括农村基础设施建设投资、农业科研投资和农村义务教育投入。对农村公共产品投资的相对规模分析时,采用政府对农村投资的绝对额与当年财政支农支出总额的比值来表示。

从图4-1可以看出,自1990年以来我国农村公共投资的绝对规模都是增长的。1990~2006年,全国、宁夏、甘肃的农村公共产品投资总额整体趋势都是缓慢增长的,但2008年以后,政府实行了一系列的财政政策,将税收收入的资金投入农村公共产品方面,从而使农村公共产品的投资总额整体上升。从图中也可以看出,宁夏与甘肃之间在农村公共产品投资总额上还有一些差距,宁夏对农村公共产品的投资总额比甘肃略低。

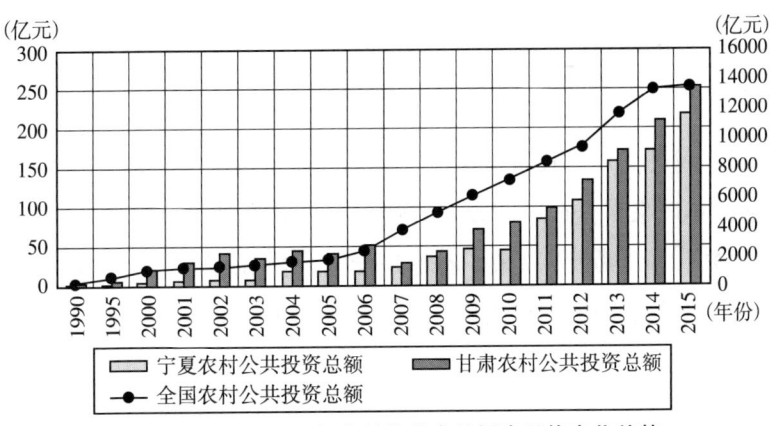

图4-1　1990~2015年农村公共产品投资总体变化趋势

表 4-1 1990~2017 年农村公共产品投资总额的环比增长

单位：亿元，%

年份	全国农村公共投资总额	环比增速	宁夏农村公共投资总额	环比增速	甘肃农村公共投资总额	环比增速
1990	307.84		2.08		5.85	
1995	574.93	85.28	2.99	43.75	8.38	43.25
2000	1038.19	155.08	5.39	80.27	23.24	177.33
2001	1224.48	8.30	7.74	43.60	31.48	35.46
2002	1272.66	−10.47	8.99	16.15	42.32	34.43
2003	1436.43	19.50	9.53	6.01	34.87	−17.60
2004	1628.36	3.48	19.40	23.78	47.00	34.79
2005	1772.01	−3.13	18.88	103.57	42.46	−9.66
2006	2317.23	−0.29	21.34	13.03	52.78	24.31
2007	3751.35	47.58	26.29	23.20	31.02	−41.23
2008	4895.95	42.67	38.63	46.94	45.07	45.29
2009	6160.60	46.84	48.35	25.16	75.19	66.83
2010	7070.92	14.93	47.64	−1.47	82.56	9.80
2011	8431.22	15.30	86.91	82.43	99.60	20.64
2012	9337.16	30.12	110.39	27.02	135.39	35.93
2013	11755.13	27.19	158.92	43.96	173.62	28.24
2014	13267.50	25.97	173.02	8.87	210.09	21.01
2015	13547.79	27.51	217.70	25.82	254.89	21.32
2016	17908.29	32.18	201.29	−7.54	488.10	91.49
2017	18380.25	2.64	222.39	10.48	520.79	6.69

资料来源：根据《宁夏统计年鉴》整理所得。

为了对农村公共产品投资总额的变动情况有更清晰的认识，表 4-1 和图 4-2 给出了 1990 年以来，全国、宁夏、甘肃农村公共产品投资总额及其环比增长情况，由此可知，自 1990 年以来，不论是全国、甘肃还是宁夏，农村公共产品投资总体上都呈增长态势，但环比增长情况波动较大，呈现不稳定状态。

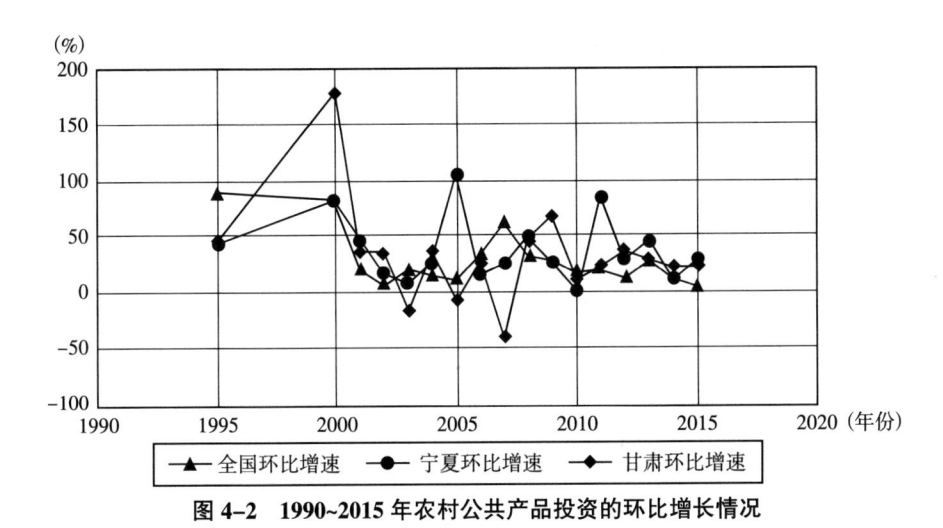

图 4-2 1990~2015 年农村公共产品投资的环比增长情况

2. 农村公共产品投资占财政支出和农村 GDP 的比重分析

从表 4-2、图 4-3 可以看出，宁夏农村公共产品投资总额整体上呈逐年增长的趋势，但农村公共产品投资占全区财政支出的比重却呈现出不稳定甚至有些时间段呈下降的态势。宁夏农村公共产品投资占财政支出的比重都在 7%~20%，波动变化明显。1990~1994 年趋于平稳状态，1991~2002 年一路走低，2002 年后开始迅速上升，2015 年之后走势趋于平缓。这表明政府对农村公共产品的稳定投资机制尚未形成。

通过查找资料，整理发现，2010 年全国农村公共投资总额占全国财政支出的比重为 7.87%，甘肃这一比例为 5.62%，而同期宁夏这一比例为 8.54%。农村公共产品投资占农村 GDP 的比重，在某种程度上也反映出农村产出部门的贡献份额。由于宁夏农村收入主要来自第一产业，所以农村生产总值就用第一产业生产总值来代替，虽然有点误差，但不影响结果。从表 4-2 和图 4-3 中可以看出，宁夏农村公共产品投资占农村 GDP 的比重在 1990~1995 年呈现缓慢下滑状态，1995~2000 年呈现缓慢上升状态，总体不太明显。但 2000 年后开始快速增长，说明宁夏开始重视对农村公共产品的投资。

相关研究结果表明，在发达国家农村公共产品投资占农村 GDP 的比重都很高。根据朱钢等（2000）的研究，1990 年美国的这一比例为 25.26%、加拿大为 47.32%、以色列为 45.78%；在发展中国家，1993 年印度的这一比例才仅为

表 4-2 1990~2015 年宁夏农村公共产品投资额及其财政支出和农村 GDP 比重

单位：亿元，%

年份	农村公共投资总额	财政支出总额	农村公共投资占财政支出比重	农村 GDP	农村公共投资占农村 GDP 比重	GDP 总额
1990	2.08	14.96	13.9	16.84	12.35	64.84
1995	2.99	22.99	13.01	35.41	8.44	175.19
2000	5.39	60.84	8.86	46.03	11.71	295.02
2001	7.74	93.58	8.27	49.67	15.58	337.44
2002	8.99	114.57	7.85	52.95	16.98	377.16
2003	9.53	105.78	9.01	55.63	17.13	445.36
2004	19.40	123.02	15.77	65.33	29.70	537.11
2005	18.88	160.25	11.78	72.07	26.30	612.61
2006	21.34	193.21	11.05	79.54	26.83	725.90
2007	26.29	241.85	10.87	97.89	26.86	919.11
2008	38.63	324.61	11.9	118.94	32.14	1203.92
2009	48.35	432.36	11.18	127.25	38.00	1353.31
2010	47.64	557.53	8.54	151.64	31.42	1689.65
2011	86.91	705.91	12.31	175.23	49.60	2102.21
2012	110.39	864.36	12.77	189.27	58.32	2341.29
2013	128.92	922.48	13.98	210.81	75.39	2577.57
2014	173.02	1000.45	17.29	216.99	79.39	2752.10
2015	217.70	1138.49	19.12	237.76	91.56	2911.77

资料来源：根据《宁夏统计年鉴》（1991~2016）整理所得。

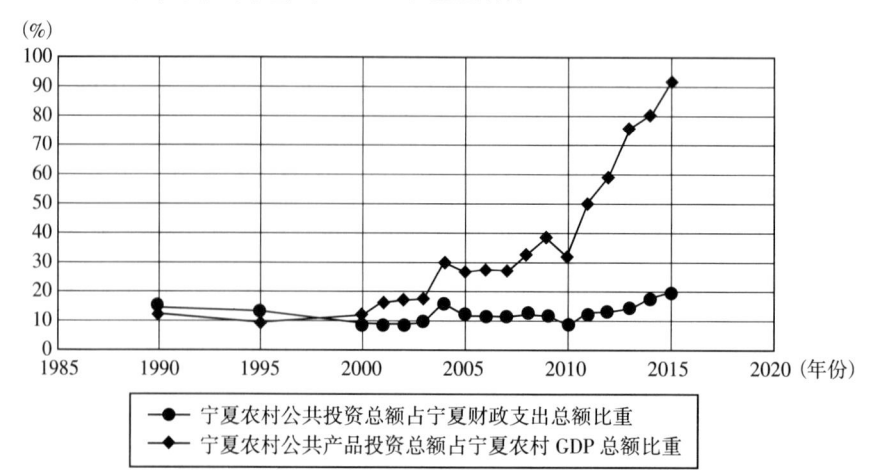

图 4-3 1990~2015 年宁夏农村公共产品投资占财政支出和农村 GDP 比重

9.87%、泰国为 11.57%，而同期我国的这一指标只有 6.08%左右；在国内，2010 年，甘肃的这一比例才为 13.78%，而同期宁夏这一比例高达 31.42%。由此可见，与发达国家相比，中国农村的公共产品投资的规模总体不足，即使与发展中国家比，中国的农村公共投资规模还是比较低的。但就宁夏的实际状况而言，其与甘肃和全国平均水平相比，尚具有一定的相对优势。

3. 农村公共产品投资强度分析

为了进一步分析农村公共产品投资规模总量的合理程度，本书引入农村公共投资强度的概念进行分析。农村公共投资强度是指农村公共投资占财政支出的份额与农村 GDP 占总 GDP 份额之比，用公式表示如下：

$$农村公共投资强度 = \frac{农村公共产品投资总额/财政支出总额}{农村 GDP/GDP}$$

上述公式把财政对农村的支持力度用农村公共投资占财政支出的份额表示，把农村经济对国民经济的贡献用农村 GDP 占全区总 GDP 的份额表示。如果前者比后者大，说明财政对农村经济增长的贡献强于农村经济增长对国民经济的贡献，否则，说明农村经济增长对国民经济的贡献大而财政支农相对不足。所以，如果上述指标值大于 1，说明农村经济得到了保护和支援，指标值越大，支持和保护的程度就越高；相反，如果该指标值小于 1，说明财政对农村公共产品投入不够。

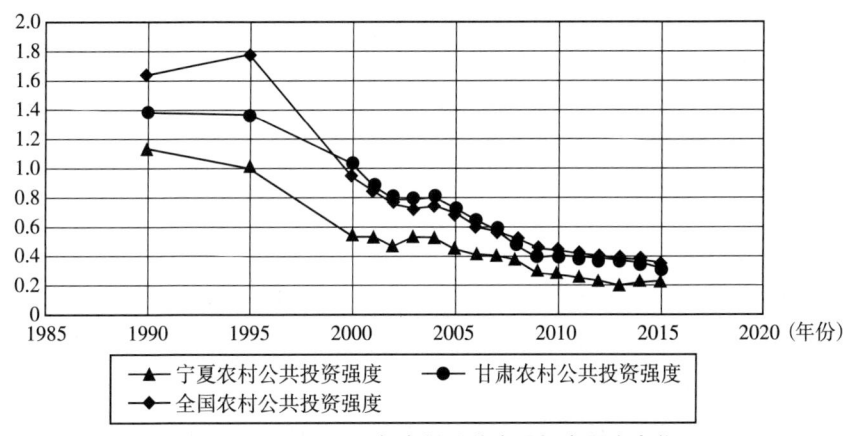

图 4-4 1990~2015 年农村公共产品投资强度变化

由表 4-3 和图 4-4 可知，农村公共产品投资强度总体上看处于下滑的状态。进入 2002 年后，随着国家各类惠农政策相继出台以及自治区政府对农村公共产品投资强度的增加，农村公共产品的投资强度有短暂的增强。但 2004 年以后又开始持续下降，公共产品投资力度有所减弱，这说明农村公共产品投资的总量还略显不足，有待更进一步的加强投资。同时发现在 2010 年，宁夏农村公共投资强度为 0.27，甘肃为 0.41，全国为 0.44，宁夏农村公共投资强度明显低于甘肃、

表 4-3 1990~2015 年农村公共产品投资强度

单位：%

年份	宁夏农村公共投资总额占宁夏财政支出总额比重	宁夏农村公共产品投资总额占宁夏农村GDP总额比重	宁夏农村公共投资强度	甘肃农村公共投资总额占甘肃财政支出总额比重	甘肃农村公共产品投资总额占甘肃农村GDP总额比重	甘肃农村公共投资强度	全国农村公共投资总额占全国财政支出总额比重	全国农村公共产品投资总额占全国农村GDP总额比重	全国农村公共投资强度
1990	13.9	12.35	1.13	12.73	9.13	1.39	9.98	6.08	1.64
1995	13.01	8.44	1	10.3	7.57	1.36	8.43	4.74	1.78
2000	8.86	11.71	0.54	12.352	11.97	1.03	6.54	6.95	0.94
2001	8.27	15.58	0.53	13.37	15.14	0.88	6.48	7.76	0.84
2002	7.85	16.98	0.46	15.45	19.64	0.79	5.77	7.7	0.75
2003	9.01	17.13	0.53	11.62	14.66	0.79	5.83	8.26	0.71
2004	15.77	29.7	0.53	13.17	16.39	0.8	5.72	7.61	0.75
2005	11.78	26.3	0.45	9.89	13.78	0.72	5.22	7.68	0.68
2006	11.05	26.83	0.41	9.99	15.83	0.63	5.73	9.37	0.61
2007	10.87	26.86	0.4	4.6	8	0.58	7.54	13.5	0.56
2008	11.9	32.14	0.37	4.65	9.75	0.48	7.82	14.95	0.52
2009	11.18	38	0.29	6.03	15.13	0.4	8.07	18.03	0.45
2010	8.54	31.42	0.27	5.62	13.78	0.41	7.87	17.96	0.44
2011	12.31	49.6	0.25	5.56	14.67	0.38	7.72	18.26	0.42
2012	12.77	58.32	0.22	6.57	17.35	0.37	7.41	18.34	0.4
2013	13.98	75.39	0.19	7.52	20.55	0.37	8.38	21.25	0.39
2014	17.29	79.39	0.22	8.27	23.32	0.35	8.74	22.74	0.38
2015	19.12	91.56	0.21	8.62	26.7	0.32	7.7	22.26	0.35

资料来源：根据《宁夏统计年鉴》（1991~2016）整理所得。

全国水平。所以，政府应当加大对农村公共产品的投资强度，确保农村公共产品有效投资。

（二）宁夏主要农村公共产品投资分析

1. 农村基础设施投资现状

农村基础设施包括生产服务设施、生活服务设施、生产生活服务设施等，由于政府对农村基础设施的投资主要集中在生产服务设施，而生产服务设施又主要集中在农业领域。因此，本书的农村基础设施投资指的是狭义的概念，即主要指农业基本建设投入。

（1）农村基础设施投资总量分析。由图4-5可知，自1990年以来，农村基础设施的投入总体处于逐年增长的态势。在2010年，随着政府对农村基础设施的投入力度加大，因此增长速度大幅上涨。通过查找年鉴数据可知，在2014年全国农村基础设施总额为4899.17亿元，甘肃农村基础设施总额为146.37亿元，而同期宁夏这一指标只有128.69亿元，这说明国家对甘肃投资总额明显高于宁夏。通过图4-5还可知，全国、宁夏、甘肃基础设施投资总额的同比增长情况，宁夏和甘肃同比增长波动明显，处于不稳定状态，全国同比增长情况总体平稳，这说明宁夏和甘肃对基础设施的投资不稳定。

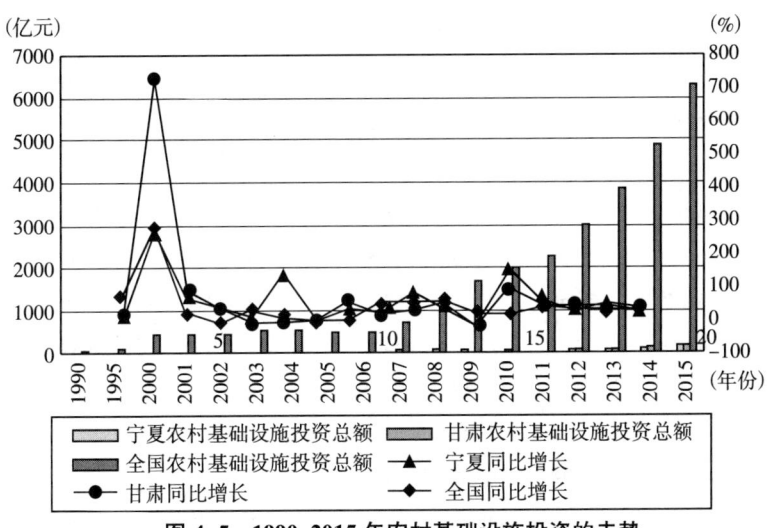

图4-5　1990~2015年农村基础设施投资的走势

(2)农村基础设施投资相对量分析。表4-4是历年来宁夏、甘肃、全国农村基础设施投资总额占农村GDP的比重情况以及农村基础设施投资占农村公共投资总额的比重情况。图4-6直观地反映了农村基础设施投资占农村GDP的比重情况,总体看,都呈现增长的趋势,但宁夏比甘肃农村基础设施投资占农村GDP的比重要高,而全国水平值最低,说明宁夏相对于甘肃和全国而言对农村基础设施的投资力度进一步加大。而从农村基础设施投资总额占公共产品投资总额比重

表4-4 1990~2015年农村基础设施投入状况

单位:亿元,%

年份	宁夏农村基础设施投资总额	宁夏农村基础设施投资总额占宁夏农村公共设施投资总额比重	宁夏农村基础设施投资总额占宁夏农村GDP的比重	甘肃农村基础设施投资总额	甘肃农村基础设施投资总额占甘肃农村公共设施投资总额比重	甘肃农村基础设施投资总额占甘肃农村GDP的比重	全国农村基础设施投资总额	全国农村基础设施投资总额占全国农村公共设施投资总额比重	全国农村基础设施投资总额占全国农村GDP的比重
1990	0.31	14.9	1.84	0.78	13.33	1.22	66.71	21.67	1.32
1995	0.45	15.05	1.27	0.84	10.02	0.76	110	19.13	0.91
2000	1.62	30.06	3.52	6.95	29.91	3.58	414.46	39.92	2.77
2001	2.64	34.11	5.32	12.94	41.11	6.22	480.81	39.37	3.05
2002	3.4	37.82	6.42	16.58	39.46	7.69	423.8	33.3	2.56
2003	3.65	38.3	6.56	14	40.15	5.88	527.36	36.71	3.03
2004	8.4	43.3	12.86	12.91	27.56	4.5	542.36	33.31	2.53
2005	7.65	40.52	10.61	11.93	28.1	3.87	512.63	28.93	2.22
2006	9.81	45.97	12.33	18.55	35.15	5.56	504.28	21.76	2.04
2007	11.41	43.4	11.66	21.17	68.25	5.46	733.54	19.55	2.64
2008	19.72	51.05	16.58	26.75	59.35	5.78	1128.35	23.05	3.45
2009	26.29	54.37	20.66	39.56	52.61	7.96	1686.94	27.38	4.94
2010	19.45	40.83	12.83	27.45	33.25	4.58	1983.27	28.05	5.04
2011	47.76	54.95	27.26	53.87	54.09	7.94	2264.69	26.86	4.91
2012	71.81	65.05	37.94	75.48	55.75	9.67	3001.26	32.14	5.9
2013	88.93	68.98	42.18	106.51	61.35	12.61	3870.31	32.92	7
2014	128.69	74.38	59.31	146.37	69.67	16.25	4899.17	36.93	8.4
2015	166.45	76.46	70.01	187.46	73.55	19.64	6353.74	46.9	10.44

资料来源:根据《宁夏统计年鉴》(1991~2016)整理所得。

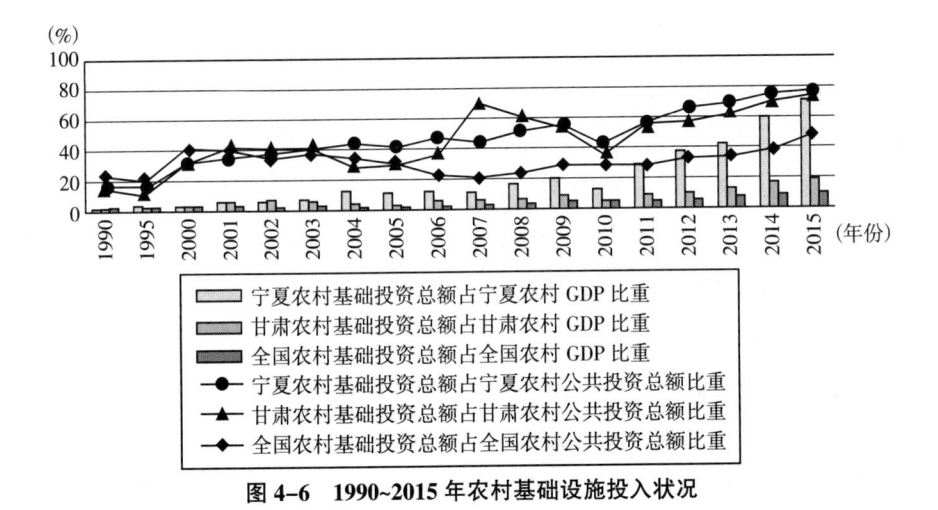

图 4-6　1990~2015 年农村基础设施投入状况

的情况来看，宁夏和甘肃均呈现不稳定的状态，而从全国总体来看是比较平稳的，宁夏总体呈缓慢增长的状态，甘肃则波动性比较大，说明宁夏投资力度比全国和甘肃更稳定。

2. 农业科研投入现状

农业科研投入来源广泛，包括来自国家的、私人的以及非营利性机构的。本书的农业科研投入仅指当年在农村地区的投入，不包括投入在农业相关高校科研院所的投入。

（1）农业科研投资总量分析。从图 4-7 中可以看出，宁夏农业科研投入情况大体可以分为三个阶段。第一阶段，1990~2005 年，该阶段农业科研投入总额在

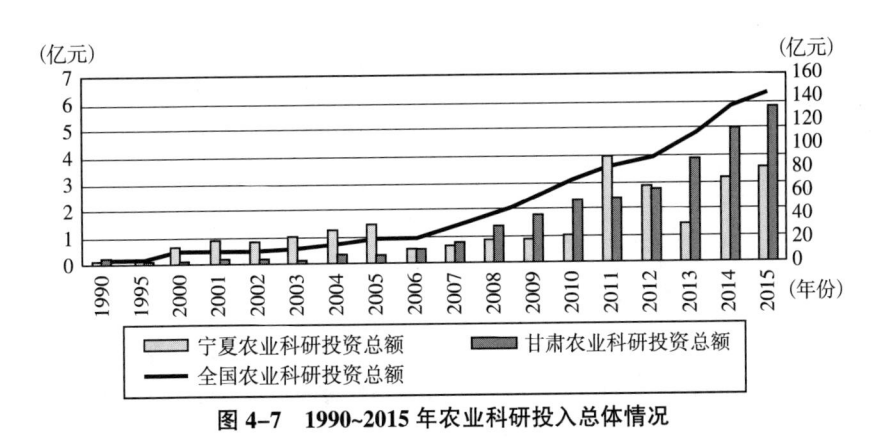

图 4-7　1990~2015 年农业科研投入总体情况

逐年增长，但增速缓慢，这主要是因为政府对农业科研不是很重视，且社会经济水平发展有限。第二阶段，2005~2010年，该阶段农业科研投入在减少，说明政府对农业科研投入不够重视。第三阶段，2010年后，该阶段农业科研投入有所提高，增长速度大幅上涨，这说明政府对农业科研领域方面的研究日趋重视。

此外，从1990~2015年的变动趋势看，甘肃和全国农业科研投资都是逐年上升的，这表明甘肃和全国对农业科研这一领域也是足够重视的。2010年宁夏科研投资总额为1.00亿元，甘肃为2.33亿元，全国为70.15亿元。

（2）农业科研投资相对量分析。这里用农业科研投资占农村GDP的比重来衡量一个地区有多少资源用于农业科研，表4-5是历年来宁夏财政预算内农业科研投资总额占农村GDP和农村公共投资总额的比重情况，从表中的数据可以直观地看出，这两个比重一直是很低的，说明了政府不太重视对农业科研的投入。

表4-5 1990~2015年农业科研投资状况

单位：亿元，%

年份	宁夏农业科研投资总额	宁夏农业科研占宁夏农村GDP比重	宁夏农业科研占宁夏农村公共产品投资总额比重	甘肃农业科研投资总额	甘肃农业科研占甘肃农村GDP比重	甘肃农业科研占甘肃农村公共产品投资总额比重	全国农业科研投资总额	全国农业科研占全国农村GDP比重	全国农业科研占全国公共产品投资总额比重
1990	0.09	0.53	4.33	0.03	0.05	0.51	3.11	0.06	1.01
1995	0.18	0.51	6.02	0.03	0.03	0.36	3	0.03	0.52
2000	0.64	1.39	11.87	0.14	0.07	0.6	9.78	0.07	0.94
2001	0.89	1.79	11.5	0.19	0.09	0.6	10.28	0.07	0.84
2002	0.85	1.61	9.46	0.18	0.08	0.43	9.88	0.06	0.78
2003	1	1.8	10.49	0.14	0.06	0.4	12.43	0.07	0.87
2004	1.28	1.96	6.6	0.35	0.12	0.74	15.61	0.07	0.96
2005	1.41	1.96	7.48	0.27	0.09	0.64	19.9	0.09	1.12
2006	0.53	0.67	2.48	0.56	0.17	1.06	21.42	0.09	0.92
2007	0.66	0.67	2.51	0.8	0.21	2.58	30.04	0.11	0.8
2008	0.89	0.75	2.3	1.36	0.29	3.02	41.17	0.13	0.84
2009	0.9	0.71	1.86	1.79	0.36	2.38	53.16	0.16	0.86
2010	1	0.66	2.1	2.33	0.39	2.82	70.15	0.18	0.99

续表

年份	宁夏农业科研投资总额	宁夏农业科研占宁夏农村GDP比重	宁夏农业科研占宁夏农村公共产品投资总额比重	甘肃农业科研投资总额	甘肃农业科研占甘肃农村GDP比重	甘肃农业科研占甘肃农村公共产品投资总额比重	全国农业科研投资总额	全国农业科研占全国农村GDP比重	全国农业科研占全国公共产品投资总额比重
2011	3.94	2.25	4.53	2.43	0.36	2.44	81.06	0.18	0.96
2012	2.91	1.54	2.64	2.78	0.36	2.05	88.37	0.17	0.95
2013	1.43	0.68	0.9	3.91	0.46	2.25	106.02	0.19	0.9
2014	3.18	1.47	1.84	5.08	0.56	2.42	133.12	0.23	1
2015	3.52	1.48	1.62	5.85	0.61	2.3	142.2	0.23	1.05

资料来源：根据《宁夏统计年鉴》(1991~2016)整理所得。

由表4-5知，2012年全国农业科研投资总额为88.37亿元，甘肃农业科研投资总额为2.78亿元，而同期宁夏农业科研投资总额只有2.91亿元，总体而言，宁夏投资总额较发达国家或地区都明显偏低，政府应该进一步重视该领域的投资。

（3）农村义务教育投资现状。目前我国对农村义务教育实行分级管理，市县级及其以下基层地方政府对农村义务教育负有主要管理责任。本书是站在政府财政支出的角度来分析农村义务教育对农村经济增长的贡献的，因此所指的农村义务教育投入主要来自地方财政。

1）农村义务教育投资总量分析。从图4-8中可以看出，自1990年以来，宁夏、全国对农村义务教育投资的总量总体呈逐年上升趋势，这主要是因为党和国家日益重视教育，并确定了教育优先发展的重要战略部署。而在甘肃，农村义务教育的投资呈现出不稳定状态，这主要是因为地方政府将有限的教育资源更多地分配到了城市当中，从而减少了对农村地区义务教育的投资。但总体来说，甘肃投资到农村义务教育上的资金比宁夏投资到农村义务教育的资金要高。2012年，全国对农村义务教育投资的总额为6247.53亿元，甘肃对农村义务教育的投资总额为57.13亿元，而同期宁夏对农村义务教育的投资总额只有35.67亿元，这说明宁夏对农村义务教育投资总额明显不够，有待进一步加强。

(亿元)   (亿元)

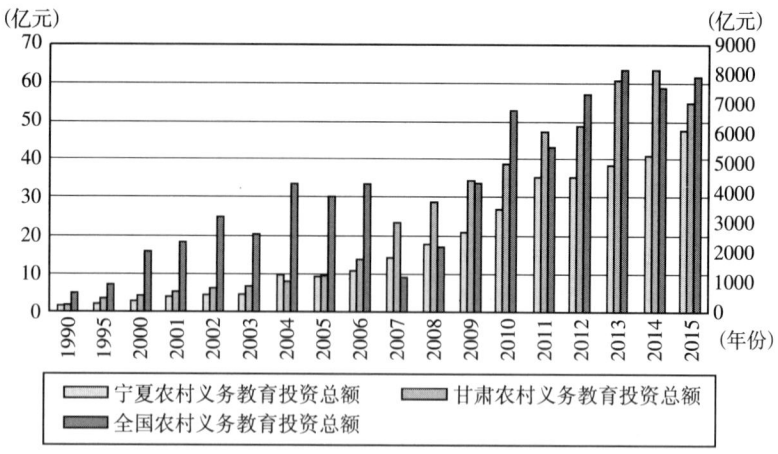

图 4-8　1990~2015 年农村义务教育投入的走势图

2) 农村义务教育投资相对量分析。在相对量分析中,将使用两个指标进行分析:一是农村义务教育投资占农村 GDP 的比重,二是农村义务教育投资占农村公共投资总额的比重。农村义务教育投资占农村 GDP 的比重是衡量一个国家(地区)有多少资源用于农村义务教育的重要指标,农村义务教育投资占农村公共产品投资总额的比重是衡量一个国家(地区)对农村义务教育的重视程度。

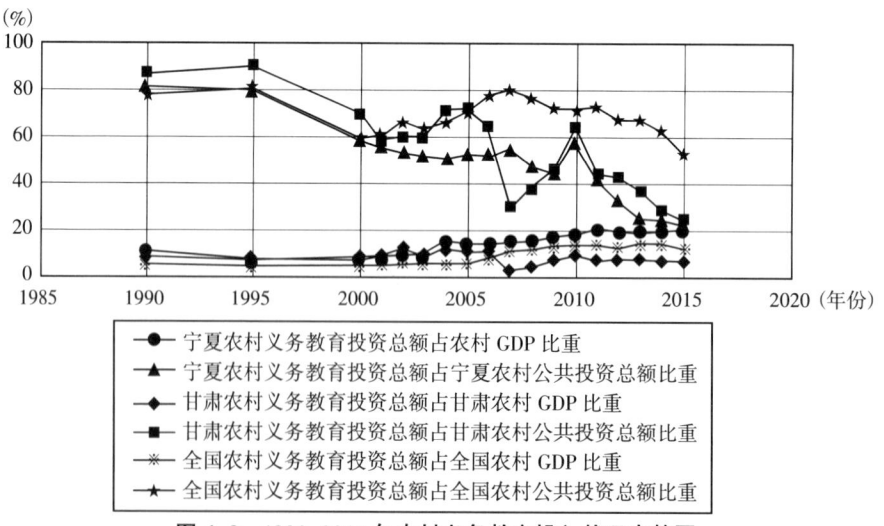

图 4-9　1990~2015 年农村义务教育投入状况走势图

从图 4-9 和表 4-6 中可以看出,宁夏农村义务教育投资总额是在逐年增长当中,但农村义务教育投入占农村 GDP 的比重还处于不稳定的状态,农村义务教育投入占农村公共投资总额的比重这一指标，整体而言也是在逐年下降的，这说明宁夏对农村义务教育的重视程度还不是很高。2011年，甘肃农村义务教育投资总额占农村GDP比重为6.38%，而宁夏在这一时期比例为20.09%，同年，甘肃农村义务教育投资总额占农村公共投资总额比重为43.47%，而宁夏这一时期比例为40.51%。数据表明政府对农村义务教育的投入仍有很大的空间，投资结构不够合理。

表4-6 1990~2015年农村义务教育投资状况

单位：亿元，%

年份	宁夏农村义务教育投资总额	宁夏农村义务教育投资总额占宁夏农村GDP比重	宁夏农村义务教育投资总额占宁夏农村公共投资总额比重	甘肃农村义务教育投资总额	甘肃农村义务教育投资总额占甘肃农村GDP比重	甘肃农村义务教育投资总额占甘肃农村公共投资总额比重	全国农村义务教育投资总额	全国农村义务教育投资总额占全国农村GDP比重	全国农村义务教育投资总额占全国农村公共投资总额比重
1990	1.68	9.98	80.77	5.04	7.87	86.15	238.02	4.7	77.32
1995	2.36	6.66	78.93	7.51	6.79	89.62	461.93	3.81	80.35
2000	3.13	6.8	58.07	16.15	8.32	69.49	613.95	4.11	59.14
2001	4.21	8.48	54.39	18.35	8.82	58.29	733.39	4.65	59.89
2002	4.74	8.95	52.76	25.26	11.72	59.69	838.98	5.07	65.92
2003	4.88	8.77	51.21	20.73	8.71	59.45	896.64	5.16	62.42
2004	9.72	14.88	50.1	33.59	11.71	71.47	1070.39	5	65.73
2005	9.82	13.63	52.01	30.26	9.82	71.27	1239.48	5.37	69.95
2006	11	13.83	51.55	33.67	10.1	63.79	1791.53	7.24	77.31
2007	14.22	14.53	54.09	9.05	2.33	29.17	2987.77	10.75	79.65
2008	18.02	15.15	46.65	16.96	3.67	37.63	3726.43	11.38	76.11
2009	21.16	16.63	43.76	33.84	6.81	45.01	4420.5	12.94	71.75
2010	27.19	17.93	57.07	52.78	8.81	63.93	5017.5	12.75	70.96
2011	35.21	20.09	40.51	43.3	6.38	43.47	6085.47	13.18	72.18
2012	35.67	18.85	32.31	57.13	7.32	42.2	6247.53	12.27	66.91
2013	38.56	18.29	24.26	63.2	7.48	36.4	7778.8	14.06	66.17
2014	41.15	18.96	23.78	58.64	6.51	27.91	8235.21	14.12	62.07
2015	47.73	20.07	21.92	61.58	6.45	24.16	7051.85	11.59	52.05

资料来源：根据历年《宁夏统计年鉴》整理所得。

三、宁夏农村公共产品投资存在的问题

（一）宁夏农村基础设施投资存在的问题

21 世纪以来，宁夏农村基础设施投资比 20 世纪 90 年代大幅增长，但农村基础设施建设投资总额依然是不够的，特别是在水利、电力、道路等方面。农村基础设施投入需要大量投资和规模经济。随着农村税费改革，农村基础设施投入不明确，农村基础设施投入水平较低，因此，要大力投入对基础设施的投资。

（二）农业科研投资存在的问题

宁夏农业科研投资总量短缺，虽然近年来政府对农业科研的投入呈现增长态势，但总的来说，政府对农业科研的投资依然不重视。从国内水平比较看，宁夏政府对农业科研的投入强度不到发达地区的平均水平。

（三）农村义务教育投资存在的问题

总体而言，宁夏农村义务教育投入严重短缺。自 1994 年实施税收制度改革以来，政府对财政资源分配作出了重大调整，加强了自治区政府的收入，但地方政府原来承担的事权仍然留给了地方政府，使地方财政面临巨大挑战。宁夏农村义务教育的主体是地方政府，地方政府在没有财力承担的情况下，对需要很长时间才能显现出效果的教育投资自然放在了次要的位置考虑，有时候挪用农村义务教育资金也常发生。从农村义务教育经费的主要来源看，税收改革始于 2001 年，2004 年农业税就减少 3 个百分点，2006 年全国免除了农业税，而且与农业税连带的教育附加费以及向农民的集资都被废除和停止，这进一步加重了农村义务教育经费投资不足的现状。

四、宁夏农村公共产品投资的对策建议

（一）解决宁夏农村基础设施投资的对策建议

1. 发挥政府的主导作用

宁夏农村基础设施与城市基础设施相比，农村基础设施也具有公共产品的特点，因此应采取一样的投资政策。这就需要政府改变投资模式，持续加大对农村

基础设施的投资力度，使政府成为农村基础设施建设的主要提供者，及时投资，确保农村经济快速发展。

2. 优化投资环境

为了保障农村基础设施的投资，需要对相关投资政策法规进行进一步的完善。政府还应该鼓励社会投资，引导社会部门和个人参与到农村基础设施建设中。由于农村基础设施具有公益性，投资无法实现盈利或盈利过低等特点，政府可以实施相应的优惠政策，提高对基础设施投资的吸引力。政府还应该鼓励私人投资，消除有关制度上的障碍，尤其是通过法律手段保护投资者的利益，确保投资者的利益不受侵害。

3. 建立政府为主的多元投资体系

建立和完善"以财政资金为导向，以信贷资金、集体和农民基金为依托，利用外资和横向吸收资金为补充"的多层次、多渠道、全方位的网络投资格局，形成综合高效的农村基础设施投资制度，实现以政府为导向的农村基础设施投资多元化。尤其对于具有竞争性的基础设施，也要慢慢实现投资对象的多元化。

4. 建立有效的投资管理机制

为提高资金使用效率，实现资金有效管理，各级政府应该形成明确的分工，管理规范，有序运行管理机制。政府可以实行政府采购制度或委托代理制度。政府可以委托中介机构评估项目的实施情况，落实项目资金运作监督制度。依据项目实际情况，增加或减少项目资金。另外，完成项目验收工作，确保投资资金的使用效果。

（二）解决农业科研投资存在问题的建议

1. 增加农业科研投入

农业科研投入能促进农村经济发展，整合社会资源，合理增加对农业科研的投入力度。在资金投入方面，农业部门要将农业科研教育项目向试点县、镇倾斜。在人力方面，加强组织领导和技术指导。农业科研部门要定期制定工作计划，建立各级专家组，技术指导员和技术示范户数据库，开展工作研究、机制研究，实地考察和项目检查。各试点县镇设立协调机构，落实方案的实施，形成上下联动的行政制度。

2. 创新农业科研服务与推广模式

农业科研推广是农业科研与农业生产和收入间的桥梁，对农业科研普及具有决定性意义。但近年来，一些地区对农业科研推广很不到位，有的地方只是趋于形式。所以，各地应根据区域优势创新推广模式和服务模式。比如建立农业科研合作社，让政府、农民、技术指导人员加入社区。社区实施统一的生产计划、统一供应和生产材料、统一种植、统一的技术指导、统一签订销售合同，农民获得"五统一"生产和运营管理模式。一方面，农民可以学会农业技术，另一方面，可以使农业科技推广人员的积极性得到提升。

3. 建立以政府投资为主，其他社会部门和个人为辅的农业科研创新体系

农业科研创新体系包括知识、技术和制度创新三部分。农业科研知识创新体系的主体应以政府为主，以后农业科研创新体系也将会以政府为主。当然，要使社会部门和个人成为农业科研创新体系的主体，还需要较长的时间去建立健全农业科研体系。

（三）解决当前我国农村义务教育投资问题的对策

1. 改革和完善农村义务教育投资体系

宁夏农村义务教育投资体系主要由宁夏回族自治区政府负责管理和投资的，这种高度集中的投资制度无法有效保证宁夏农村义务教育的正常发展和普及。因此，政府可以建立农村义务教育发展基金，增加对农村地区教育的补贴力度；政府还应设置农村义务教育投资的最低标准，允许地区社会部门和个人投资，充分发挥社会部门和个人投资教育的热情，合理吸收社会闲置资金，解决农村义务教育投资难的问题。

2. 对农村义务教育的投资总额和结构进行调整和完善

由于宁夏是内陆民族地区，缺乏教育资金一直是限制其教育发展的瓶颈。长期以来，宁夏教育资金主要集中在城市地区，因此造成宁夏农村地区的教育十分落后。这就要求政府加大对农村义务教育的投入。目前，宁夏教育投资结构呈倒金字塔形，即高等教育投资最高，中等教育次之，初等教育最低，这一结构不利于宁夏教育的发展，政府应该进一步完善教育投资结构，增加对农村地区义务教育的投资份额。

3. 建立农村义务教育投资的法律保障制度

根据义务教育法，政府应为适龄儿童提供免费义务教育。但由于缺乏投资，所以义务教育尤其是农村义务教育在实施过程中存在很大的制约。近年来，政府对农村义务教育制定了一系列法律法规，但整体看依然不完善，由于目前的教育法存在对农村教育投入的规定不具体、不系统、法律责任不明确等问题，因此有必要建立农村义务教育法律保障制度，明确各级政府对农村义务教育投入的责任，明确和完善农村义务教育制度，明确农村义务教育监督制度和法律责任等。

4. 要明确政府的职责和负担的比例

从教育经费的筹措看，省级政府负担的比例相对偏低，绝大部分资金主要来自市、县等基层地方财政支出。由于宁夏经济发展落后，部分市、县、镇级政府对农村义务教育的财政支出难以真正到位，因此，必须按照"明确各级责任、加大财政投入、提高保障水平、分步组织实施"的原则，建立自治区、直辖市、县、镇政府分项目、按比例分配农村义务教育经费保障机制，明确自治区、直辖市、县、镇四级财政分配及其各自经费投入的方向和重点，避免经费交叉重复使用，人为造成资源浪费。

专题二 精准扶贫与资源诅咒现象分析

自然资源是经济发展中的自然赋存优势，科技创新是后天发展中推动经济发展的重要因素，这对民族地区精准扶贫和精准脱贫至关重要。然而对于资源丰裕区，若长期发展依赖资源的单一产业，与本地区的其他产业如科技创新和人力资本积累之间会存在一种悖论，即对非资源型产业产生"挤出效应"，这会对民族地区的稳定脱贫产生重要影响。鉴于此，为了验证宁夏是否存在资源诅咒现象以及探究宁夏资源诅咒的传导机制，本书根据1995~2016年宁夏及全国统计年鉴数据，首先选取了宁夏GDP、教育事业投入、制造业部门投入、采矿业投入等相关指标，经过整理并建立多元回归模型。回归结果显示，宁夏采矿业固定资产投入水平和劳动力投入水平均与宁夏GDP增速存在负相关，表明宁夏确实存在"资源诅咒"现象。此外，为了解宁夏"资源诅咒"的成因，进一步对宁夏"资源诅咒"的形成机制进行探究分析，发现除了制度因素以外宁夏资源丰裕度对制造业、教育、科技创新都产生"挤出效应"，从而抑制宁夏经济的可持续增长和精准扶贫战略实施的长期效果。

一、宁夏"资源诅咒"现象的验证

（一）"资源诅咒"概念界定及其特征

资源诅咒是一个经济学理论，经济学家为解决"荷兰病"问题提出了资源诅咒这一概念，其中，奥蒂（Auty）在《矿物经济中的可持续发展：资源诅咒的概念》一书中第一次提出了资源诅咒的概念，它是指在经济长期增长过程中，那些自然资源丰裕，资源性产品占据主导地位的发展中国家反而要比那些资源贫乏国家的增长慢。资源诅咒常常通过自然资源对其他生产要素的挤出效应，即"资源诅咒"传导机制产生，具体表现为资源富集地区单一的产业结构所导致的资源型产业扩张，例如人力资本积累不足，产权制度不清晰诱使资源使用的"机会主义"行为及寻租活动的产生，造成资源利用低效，浪费严重，资源的开发加剧生态环境恶化等，这些传导机制最终成为地区经济增长的主要障碍。

（二）宁夏发展概况

宁夏回族自治区是中国五大自治区之一，地处中国西部的黄河上游地区，东邻陕西省，西部、北部接内蒙古自治区，南部与甘肃省相连，南北相距约456千米，东西相距约250千米，总面积为6.6万平方千米。宁夏以煤和非金属为主，金属矿产较贫乏，已获探明储量的矿产种类达34种。现有贺兰山、宁东、宁南、香山四大煤田以及长庆油田。从产业结构看，长期以来，煤化工产业是宁夏的支柱产业，产业结构中第二产业占较大比重。回顾过去40年，1978年改革开放时期，宁夏的GDP为13亿元，第二产业生产总值6.6亿元，产值为第一产业的2倍，第三产业总产值3.33亿元，三次产业所占比重分别为23.6%、50.8%和25.6%，可见当时的产业结构依然是工业占据半壁江山。如图4-10所示，"十一五"期间，第一产业由11%逐年下降至9%，第二产业与第三产业有所波动，第二产业从48.4%增加至49%，第三产业比重也缓慢上升，由40.6%增加到41.7%，通过数据可以发现宁夏的产业结构在不断优化,伴随着第二产业比重下降第三产业逐步兴起,但工业仍然是推动宁夏发展的主力军。

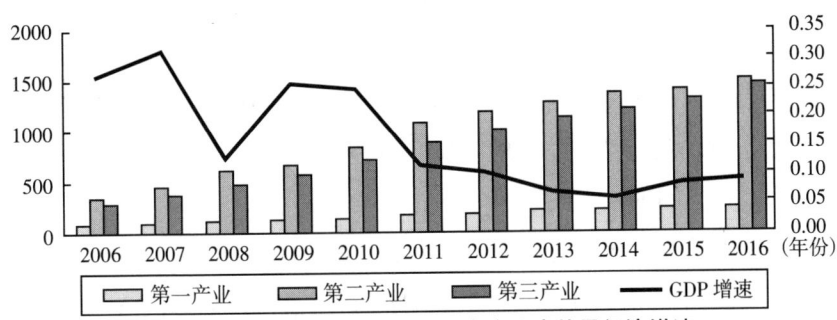

图 4-10　2006~2016 年宁夏三次产业产值及经济增速

资料来源:《宁夏统计年鉴》(2007~2017)。

"十二五"规划期间,宁夏着力推进以宁东能源化工基地为重点的新型工业化建设项目,将科技创新作为转方式、调结构的有力支撑。截至 2015 年末,全区煤炭生产能力达到 1 亿吨以上,煤化工产能达到 1000 万吨以上。截至 2016 年第一、第二、第三产业对经济贡献率分别为 7.6%、47%、45.4%。其中,第二产业中的工业占 33.3%,可以看出宁夏的发展对于资源的依赖程度仍然非常大。2017 年,宁夏 GDP 总值为 3453.93 亿元,增速为 7.8%,在全国其他省份中仍居倒数第三。从统计数据看,宁夏在转方式、调结构方面取得成效,经济不断发展的同时也存在不少问题,经济发展体量小,传统产业结构层次低、链条短,无法适应现代化生产要求,导致产品市场竞争力不强;经济发展方式集约化程度低,环境问题逐渐暴露;创新型人才紧缺,创新意识淡薄,致使整体科技创新水平不高,对经济贡献不足。当前这一现状在很大程度上制约了宁夏经济又好又快发展。

(三) 宁夏"资源诅咒"现象的直接观察和统计描述

截至目前,国内外专家学者采用了许多不同的资源禀赋测量方法,本书运用韩剑、徐康宁在《中国区域经济的"资源诅咒"效应:地区差距的另一种解释》一文中构造的资源丰裕度指数[①](RAI)反映宁夏资源禀赋状况。由于我国一次能源生产和消费总量占总体的比重大约为:天然气占 3%、石油占 18%、煤炭占

---

① 资源丰裕度指数:是指以各省天然气、石油、煤炭这三种矿产资源的基础储量占全国的相对比重来衡量各地区自然资源贫富的差异。

73%，据此分别赋予这三种资源的相对权重。

$$RAI = \frac{coal_i}{coal} \times 73 + \frac{oil_i}{oil} \times 18 + \frac{gas_i}{gas} \times 3 \qquad (4-1)$$

其中，$coal_i/coal$、oil_i/oil、gas_i/gas 分别为宁夏天然气、石油、原煤的基础储量占全国天然气、石油、原煤基础储量的比重。然后就宁夏与其他 30 个省份的资源充裕度指数和相应的人均 GDP 增速进行对比分析，以示宁夏的资源型产业发展与经济增长之间的相互关系。

在各地区物价基本统一的基础上，为了了解地区经济发展状况，本书选取各省人均 GDP 增速作为衡量地区经济增长的指标。具体计算公式为：

$$人均 GDP 年均增长率 = \frac{1}{T} LN \frac{rgdpt_0}{rgdpt_1} \qquad (4-2)$$

基期为 2007 年，报告期为 2016 年。其中，T 为 2007~2016 年样本数，$rgdpt_0$、$rgdpt_1$ 分别为 2007 年和 2016 年各省人均 GDP。根据以上公式计算可得到我国各个省份的人均 GDP 增速和资源丰裕度指数（RAI），具体如表 4-7 所示。

表 4-7　全国 31 个省份资源丰裕度指数（RAI）和人均 GDP 增速（2007~2016）

	资源丰裕度指数 RAI	排名	近十年人均 GDP 增速（%）	排名	FAL/GDP	排名
贵州省	2.907	8	17.30	1	1.413	29
重庆市	0.6947	18	15.08	2	1.1953	23
湖北省	0.161	22	14.66	3	1.092	18
陕西省	6.6471	4	14.38	4	1.2624	25
安徽省	2.2799	10	14.30	5	1.3387	27
宁夏回族自治区	1.2923	16	13.77	6	1.4079	28
广西	0.1255	25	13.64	7	1.1128	20
湖南省	0.3381	20	13.59	8	1.0185	15
四川省	2.1251	12	13.44	9	1.0294	16
江西省	0.1426	23	13.29	10	1.2335	24
海南省	0.0388	27	13.06	11	1.1028	19
云南省	1.7967	14	12.83	12	1.1733	21
西藏自治区	0.0032	30	12.78	13	1.5463	31
福建省	0.1163	26	12.65	14	0.9201	10

续表

	资源丰裕度指数RAI	排名	近十年人均GDP增速（%）	排名	FAL/GDP	排名
江苏省	0.5005	19	12.52	15	0.7675	6
吉林省	1.3503	15	12.30	16	1.0517	17
内蒙古自治区	17.0123	2	12.19	17	0.9953	13
河南省	3.0392	7	11.54	18	1.0167	14
甘肃省	2.1574	11	11.43	19	1.3254	26
青海省	0.8663	17	11.43	20	1.5112	30
山东省	4.0688	6	10.73	21	0.8218	7
新疆维吾尔自治区	7.7143	3	10.53	22	1.1818	22
天津市	0.2836	21	10.52	23	0.8904	9
浙江省	0.0124	29	9.90	24	0.6639	4
广东省	0.0251	28	9.40	25	0.438	3
黑龙江省	4.7231	5	9.31	26	0.7522	5
河北省	2.8314	9	9.27	27	0.9735	11
辽宁省	1.8828	13	8.61	28	0.8295	8
山西省	25.8164	1	8.35	29	0.9893	12
北京市	0.1256	24	8.10	30	0.4031	2
上海市	0	31	7.57	31	0.3031	1

资料来源：2007~2016年各省统计年鉴。

由表4-7可知，全国31个省市RAI平均值为2.94，人均GDP年均增长率的均值为11.89%。宁夏的RAI值为1.2923，居全国第16位，说明宁夏的资源优势比较明显。固定资产与国民生产总产值的比例关系也叫占投比，可以反映出经济的发展水平，占投比越低，说明投资的效率越高，占投比越高则反映出经济处于基础的建设状态，投资效率越低，经济发展水平越低。

此外，从表4-7不难看出，虽然宁夏的人均GDP值的年均增长率为13.77%，略高于全国平均水平，位居全国第六，但从全国31个省市FAI/GDP的比值看，宁夏固定资产与GDP的比值为1.4079，与全国其他省份相比排名在倒数第四位。也从另一个方面反映出宁夏的GDP总产值的金额虽然还在保持增长，但发展质量不高，GDP在很大程度上依赖于政府的投资。2012~2016年，宁夏采矿业和制造业固定资产投资占全社会固定资产投资的比重由37.2%下降至26.19%，总体接近总投资额的1/3，进一步表明宁夏经济的发展是以消耗大量的资源为代价的。宁夏当前投资结构中高耗能、低产出的产业投资占比较大，而符合新型工业化道路要求的产业投资比重亟待提高。尽管宁夏在转方式、调结构方面已经取得了一定成效，但粗放型的经济发展方式仍占较大比重，要彻底转变经济增长方式还有很长一段路要走。因此，从直观上看，宁夏是存在"资源诅咒"效应的可能性的。

为了进一步验证宁夏是否存在"资源诅咒"效应，本书引入齐中英、邵帅（2008）提出的能源开发强度（E）①。图4-11是宁夏2005~2015年能源开发强度（E）和宁夏地区生产总值增速之间的关系图。

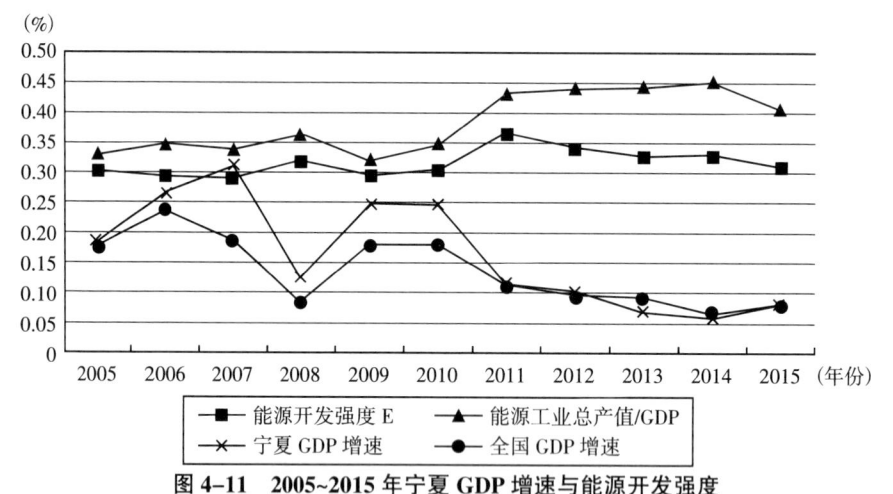

图4-11 2005~2015年宁夏GDP增速与能源开发强度

资料来源：《宁夏统计年鉴》（2006~2016）、《国家统计年鉴》（2006~2016）。

由图4-11可以看到：2005~2015年，宁夏的能源开发强度比较平稳且呈略有上升的态势，尤其是2010~2015年，宁夏的能源开发强度增加值不断增加，基本保持在30%左右，然而宁夏全省国内生产总值（GDP）增长却波动起伏且呈现出下降的趋势。此外，通过图4-11还可以发现，伴随着能源开发强度的增加，宁夏的能源工业总产值占全省GDP的比重也在同步上升，与此同时，宁夏的

---

① 能源开发强度：是由能源工业的产值占工业总产值的比重计算得到的。

GDP增速却一路下滑甚至在2013年低于全国GDP平均增长速度,并且后者的下降速度远远超过前者的增加速度。值得注意的是,2015年当能源工业总产值占全省GDP的比重有所下降时,宁夏GDP增长速度却有所上升,可见二者呈现此消彼长的关系。综上可知,宁夏在2005~2015年能源开发强度和能源产值占比的不断增加的同时,经济增长速度却呈反向变动。

表4-8 我国部分省(市、自治区)资源诅咒系数

年份	2007	2008	2009	2010	2011	2012	2013	2014	2015	2016	平均
山西省	7.46	7.12	7.36	7.43	7.49	8.09	7.61	8.34	10.82	10.87	8.26
宁夏回族自治区	2.76	2.61	3.20	3.38	3.42	3.49	3.49	3.39	3.16	2.98	3.19
内蒙古自治区	4.01	4.13	4.40	4.80	4.96	5.07	4.70	5.06	4.84	4.97	4.69
辽宁省	0.55	0.47	0.43	0.42	0.38	0.34	0.29	0.27	0.30	0.48	0.39
吉林省	0.61	0.63	0.66	0.65	0.60	0.62	0.37	0.35	0.33	0.35	0.52
黑龙江省	2.62	2.29	2.10	1.81	1.58	1.40	1.27	1.18	1.19	1.27	1.67
新疆维吾尔自治区	1.39	1.59	1.87	1.80	1.80	2.05	2.37	2.69	3.20	3.87	2.26
贵州省	3.61	3.65	4.20	4.47	3.87	3.42	3.21	3.01	2.81	2.61	3.49
陕西省	2.88	3.20	3.64	3.63	3.50	3.54	3.62	3.74	4.11	4.17	3.60

资料来源:《中国统计年鉴》(2008~2017)及各省统计年鉴。

如表4-8所示,为了更加准确地验证宁夏是否存在"资源诅咒"现象,本书采用资源诅咒系数这一指标将宁夏与山西省、内蒙古自治区、辽宁省等8个矿产资源丰裕的省份进行横向对比,进而了解宁夏的资源受到诅咒的程度强弱。用公式表示为:

$$ES_i = \frac{E_i / \sum_{i=1}^{n} E_i}{SI_i / \sum_{i=1}^{n} SI_i} \tag{4-3}$$

式中,ES_i、n、E_i、SI_i分别表示地区i的能源资源诅咒系数、地区数、表示地区i的一次能源生产量和地区i的第二产业产值。资源诅咒系数衡量的是一个地区经济发展状况与其地区资源优势的偏离程度的指标。资源诅咒系数越高,表示资源受到诅咒的程度越深,如果资源诅咒系数大于1,表示该地区并没有成功

的化资源优势为经济优势,资源受到了诅咒。由表4-8可以得知:2007~2016年,宁夏资源系数平均为3.19,在所选的9个省份中居第五位。宁夏资源诅咒系数 $4>ES_i \geq 2$,表明宁夏已经属于资源诅咒严重区。综上分析,宁夏是存在"资源诅咒"现象的。

(四)宁夏自然资源对经济增长影响的定量分析

1. 模型构建和变量选取

为了更加深入地了解宁夏自然资源因素对经济增长的影响,本书选取了较有代表性的9个指标建立多元回归模型: $Y = C + \alpha_1X_1 + \alpha_2X_2 + \alpha_3X_3 + \alpha_4X_4 + \alpha_5X_5 + \alpha_6X_6 + \alpha_7X_7 + \alpha_8X_8 + \varepsilon$,模型中各变量的具体定义如表4-9所示:

表4-9 变量定义与计算

变量	变量定义	变量计算
Y	宁夏经济增速	Y = 宁夏GDP$_{当年}$/宁夏GDP$_{上年}$ - 1
X_1	采掘业固定资产投入	X_1 = 采掘业固定资产投资/固定资产投资总额
X_2	制造业固定资产投入	X_2 = 制造业固定资产投资/固定资产投资总额
X_3	采掘业部门劳动投入	X_3 = 采掘业从业人数/全区职工总数
X_4	制造业部门劳动投入	X_4 = 制造业从业人数/全区职工总数
X_5	科技资金投入	X_5 = 科研三项支出/总财政支出
X_6	教育投入	X_6 = 教育支出/总财政支出
X_7	科技服务劳动投入	X_7 = 科研和综合技术服务从业人数/全区职工总数
X_8	对外开放程度	X_8 = 进出口贸易总额/宁夏国内生产总值

资料来源:《宁夏统计年鉴》(1996~2016)、《宁夏财政年鉴》(1996~2016)。

2. 计量模型的检验

由于模型是包含时间序列数据的多元回归方程,所以要对所需样本数据做相关检验,以使得模型参数的数值符合经济理论或实际经验。

(1)单位根检验。时间序列数据在使用之前都需要检验其平稳性。因此在回归之前先用 ADF 检验法对数据的平稳性进行检验,检验结果如表4-10所示。

从表4-10中可以看出,模型中所选取的9个变量取对数后再逐一进行差分,在二阶差分后,各变量的 ADF 统计值均小于在1%假设水平下的临界值,所以在1%假设水平下可以拒绝原假设,所以本书的多元回归方程中所选用的序列数据

表 4–10 单位根检验结果

变量	ADF 统计量	临界值 1%	临界值 5%	临界值 10%	P 值
$\ln y$	−0.44051	−2.6968	−1.9602	−1.6251	0.9654
$\Delta_2 \ln y$	−6.852846	−2.7158	−1.9627	−1.6262	0.0000
$\ln X_1$	0.437881	−2.6968	−1.9602	−1.6251	0.6670
$\Delta_2 \ln X_1$	−3.016626	−2.7158	−1.9627	−1.6262	0.0087
$\ln X_2$	−0.633958	−2.6968	−1.9602	−1.6251	0.5345
$\Delta_2 \ln X_2$	−4.834877	−3.8877	−3.0521	−2.6672	0.0003
$\ln X_3$	0.034877	−2.6968	−1.9602	−1.6251	0.9726
$\Delta_2 \ln X_3$	−4.633085	−2.7158	−1.9627	−1.6262	0.0003
$\ln X_4$	−0.169948	−2.6968	−1.9602	−1.6251	0.8671
$\ln X_5$	−0.610221	−2.6968	−1.9602	−1.6251	0.5498
$\Delta_2 \ln X_5$	−5.743554	−2.7158	−1.9627	−1.6262	0.0000
$\ln X_6$	0.132592	−2.6968	−1.9602	−1.6251	0.8691
$\Delta_2 \ln X_6$	−5.958265	−2.7158	−1.9627	−1.6262	0.0000
$\ln X_7$	−0.941926	−2.6968	−1.9602	−1.6251	0.3594
$\Delta_2 \ln X_7$	−5.178131	−2.7158	−1.9627	−1.6262	0.0001
$\ln X_8$	−0.011208	−2.6968	−1.9602	−1.6251	0.9912
$\Delta_2 \ln X_8$	−5.97254	−3.8877	−3.0521	−2.6672	0.0000

注：数据由 Eviews 软件计算结果整理得到。表中 ln 表示对原数据取对数，Δ_2 表示对变量的二阶差分。

是二阶单整的。

（2）协整检验。在时间序列分析中使用的时间序列必须是稳定的，即没有随机趋势，否则会出现"伪回归"问题，但实际经济中的时间序列数据通常都不具有平稳性，通过差分可以使其趋于平稳，如果变量是长期稳定的，则变量是协整的。据此本书采用 E-G 两步检验法对方程的残差序列 E 进行 ADF 检验，Eviews 软件输出的具体检验结果如表 4–11 所示：

表 4–11 中显示的残差序列 E 的 ADF 统计值为−5.6068，小于在 1%假设水平下的临界值−4.7315，故在 1%水平下拒绝原假设，表明残差序列 E 是平稳的，本书构建的时间序列多元回归模型的变量之间是协整的。

表 4–11　协整检验结果

		1%	−4.7315
ADF 统计值	−5.6068	5%	−3.7611
		10%	−3.3228

变量	系数	标准误	T 统计量	P 值
残差序列一阶滞后一阶差分	−2.4224	0.4321	−5.6068	0.0002
残差序列一阶滞后二阶差分	0.5941	0.2488	2.3876	0.0360
常数项	−0.3779	0.6724	−0.5619	0.5854
R^2	0.8381	F 统计量		18.9842
调整后的 R^2	0.7940	P 值（F 统计量）		0.0001

（3）序列相关性检验。检验解释变量与随机误差项是否具有相关性可以防止出现以下不良后果：①参数的估计量非有效，即方差不再是估计值中最小的；②变量的显著性检验将会失去意义；③模型的预测失效。本书用 LM 检验法（拉格朗日乘数检验）来检验。

Eviews 软件输出结果如表 4–12 所示。表 4–12 中残差序列一阶滞后项的 P 值是 0.8695，在 10% 的假设水平下接受原假设，表示数据不存在序列相关性。

表 4–12　Breusch–Godfrey 检验（LM 检验）

变量	系数	标准误	t 统计量	P 值
X_1	−0.0195	0.5322	−0.0366	0.9715
X_2	0.0276	0.4977	0.0554	0.9569
X_3	0.0566	0.6745	0.0839	0.9348
X_4	0.1144	1.5112	0.0757	0.9412
X_5	−0.0121	0.5027	−0.0240	0.9813
X_6	0.0005	1.4981	0.0003	0.9997
X_7	−0.0247	0.7157	−0.0345	0.9732
X_8	−0.0464	0.5063	−0.0916	0.9289
残差序列一阶滞后	0.0703	0.4169	0.1686	0.8695
R^2	−0.0024	调整后的 R^2		−0.8043

（4）异方差检验。简单线性回归模型的基本假定之一是同方差性，即被解释变量观测值的离散程度不会随着解释变量的变化而变化，随机扰动项的条件方差

等于常数。若线性回归模型违背这一假定，则表示该模型存在异方差性。若线性回归模型存在异方差性，则对模型会产生以下后果：参数的 OLS 估计仍具有无偏性，但不能保证 OLS 估计方差最小，而且当随机误差项存在异方差时，t 检验和 F 检验不是有效的，严重影响模型的正确建立。由于本书所用数据均为人工调研和统计数据所得，因此在一定程度上的主观性不可避免，所以拟运用加权最小二乘法修正异方差，由 Eviews 软件得出的具体模拟结果如表 4-13 所示。

表 4-13 加权最小二乘法修正异方差结果

变量	系数	标准误	t 统计量	P 值
C	−0.0232	0.0546	−0.4254	0.6796
X_1	−0.3781	0.2516	−1.5024	0.1639
X_2	0.8398	0.3227	2.6022	0.0264
X_3	2.2137	0.4130	5.3596	0.0003
X_4	4.3423	1.1119	3.9052	0.0029
X_5	−0.3172	0.3145	−1.0086	0.3369
X_6	2.2530	0.9248	2.4361	0.0351
X_7	−1.1655	0.5140	−2.2677	0.0468
X_8	−1.2318	0.2687	−4.5848	0.0010
加权统计				
R^2	0.9531	调整后的 R^2		0.9155
F 统计量	20.3866	P 值（F 统计量）		0.0000
未加权统计				
R^2	0.6316	调整后的 R^2		0.3368

经过以上的检验分析，依据 Eviews 软件输出结果整理得到如下多元回归方程：$Y = -0.0232 - 0.3781X_1 + 0.83982X_2 + 2.2137X_3 + 4.3423X_4 - 0.3172X_5 + 2.253X_6 - 1.1655X_7 - 1.2318X_8$。

3. 计量结果分析

通过分析上述多元回归方程的系数，发现代表制造业部门固定资产投入的变量 X_2、代表采掘业部门劳动投入的变量 X_3、代表制造业部门劳动投入的变量 X_4 和代表教育事业投入的变量 X_6 均与宁夏的经济增长 Y 存在正相关关系，而采掘业部门的投入水平、科研资金投入、科技服务劳动投入与宁夏的经济增长存在负相关关系。制造业固定资产投入水平前面的系数为0.8398，这说明制造业部门的投入水平促进了宁夏的经济增长。采掘业部门的劳动投入和制造业部门的劳动投入前面的系数分别为2.2137和4.3423，意味着在这两个部门投入劳动都能有效地促进宁夏经济增长，但制造业部门对宁夏经济增长的贡献要大于采掘业部门。教育事业投入系数为2.253，对宁夏的经济增长起到了一定的促进作用，这是符合实际情况的。教育投入可以加快人力资本的积累，从而提高劳动生产率，促进经济发展。

采掘业部门的投入水平前面的系数为-0.3781，表明采掘业部门投入抑制了宁夏的经济增长，这与当前的产业结构特征是相符合的。科技资金投入和科技服务劳动投入前面的系数分别为-0.3172和-1.1655，表面看起来对宁夏的经济增长起到抑制作用，这是因为科技费用以及人员的投入所产生的效应存在滞后性，而且产品研发、开发、试验直至对经济产生影响需要一定的时间。因此，宁夏本来经济发展缓慢，又由于资源型产业占比高，科技投入少，导致科技对经济的贡献不足，最终导致资源诅咒现象产生。总之，从计量分析结果可以看到，在宁夏经济发展过程中是存在"资源诅咒"现象的。那么长期以来丰富的资源使宁夏经济增长受到诅咒的传导机制又有哪些呢？

二、宁夏"资源诅咒"效应传导机制探析

截至目前，国内外许多专家学者对"资源诅咒"效应的传导机制进行了广泛研究。从现有的研究成果可以发现"资源诅咒"传导机制随研究对象不同而不同，并且传导途径众多，但是也存在一些具有共性的传导机制。本书将从以下几个方面来分析宁夏"资源诅咒"效应的传导机制。

（一）"资源诅咒"的"挤出"效应

1. 对制造业产生的"挤出"效应

单一的以资源为基础的产业结构容易导致资源丰富的地区饱受"荷兰病"的困扰，资源部门的扩张将在一定程度上排挤制造业和服务业的发展，降低资源配置的效率。宁夏的煤炭资源在全国各省中排名第六，丰富的煤炭资源是否会对宁

夏的制造业产生"挤出"作用呢？

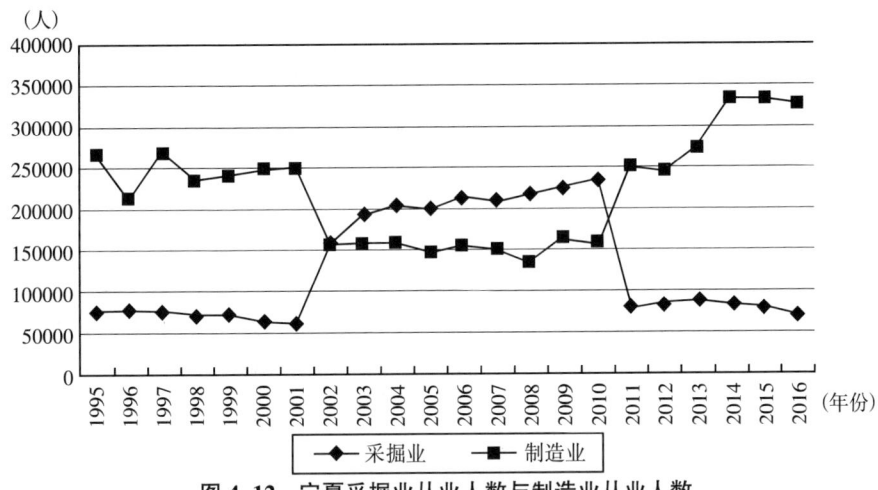

图 4-12　宁夏采掘业从业人数与制造业从业人数

资料来源：《宁夏统计年鉴》(1996~2017)。

由图4-12可以看到1995~2016年宁夏采掘业和制造业两大部门职工从业人数的变化趋势。1995~2010年，制造业从业人员呈下降的趋势，然而同期采掘业部门的职工人数却持续增加，到2011年，制造业人数超过采掘业部门。因此，从行业从业人员的角度来看，采掘业在一定程度上对制造业产生了"挤出效应"。

表4-14是2000~2016年宁夏与全国采矿业和制造业城镇单位就业人员平均工资。从表中可以看出，宁夏采矿业从2000年以来一直逐年以较快的速度增长，且从业人员平均工资水平高于采掘业全国平均水平。2016年，宁夏采掘业城镇单位从业人员的平均工资是94718元，比2000年的9361元增加了85357元，制造业从业人员平均工资由2000年的7946元增加到2016年的52660元，增加了44714元。采掘业部门平均工资的增加值比制造业部门的增加值多40643元。采掘业部门平均工资是制造业部门的近2倍。2016年中国采掘业部门平均工资为60544元，比2000年的8340元增加了52204元，但制造业部门从业人员平均工资由2000年的8750元增加到2016年的59470元，增加了50720元，增加值比采掘业部门少1484元，并且采掘业部门平均工资的增加值是制造业部门的1.03倍以上。由表4-14可知，宁夏采掘业平均工资都高于全国采掘业，制造业平均工资水平却低于全国水平。此外，宁夏采掘业平均工资增幅也远高于全国平均水

平。由此得出以下结论：宁夏的采掘业在工业中长期占据主体地位，明显排挤了制造业的发展，且其"挤出效应"要高于我国平均水平。

表4-14 宁夏与全国采掘业和制造业城镇单位就业人员平均工资

单位：元

年份	采掘业		制造业	
	宁夏	全国	宁夏	全国
2000	9361	8340	7946	8750
2001	7365	9586	5995	9774
2002	11973	11017	9553	11001
2003	14573	13627	10424	12671
2004	17299	16774	11875	14251
2005	25827	20449	13555	15934
2006	35382	24125	15970	18225
2007	42299	28125	23015	21144
2008	52282	34233	23015	24404
2009	57106	38038	24431	26810
2010	71685	44196	29560	30916
2011	78338	52230	35503	36665
2012	77581	56946	39543	41650
2013	81809	60138	43353	46431
2014	83893	61677	50028	51369
2015	79347	59404	51636	55324
2016	94718	60544	52660	59470

资料来源：《中国统计年鉴》（2001~2017）。

基于以上分析，可以得出如下传导机制：宁夏采掘业工资水平高于制造业，导致制造业更多的劳动力流向采掘业，制造业难以继续扩大生产规模。为了继续生产活动，制造业部门必须通过提高职工工资水平留住劳动力，于是陷入扩大生产与成本居高不下的两难境地。传统制造业作为技术创新的载体，其规模不断缩减会抑制科技创新水平的提高，这种周而复始的恶性循环不利于宁夏经济可持续发展。

2. 对技术创新产生的"挤出"效应

科技在现代生产生活中起着至关重要的作用。在现代化进程不断加快的时代，各个行业竞争十分激烈，而科技无疑是核心竞争力。科学技术发达程度是衡量地区经济发展的一项重要指标，传统产业与高新技术融合发展逐渐成为地区产业发展的主流趋势。因此，在技术上创新已经成为地区优化产业结构，转变经济发展方式的主要路径。对于资源充裕的西部落后地区，为了推动经济发展一般都会以所在区域最丰裕的自然资源作为主导产业，长期以来，会对以科技为主导的新兴产业产生"挤出"效应，宁夏作为一个拥有丰富煤炭资源但经济发展落后的地区，这些丰富的资源会带来对科技的"挤出"效应吗？

图4-13~图4-15反映了宁夏与全国国内三项专利申请受理数和授权数之间的关系。可以看出，近17年来，宁夏国内三项专利受理数增长率和授权数增长率与全国相比波动幅度较大，而且除去极个别年份，宁夏大多数年份都低于或者与全国平均水平基本一致，说明宁夏的技术创新实力薄弱但创新发展空间较大。总之，宁夏国内三种专利的申请与授权均落后于全国大多数省份，尤其同我国其他发达省份相比仍有较大差距。从图4-15宁夏国内三项专利申请受理数和授权数占全国比重看，2000~2010年处于持续下降的状态，2011~2016年虽然趋于平稳，但是比重极低，几乎接近零。这也再次表明宁夏科技创新水平极低。

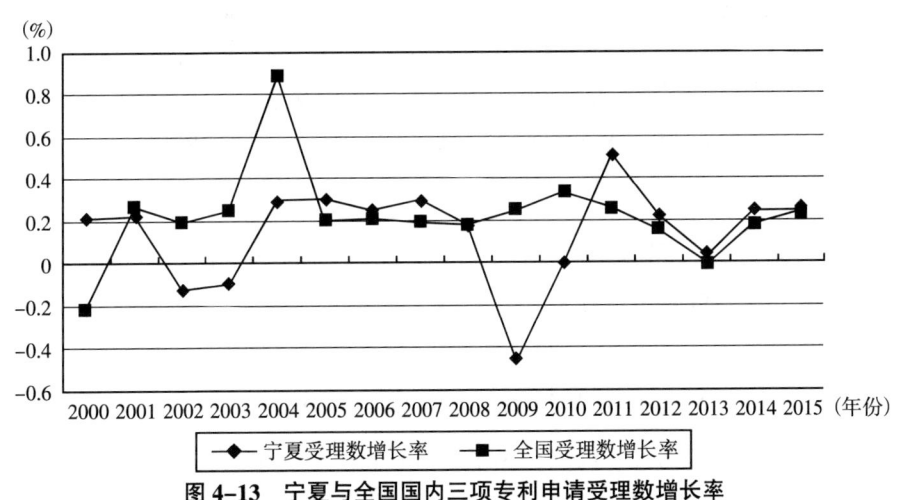

图4-13　宁夏与全国国内三项专利申请受理数增长率

资料来源：历年《宁夏统计年鉴》《全国统计年鉴》。

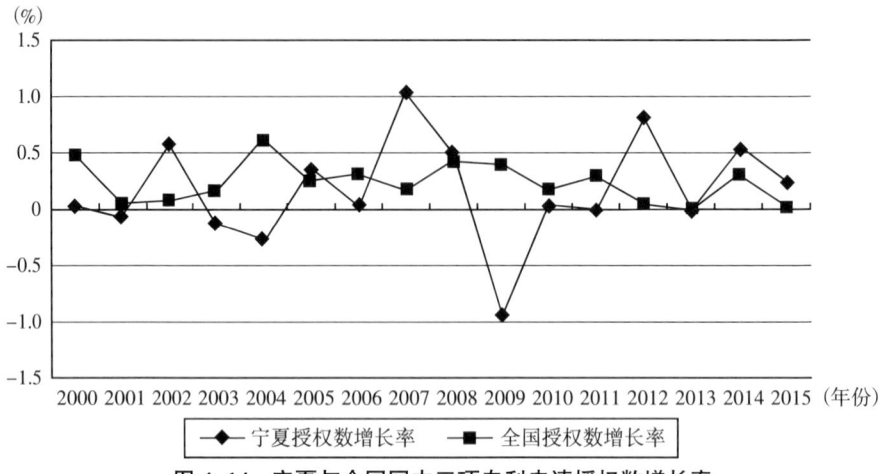

图 4-14　宁夏与全国国内三项专利申请授权数增长率

资料来源：历年《宁夏统计年鉴》《全国统计年鉴》。

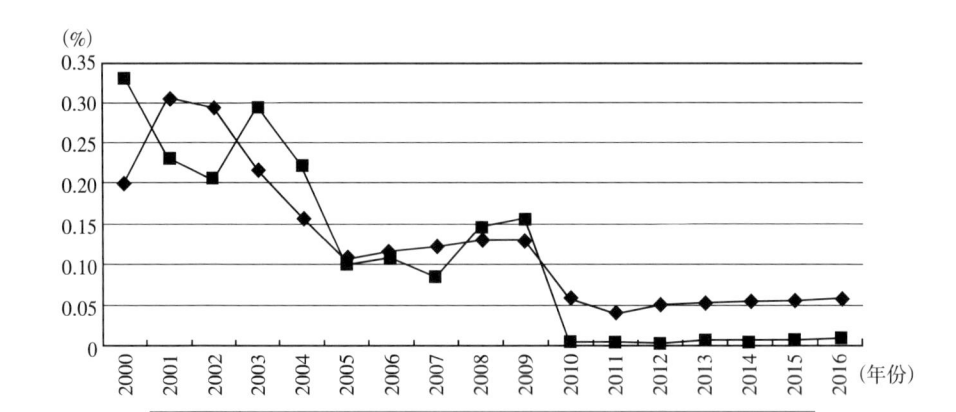

图 4-15　宁夏国内三项专利申请受理数和授权数占全国的比重

资料来源：历年《宁夏统计年鉴》《全国统计年鉴》。

综上所述，从宁夏国内三项专利受理数与授权数总量、增长率以及占全国比重方面来看，宁夏的科技创新水平与能力非常薄弱，与全国其他省份的差距非常悬殊，在全国处于落后水平，这与宁夏资源排名第六位是完全不符合的。其原因是宁夏长期依靠煤炭资源发展资源型产业，对劳动力素质和技术创新能力要求极低，更多的是广泛吸纳对工资福利水平要求较低的廉价劳动力，这样就很难满足拥有尖端技术的高素质人才对高工资福利水平与更优越的工作环境的需求。因此，人才供求结构性矛盾使他们流向发达省份从而谋求更好的发展机会，最终导致宁夏本地高素质人才外流现象严重，科技创新后劲不足，人力资本积累不足更形不成规模效应。人力资本积累不足与科技创新动力不够形成的恶性循环是宁夏经济发展落后于其他省市的原因之一。总的来说，宁夏的优势资源在一定程度上对技术创新产生"挤出"效应，最终影响经济的持续健康发展。

3. 对教育产生的"挤出"效应

百年大计，教育为本。在当今世界，国与国、地区与地区之间的竞争中，人才成为最关键的因素，人才是科学技术发展的先决条件。只有将人力资本转化为经济的增长，地区的经济发展才具有动力。在上文的论述中可以得知，宁夏的资源禀赋对制造业和科技都产生"挤出"效应，而人才与科学技术处于同等重要的地位，资源优势会不会对人才产生"挤出"效应呢？为了方便研究，本书以教育经费指标代替人力资本。

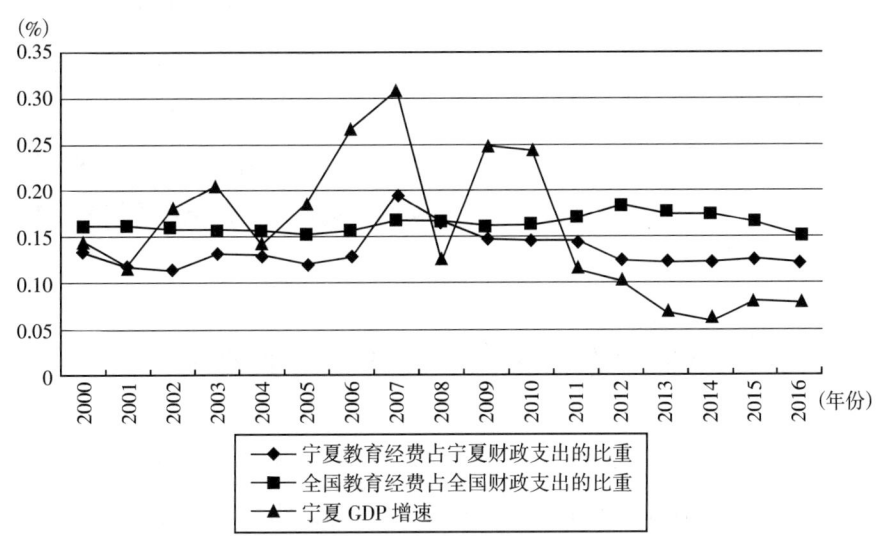

图 4-16　宁夏与全国教育经费占各自财政支出的比重和宁夏 GDP 增速

资料来源：历年《宁夏统计年鉴》《全国统计年鉴》。

从图 4-16 可知，从 2000 年开始，我国教育经费在财政支出中所占比重的波动幅度很小，基本保持在 15%，历年教育经费支出比较稳定。宁夏教育经费占财政支出的比重除 2007 年之外，以较小的幅度在降低。除 2007 年教育经费占财政支出比重高于全国水平外，其他年份均低于全国水平。说明宁夏教育支出在地方财政中占比较小，投资水平低，对教育的重视程度有所欠缺，会对宁夏经济持续健康发展带来严重的影响。教育投资具有一定程度的滞后性，增加教育投资，经过一个较长的周期之后才会对经济发展产生积极效果。反之，如果减少教育投资，在一定的周期后同样会对经济增长产生抑制作用。宁夏属于后一类，长期发展对劳动力素质要求极低的资源型产业会忽略了发展教育事业的重要性，并将继续降低对教育事业投入水平，劳动力受教育水平整体低下会抑制人力资本积累，在知识经济背景下，宁夏经济发展势必会遇到瓶颈。因此，资源丰裕度同样会间接地影响教育事业的发展。

（二）产权界定不清导致资源诅咒

长期以来，我国在发展过程中还存在很多不够成熟的地方，例如，法律不健全，市场体制有待完善，导致资源产权制度漏洞百出。尽管国家在法律上规定矿产资源归国家所有，但在实际开采过程中，真正的所有权并没有得到进一步的保障，地方政府和各级资源管理部门，常常对所有权、经营权以及收益权混淆。对煤矿开采监管不够，致使许多地方小型煤矿非法违规经营，这种不规范的开采不仅导致了矿产资源的严重浪费，没有达到资源的优化配置，而且，煤矿安全事故频频发生。废弃物的大量排放导致环境污染严重，石嘴山市大气污染现象最为严重。这些问题往往会阻碍宁夏各项改革事业的顺利推进，甚至严重影响宁夏经济发展效益和质量。

三、破解宁夏"资源诅咒"现象的对策建议

所有的研究，不管是理论还是研究，都是基于现实出现的问题而提出的，目的也都是为了更好地解决现实问题。同样，"资源诅咒"假说的提出也是为了有效地解决"富饶的贫困"这一现象。总体而言，对于资源诅咒传导机制的各个环节，不同的专家学者提出了不同的解决方案。有人建议将自然资源留在地底下，有人建议顶层设计推进转型。对于宁夏而言应该怎样避开资源诅咒，实现稳固脱贫？本书基于以上分析为宁夏破解资源诅咒提出以下几点参考建议。

（一）注重科技创新，调整优化产业结构

宁夏长期依靠优越的资源禀赋发展资源型产业，产业结构单一，而且资源能耗大，成本高，产品附加值低，资源利用低效导致浪费现象严重。根据以上现

象,本书建议应从以下几方面进行改善:

第一,要在煤炭资源尚未枯竭之时就应对产业进行提升与发展,并且要不断加强科技投入,引进先进的科学技术与工艺,对于煤炭的加工要由起初的开采和初加工逐步转变为深加工,逐步发展高精度、高附加值、高科技含量的终端产品。

第二,培育新的接续替代产业来代替煤炭产业。宁夏应从实际出发,发挥煤炭资源优势,积极寻找其他新能源产业替代现有产业,不断提高深加工产品的比重。比如神华宁煤400万吨/年间接煤制油、神华百万吨煤炭直接液化项目等现代煤化工示范工程。

(二) 加强对教育和人力资本积累的重视程度,减少人才外流

人力资本是一个地区持续经济发展的动力,教育是人力资本积累的不二法门。宁夏长期以资源型产业为主导,对于教育事业的发展重视程度还不够,导致劳动力素质整体较低,高素质人才外流,这对宁夏经济增长产生了严重的负面影响。因此,为了改善宁夏当前的现状,应做到以下几点:

首先,重视本地人才培养。政府应充分立足于宁夏本地区的人力资源,注重财政资金的持续投入,通过广泛开展职业技能培训促进人才的形成发展与进步,实现人才的多渠道就业。

其次,对于从外引用人才,应结合宁夏本地特色、地区实际财政实力,打造有活力的城市环境等因素制定有吸引力的引才政策。

最后,个体本身也要积极发挥主观能动性,利用网络资源不断更新自己的知识储备,提高职业素养,为宁夏经济发展做出贡献。

(三) 发展循环经济,实现绿色可持续发展

发展循环经济是解决宁夏资源与环境问题的最优选择,是经济社会可持续发展的重要途径,能够充分提高资源和能源的利用效率,保护生态环境。宁夏要从根本上改变粗放型增长方式。

首先,要扭转对资源开发和投资依赖性强这一现状,针对传统产业要调结构、提效率,具体落实在开发新能源产业,摆脱高耗能、高污染行业,朝着绿色清洁产业迈进。同时,重视培植新兴产业,加快生态工业园区建设,形成多元化的能源供给体系。

其次,通过绿色消费教育,提高公众的环保意识和绿色消费意识,努力在全

区范围内全面推行循环经济发展。

(四) 大力发展全域旅游，重塑经济增长引擎

宁夏有冬季严寒、夏季凉爽的气候资源，同时，黄河水从宁夏流淌而过，造就了"天下黄河富宁夏"美好景象，贺兰山横穿大漠，六盘山红色旅游文化发展前景广阔，还有悠久的西夏文化，这些富有宁夏特色的自然资源与人文资源都为宁夏旅游业发展奠定良好的基础。

首先，要抓住"全域旅游"机遇，利用宁夏特色旅游资源，不断打造旅游线路，丰富旅游项目，打造真正能够吸引游客眼球生态观光旅游业，使旅游业成为带动宁夏发展的先导产业。

其次，旅游部门要重视培养一批服务意识强、专业素质高的旅游专业人才；与此同时也要加强旅游市场的监管，避免旅游行业不正之风，不断提高服务质量，树立宁夏旅游业良好的形象。

最后，要继续完善景区内部、各景区之间沿途基础设施建设，加快宁夏乡村旅游基础设施建设，发挥乡村旅游的重要作用。最终打造出一条富有宁夏特色的旅游路线，让从"景点旅游"走向"全域旅游"的旅游业成为带动宁夏经济发展的新引擎。

(五) 推进金融创新，加快产业融合，协同发力

随着经济全球化的深入发展，全球资源加快向以中国为代表的新兴市场转移和集聚。中国人民币加入特别提款权（Special Drawing Right，SDR），亚投行以及丝路银行的设立运营等一系列举动都为宁夏金融业发展提供了良好的机遇。宁夏要继续打"开放牌"，走"开放路"，主动融入全国和世界发展大格局，借助互联网科技发展，大力发展互联网金融，提高金融风险防范能力，努力适应现代金融发展要求。同时，要加快金融业与新型煤化工、现代轻纺、葡萄、枸杞等优势产业以及现代物流业、信息产业、文化旅游等新兴产业融合。实现金融业与非金融业互动融合，协同发力，更好地为宁夏经济增长服务。

(六) 明晰产权，健全资源监管机制

合理的产权制度安排是资源优化配置的基础。对于宁夏目前自然资源产权安排方面存在的问题，首先，要实行资源使用者支付制度，对于要获得自然资源使用权的组织机构需要根据资源的性质和用途做出不同的规定。

其次,要加快引进自然资源产权代理者竞争机制,并将生态环境指标作为量化评估各个代理人的生态环境保护绩效的指标体系,通过政府间的竞争,更好地化传统 GDP 为绿色 GDP。

最后,相关部门要各司其职,加强对煤矿安全监管,严格按照国家标准执行,对不合理、不合法经营进行整治,为煤矿安全保驾护航。建立公开透明的资源管理机制,用政府调控和行政法规等多种形式对资源交易开发进行监控,规范市场行为,营造公平、公正的市场环境。

专题三　精准扶贫与民族地区金融贫困

改革开放以来,我国民族地区的金融业得到了快速发展。但和东部沿海地区相比,我国民族地区的金融业发展水平较低,而且差距在不断拉大,很多民族地区金融业发展依旧不能独立运行,需要国家的支持和帮助。金融贫困极大地影响了民族地区的经济发展和现代化建设,更影响到其精准扶贫的效果。因此,民族地区如何摆脱金融贫困迫在眉睫。以宁夏为例,首先,从民族地区信贷、金融发展环境、资本市场和保险资金等方面阐明民族地区金融发展现状;其次,从政策、制度、地理环境等角度解析民资地区金融贫困的原因;再次,从经济发展、经济成本、产业结构等方面分析民族地区金融贫困的影响;最后,对民族地区金融贫困提出相应的对策或建议。

一、民族地区金融发展现状

我国现有的 5 个民族自治区分别是宁夏回族自治区、西藏自治区、新疆维吾尔自治区、内蒙古自治区、广西壮族自治区,而且在很多省份都有自治州、自治县等少数民族自治地方。行业内研究民族地区金融发展会采取不同的方法或相关金融指标,本书选取了一些金融指标,用对比分析的方法说明宁夏地区金融发展现状。

首先,从对比对象上说,上海市处于东部沿海地区,是我国的经济中心,同时是我国金融业最发达的地区之一;另外,湖北省属于我国中部地区,其金融发展较快,也是我国少数民族较多的省份之一,具有一定的代表性,从东中西的角度对比说明民族地区金融发展现状。

其次,从对比基数看,宁夏地区基数较少,湖北省和上海市属于大省,所以研究在对比上,数据以省级为主,同时与全国进行比较,用相应的金融指标所占全省的百分比进行比较分析。

最后,从选取的金融指标上,资料来源于各省和国家统计年鉴。宁夏与湖北省、上海市相比存在一定的差距,但以此更能说明我国民族地区金融的真正落后性。

(一) 从信贷角度看民族地区金融发展现状

从存款规模来看,根据宁夏、湖北、上海和全国2012~2016年主要年份金融机构人民币各项存款余额表,2012~2016年各项存款分别为3495.41亿元、3868.4亿元、4209.06亿元、4805.15亿元、5441.54亿元;各项存款增速分别为10.67%、8.80%、14.16%、13.24%;总体上来说,增速平均为11.72%。湖北省2012~2016年各项存款分别为28257.85亿元、32902.83亿元、36494.82亿元、41345.88亿元、47284.95亿元;各项存款增速分别为16.44%、10.92%、13.29%、14.36%;湖北各项存款平均增长率为13.75%。因此,2012~2016年,湖北各项存款平均增长率高于宁夏;在存款总量上,2012~2016年宁夏各项存款分别是湖北的12.37%、11.76%、11.53%、11.62%、11.51%,由此可见,2012~2016年宁夏地区平均存款只占到湖北的11.76%。

从表4-15中可以看出,2012~2016年上海金融机构存款余额分别为63555.25亿元、69256.32亿元、73882.45亿元、103760.60亿元、110510.96亿元;其增速分别为8.97%、6.68%、40.44%、6.51%;其平均增速为15.65%,就平均增速来说,高于宁夏各项存款的平均增速,但2013年、2014年以及2016年上海各个金融机构存款增速相对稳定,2015年较高;从存款总量上说,2012~2016年宁夏各项存款分别是上海金融机构存款的5.50%、5.59%、5.70%、4.63%、4.92%,因此,宁夏各项存款和上海相比较而言,只是上海金融机构存款的5%左右,比重依旧较小。

表4–15　2012~2016年宁夏、湖北、上海和全国金融机构人民币各项存款余额

单位：亿元

年份	宁夏各项存款	湖北各项存款	上海各项存款	全国各项存款
2012	3495.41	28257.85	63555.25	917555
2013	3868.47	32902.83	69256.32	1043847
2014	4209.06	36494.82	73882.45	1138645
2015	4805.15	41345.88	103760.6	1357022
2016	5441.54	47284.95	110510.96	1505864

资料来源：《宁夏统计年鉴》《湖北统计年鉴》《上海统计年鉴》和《国家统计年鉴》（2013~2017）。

首先，与全国相比，从存款总额上来看，2012~2016年宁夏每年的存款总额所占全国存款总额的百分比依次是0.38%、0.37%、0.37%、0.35%、0.36%，总体上来说，宁夏2012~2016年的存款总额和全国的存款总额比例大致相同。同时，宁夏的存款在全国看特别少，2012~2016年宁夏和全国的存款总额增速相比，宁夏的存款增速总体上高于全国存款增速。

表4–16　2012~2016年宁夏、湖北、上海和全国金融机构人民币各项贷款余额

单位：亿元

年份	宁夏各项贷款	湖北各项贷款	上海各项贷款	全国各项贷款
2012	3339.58	19032.24	40982.48	629910
2013	3910.15	21902.55	44357.88	718961
2014	4578.49	25289.82	47915.81	816770
2015	5117.82	29514.57	53387.21	939540
2016	5667.89	34530.72	59982.25	1066040

资料来源：《宁夏统计年鉴》《湖北统计年鉴》《上海统计年鉴》和《国家统计年鉴》（2013~2017）。

其次，从贷款规模看，表4–16中，宁夏2012~2015年的贷款随着时间的推移逐渐增加，其增速分别为17.09%、17.09%、11.78%、10.75%，说明宁夏2012~2016年贷款增速比较快，但是呈现递减趋势；宁夏2012~2016年贷款总额和湖北相比较而言，宁夏5年的贷款比重占湖北贷款比重依次是17.55%、17.85%、18.10%、17.34%、16.41%，说明宁夏贷款占湖北的贷款比重比较平稳，从两地区的总体贷款增速来看，宁夏的增速比湖北的快；宁夏和上海相比较而言，从贷款总额来说，宁夏2012~2016年的贷款总额分别占上海的贷款总额

8.15%、8.82%、9.56%、9.59%、9.45%，整体上说明宁夏贷款总额所占上海贷款总额有所增加；从每年的贷款增速来看，宁夏的贷款增速均高于上海的贷款增速（见表4-17和表4-18）。

表4-17　2012~2016年宁夏与湖北贷款总额、增速以及比重

单位：亿元

年份	宁夏贷款总额	贷款增速	平均增速	湖北贷款总额	贷款增速	平均增速	宁夏/湖北
2012	3339.58	17.09	14.18	19032.24	15.08	16.06	17.55
2013	3910.15	17.09	14.18	21902.55	15.47	16.06	17.85
2014	4578.49	11.78	14.18	25289.82	16.71	16.06	18.10
2015	5117.82	10.75	14.18	29514.57	17.00	16.06	17.34
2016	5667.89			34530.72			16.41

资料来源：根据2013~2017年国家与地区统计年鉴整理计算。

表4-18　2012~2016年宁夏与上海贷款总额、增速以及比重

单位：亿元，%

年份	宁夏贷款总额	贷款增速	平均增速	上海贷款总额	贷款增速	平均增速	宁夏/上海
2012	3339.58	17.09	14.18	40982.5	8.24	10.00	8.15
2013	3910.15	17.09	14.18	44357.9	8.02	10.00	8.82
2014	4578.49	11.78	14.18	47915.8	11.42	10.00	9.56
2015	5117.82	10.75	14.18	53387.2	12.35	10.00	9.59
2016	5667.89			59982.25			9.45

资料来源：根据2013~2017年国家与地区统计年鉴整理计算。

根据以上对比可知，宁夏地区的贷款总额相对于上海和湖北来说，贷款总额较少，宁夏地区的贷款增长速度却较其他两地都高。

最后，与全国相比较，2012~2016年宁夏各项贷款总体上是5.3%左右，从各项贷款增长速度看，全国各项贷款平均增速为14.06%，宁夏各项贷款平均增速为14.08%，所以，宁夏各项贷款平均增速高于全国贷款平均增速（见表4-19）。

（二）从金融发展环境角度看民族地区金融发展现状

从政府管控的角度出发，政府管控是影响民族地区经济发展的重要因素之一，用地方财政支出的相应比重权衡民族地区市场化发展的程度，用地方财政支出与国民生产总值的比值来衡量金融的发展，如果民族地区市场化程度越低，政

府配置资源的程度越高，则该地区的金融发展则较慢，反之亦然。宁夏与上海、湖北和整个中国相比较，如表 4-20 所示。

表 4-19　2012~2016 年宁夏与全国贷款总额、增速以及比重

单位：亿元，%

年份	宁夏贷款总额	贷款增速	平均增速	全国贷款总额	贷款增速	平均增速	宁夏/全国
2012	3339.58	17.09	14.18	629910	14.14	14.06	0.53
2013	3910.15	17.09	14.18	718961	13.60	14.06	0.54
2014	4578.49	11.78	14.18	816770	15.03	14.06	0.56
2015	5117.82	10.75	14.18	939540	13.46	14.06	0.55
2016	5667.89			1066040			0.53

资料来源：根据 2013~2017 年国家与地区统计年鉴整理计算。

表 4-20　2012~2016 年宁夏、湖北、上海和全国的财政支出与 GDP 的比重

单位：%

年份	宁夏	湖北	上海	全国
2012	37.02	16.90	20.36	23.31
2013	36.30	17.63	20.35	24.23
2014	36.24	18.02	21.54	24.10
2015	39.32	20.75	24.14	26.23
2016	39.59	19.89	24.55	25.23

资料来源：根据 2013~2017 年中国部分地区统计年鉴整理计算。

首先，根据表中的数据可以看到，各个地方的财政支出占当地 GDP 的比重基本呈现增长态势，说明政府在资源配置上起着重要的作用，这和近年来我国在政策、资金上不断投入有着密不可分的关系。其中，宁夏地区的增速相对来说较明确，说明我国在少数民族地区的投入较大。由于民族地区经济发展相对落后，国家才制定相应的宏观政策进行调控，以保证民族地区资源得到更好的配置，帮助民族地区经济快速发展。另外，也不能长期依赖国家的宏观调控，需要给市场相应的空间。

其次，2012~2016 年湖北和上海的地方财政支出占 GDP 的比重增长较小，其中，2012~2015 年湖北增速基本呈递增趋势，2016 年相对较低；2012~2016 年上海增速也呈现递增趋势，说明国家在资源配置上其地位并未改变。

因此，在资源配置上，国家比较重视民族地区，但也说明民族地区在金融经济的发展上存在较大的问题。

（三）从资本市场角度看民族地区金融发展现状

从上市公司看，根据《宁夏统计年鉴数据》，2013~2016年宁夏上市公司总数保持12家不变。从总股本来看，2013~2016年总股本基数较小，增速分别为31%、9%、28%，说明总股本的增速不平稳；从总市值来看，2013~2016年增速分别为37%、67%、29%，相对来说增速较快；2013~2015年证券交易额较快，但2016年锐减，其增速起伏较大。从总体上来说，2013~2016年宁夏的上市公司总数虽然没变，但其总股本、总市值以及全年证券交易额都在快速增长，如表4-21所示。

表4-21 2013~2016年宁夏上市公司情况

单位：亿元，%

年份	总股本	总股本增速	总市值	总市值增速	全年证券交易额	证券交易额增速
2013	44.91	31	356.99	37	1549.84	53
2014	58.8	9	489.88	67	2373.58	277
2015	63.9	28	817.34	29	8937.41	-42
2016	81.83		1057.13		5156.8	

资料来源：《宁夏统计年鉴公报》（2014~2017）。

从2017年上海、宁夏、湖北上市公司排名、数量和所占百分比来看，宁夏在全国排第30名，其上市公司在全国中的比重较少，与湖北和上海相比较而言，宁夏的上市公司总数分别是湖北的11.9%和13.5%，所以，宁夏的上市公司相对湖北和上海来说同样微不足道，如表4-22所示。

表4-22 2017年上海、宁夏、湖北上市公司排名、数量和所占百分比

单位：家，%

排名	省份	数量	占比
5	上海	264	7.93
8	湖北	96	2.88
30	宁夏	13	0.39

资料来源：公开资料，智研咨询整理。

从 2012~2016 年票据融资来看，宁夏和上海相比而言，宁夏融资额较少；从宁夏地区票据融资增长速度来看，2012~2014 年增速较快，2014 年以后增速相对较慢，2015 年达到了 28.40%，总体上来说，增速较快，如表 4-23 所示。

表 4-23 2012~2016 年宁夏票据融资情况

单位：亿元，%

年份	宁夏票据融资	增速
2012	107.43	12
2013	120.09	53
2014	183.9	66
2015	305.21	28.40
2016	392	—

资料来源：《宁夏统计年鉴》（2013~2017）。

（四）从保险资金角度看民族地区金融发展现状

保险属于金融业，保险的发展与金融的发展密不可分，良好的金融可以为保险业创造更好的发展环境。以下是宁夏、湖北、上海以及全国的保费收入情况，如表 4-24 至表 4-27 所示。

表 4-24 2012~2016 年宁夏保险收入情况

单位：亿元

年份	全年保费收入	财产保险收入	寿险收入	健康收入	意外伤害险收入
2012	62.70	26.50	28.70	5.80	1.70
2013	72.70	31.40	32.11	7.16	2.04
2014	83.92	36.37	36.05	9.09	2.41
2015	103.31	41.01	47.43	11.90	2.97
2016	133.90	46.09	68.22	16.07	3.52

资料来源：《宁夏统计年鉴》（2013~2017）。

从 2012~2016 年宁夏全年保费收入来看，2012~2016 全年保费增速分别为 15.95%、15.43%、23.11%、29.61%，平均增速为 21.02%；湖北 2012~2016 年全年保费收入增速分别为 10%、19%、20%、25%，平均增速为 17%，宁夏平均增速高于湖北；从总量上来说，宁夏 2012~2016 年保费收入是湖北的 12% 左右；上海 2012~2016 全年保费收入增速分别为 0.1%、20.13%、14.03、35.91%，平均增速为 17.51%；宁夏 2012~2016 年全年保险收入高于上海，总量上宁夏是上海的 8% 左右，2012~2016 年全国的全部保费收入为 17%、20%、16.5%、19.5%，平均增速为 18.5%，说明在保费增长速度上宁夏地区较快。

从 2012~2016 年保费支出看，宁夏 2012~2016 年的保费支出分别为 19.99 亿元、24.04 亿元、29.31 亿元、34.21 亿元、42.84 亿元，对比湖北和上海以及全国的保费支出来看，宁夏保险支出较少，如表 4-25 所示。

表 4-25　2012~2016 年宁夏保险支出情况

单位：亿元

年份	各类赔款和给付	财产险赔付	寿险给付	健康险给付	意外伤害险给付
2012	19.99	13.16	4.64	1.69	0.48
2013	24.04	15.79	5.76	1.96	0.52
2014	29.31	19.4	5.86	3.37	0.68
2015	34.21	20.87	8.00	4.85	0.77
2016	42.84	24.81	12.61	4.27	1.13

资料来源：《宁夏统计年鉴》（2013~2017）。

表 4-26　2012~2016 年湖北保险经济业务指标

单位：亿元

年份	保费收入总计	财产保险	人身保险	赔款给付支出	财产保险	人身保险
2012	533.31	135.26	398.05	128.55	68.34	60.21
2013	587.40	169.35	418.07	187.61	86.32	101.28
2014	700.23	204.55	495.67	230.59	100.90	129.69
2015	843.63	238.24	605.38	283.34	114.42	168.92
2016	1051.00	263.22	788.54	372.36	141.80	230.55

资料来源：《湖北统计年鉴》（2013~2017）。

从保险结构上来看，2012~2016 年宁夏保险收入主要来源于财产保险和寿险，健康险和意外伤害险收入较少；对比 2012~2016 年湖北和上海地区的财产保险结构来看，宁夏地区的财险和寿险依旧严重不足，特别是和全国相比较而言（见表 4-28）。

表 4-27　2012~2016 年上海原保险保费收入和赔付支出

单位：亿元

年份	保费收入总计	财产保险	人身保险	赔款给付支出	财产保险	人身保险
2012	820.64	256.38	564.26	255.79	138.63	117.16
2013	821.43	285.25	536.18	301.95	162.33	139.62
2014	986.75	320.36	666.39	378.66	177.24	201.42
2015	1125.16	355.40	769.77	473.59	191.38	282.22
2016	1529.26	371.15	1158.11	528.77	222.55	306.22

资料来源：《上海统计年鉴》（2013~2017），2012 年原保险保费收入为按财产险公司和寿险公司分类。

表 4-28　2012~2016 年全国保险公司经济技术指标

单位：亿元

年份	保费收入总计	财产保险收入	人寿保险收入	赔款给付支出	财产保险支出	人寿保险支出
2012	15487.9	5529.9	9958.1	4716.3	2896.9	1819.4
2013	17222.2	6481.2	10741.1	6212.9	3556.2	2656.7
2014	20234.8	7544.4	12690.4	7216.2	3968.3	3247.9
2015	24282.5	8423.3	15859.5	8674.1	4448.3	4225.8
2016	30904.2	9265.7	21638.3	10515.7	5045.6	5469.5

资料来源：《中国统计年鉴》（2013~2017）。

二、民族地区金融贫困的影响因素

民族地区经济发展水平、地理环境、国家相关政策、民族地区人力资源状况和历史因素是影响民族地区金融发展的重要因素。每个因素的变化都会影响民族地区金融发展。另外，各个因素之间会相互影响。因此，如何调整和改善各个因素的发展，是促进民族地区金融平稳健康发展的关键。

（一）民族地区经济发展水平因素

一个地区经济发展水平可以反映出一个地区经济发达程度、基础设施以及经济结构，反过来，这些因素又会影响当地金融的发展。经济发达程度和金融的发展成正比，经济越发达，金融越发达；经济越落后，其金融发展也较慢。

地区经济结构对当地的金融发展较为重要，主要体现在金融风险控制上，经济结构的优良决定防范风险与化解风险的水平。通常情况下，用地区第三产业占当地 GDP 的比重来衡量地区经济结构，如果比重小，说明地区的金融防范体系较差，相反，如果比重大，说明地区的金融防范体系较好。比如，2015 年，宁夏地区生产总值为 2911.77 亿元，第三产业生产总值为 1294.11 亿元，占宁夏生产总值的 44%，2015 年，上海第三产业占上海当地 GDP 的比重为 68%。显然，通过对比说明宁夏金融风险体系较差；2015 年，全国的第三产业占全国 GDP 的比重为 50%，和全国平均水平相比，比全国平均水平低，进一步说明宁夏金融发展较缓慢，体系不健全，经济发展结构有待完善。

（二）民族地区地理环境因素

从整体看，宁夏位于西部地区，从南北划分来说，宁夏属于北方，因此，宁夏位于我国西北内陆，与东部沿海地区相比较而言，宁夏资源较少且开发成本较高。另外，宁夏地区山脉较多，地势不平坦，交通相对不发达。宁夏东邻陕西省，西北与内蒙古自治区接壤，西南、南部和东南与甘肃省相邻，周边的省份经济发展缓慢，不利于宁夏地区金融业的发展。

从宁夏内部看，宁夏位于我国西北内陆，宁夏疆域南北长，东西短，导致宁夏经济发展以纵向为主，南北交通网稀疏，交通不便。另外，银川市位于宁夏北部，是宁夏政治、经济和文化中心，银行、证券、保险公司等金融机构主要分布在银川，银川的金融业本身欠发达，而其他地方的金融发展更落后。

从气候环境来说，宁夏气候类型属于典型的大陆性半湿润半干旱气候，雨季多集中在 6~9 月，具有冬寒长、夏暑短、雨雪稀少、气候干燥、风大沙多等特点。使得宁夏农业发展缓慢，大部分人力投入到农业生产中，但农业产出不明显，效率低下。

从地貌形态看，宁夏地处我国地质地貌"南北中轴"的北段，处于阿拉善、华北台地和祁连山之间，地势起伏大，人口分布不均，稀密人群之间相距较远，金融业布局呈南少北多，南小北大的特征。

（三）国家相关政策

金融业发展深受国家政策的影响，我国现有的国家金融监管机构有中国人民银行、银监会、证监会、保监会以及一些行业自律组织，如中国证券业协会、中国基金业协会等，这些金融监管机构会出台很多相应的政策，但民族地区政策严重不足。本书从以下几个方面说明宁夏地区政策不足。

其一，从历史的角度看，中东部金融发展较早，有一定的基础，早期银行等金融体系主要集中在中东部，宁夏地区金融体系不健全，并且基础薄弱，在发展过程中较慢，急需相关的政策扶持。

其二，从产业结构来看，宁夏很多地区自然条件恶劣、劳动手段陈旧、产业基础薄弱以及缺乏先进的技术。另外，宁夏地区高耗能产业占比较大，产能过剩、库存过高等问题突出，金融机构信贷回旋余地小。

其三，从金融体系内部看，宁夏很多地区银行、保险公司等金融机构覆盖率较低，缺乏大力的鼓励与引进政策；中小企业、"三农"及扶贫信用证及体系、评级发布制度等不健全；金融创新与人才方面，缺乏大量的优惠政策引进高端金融创新人才。

所以，国家相关政策很重要，特别是金融行业的发展。民族地区本身金融的发展就落后、发展困难，要改变民族地区金融发展状况，应牢牢把握国家相应的政策。

（四）民族地区人力资源状况

从宁夏2017年各级教育招生、在校生、毕业生人数来看，普通高等学校为19所，在校生人数为121799人，占宁夏总人口的1.8%，研究生在校人数为4016人；从成人高等教育来看，在校生人数为26868人，占总人口的4%左右，如表4-29所示。

表4-29　2017年宁夏回族自治区普通高等学校名单（19所）（按学校层次排名）

单位：亿元

序号	学校名称	主管部门	所在地	办学层次	备注
1	宁夏大学	宁夏回族自治区	银川市	本科	
2	宁夏医科大学	宁夏回族自治区	银川市	本科	
3	宁夏师范学院	宁夏回族自治区	固原市	本科	
4	北方民族大学	国家民委	银川市	本科	
5	宁夏理工学院	宁夏回族自治区教育厅	石嘴山市	本科	民办
6	宁夏大学新华学院	宁夏回族自治区教育厅	银川市	本科	民办

续表

序号	学校名称	主管部门	所在地	办学层次	备注
7	银川能源学院	宁夏回族自治区教育厅	银川市	本科	民办
8	中国矿业大学银川学院	宁夏回族自治区教育厅	银川市	本科	民办
9	宁夏民族职业技术学院	宁夏回族自治区	吴忠市	专科	
10	宁夏工业职业学院	宁夏回族自治区	银川市	专科	
11	宁夏职业技术学院	宁夏回族自治区	银川市	专科	
12	宁夏工商职业技术学院	宁夏回族自治区	银川市	专科	
13	宁夏财经职业技术学院	宁夏回族自治区	银川市	专科	
14	宁夏警官职业学院	宁夏回族自治区	银川市	专科	
15	宁夏建设职业技术学院	宁夏回族自治区	银川市	专科	
16	宁夏葡萄酒与防沙治沙职业技术学院	宁夏回族自治区	银川市	专科	
17	宁夏幼儿园师范高等专科学校	宁夏回族自治区	银川市	专科	
18	宁夏艺术职业学院	宁夏回族自治区	银川市	专科	
19	宁夏体育职业学院	宁夏回族自治区	银川市	专科	

从事金融人数来说，2016年宁夏从事金融行业的人数为46158人，2016年宁夏就业人数为3692085人，从事金融行业的人数占就业人数的1.25%；上海2016年就业人数为1365.24万，2016年上海从事金融的人数为36.42万，从事金融行业的人数占就业人数的2.67%，宁夏2016年从事金融人数占上海从事金融人数的12.67%，说明宁夏地区从事金融行业的人数较少。

（五）历史因素

宁夏自古以来就是少数民族聚居的地区，从民族人口的构成看，2012~2016年宁夏汉族人口占总人口的63%左右，少数民族占37%左右。历史上基本都是采取重农抑商的政策，以自给自足的小农经济为主，人们把重心都放在农业生产上，思想上比较保守，从商的人数更少，国家支持政策相对不足。

近代以来，国内战乱频繁，国家和人民都把重心放到抵御外侮上，在这种背景下，经济以农业和手工业为主，第三产业发展缓慢，民族地区金融环境更差，金融得不到相应的发展。

三、民族地区金融贫困的影响

(一) 民族地区金融贫困影响民族地区经济发展

金融发展与经济增长之间相互融合、相互作用，经济发展对金融起决定作用，金融则属于从属地位，不能凌驾于经济发展之上；反之，金融为经济发展服务的同时，也对经济发展有巨大的推动作用。实践证明，民族地区经济的高速发展离不开金融的快速发展。民族地区金融贫困，会影响民族地区经济发展，可以从以下几个角度说明金融贫困如何影响民族地区经济的发展：其一，从企业发展来看，若民族地区金融贫困，那么该地区信贷资金就会大幅度减少，各类大中小企业投资相应减少，企业规模与数量以及企业各种物品需求减少，整个民族地区经济贡献小，那么民族地区经济增长速度也放慢；其二，从基础设施建设来看，民族地区基础设施建设薄弱，需要大力加强民族地区基础设施建设，但是由于资金不到位、融资困难等问题出现，很多基础设施建设公司无法满足其巨大的需求，导致一系列的基础设施建设落后，从而很难引进省外企业，最后影响民族地区经济发展；其三，从居民需求看，随着经济社会的发展，居民对各种物质的需求越来越大，但是，由于购买力低下，或者预期消费水平不乐观，物质需求难以满足，对整个社会的需求量较少，最终影响整个地区经济发展。

金融为经济发展搭建融资平台，为经济产业资本集中和资源配置提供了相应的条件。同时，金融为企业创造了更好的优化管理条件，从另外一个角度说，金融所产生的金融衍生工具可以规避和防范市场风险，但是，金融本身的贫困却不能提供相应的支撑。

从表 4-30 可以看到，组间的离均差平方和为 3661353797，组内的离均差平方和为 114177333.10，组内和组间差距较大；组间平均的离均差平方和为 610225632.80，组内平均的离均差平方和为 3262209.52，F 值为 187.06，P 值为 0，F 值的标准为 2.37，F 值大于 Fcrit，P 值小于 0.05，说明统计没有太大差异。

对宁夏 2016 年总贷款和人均贷款进行回归分析如表 4-30 和图 4-17 所示。

表4-30 宁夏主要年份金融机构人民币各项存贷款余额进行单因素方差数据分析

组	观测数	求和	平均	方差
2573.64	6	24786.5	4131.08	801236
1170.25	6	11341.8	1890.3	107811
18644	6	172978	28829.67	20000000
2398.7	6	25474.51	4245.75	1149234
702.92	6	9033.02	1505.5	118566
1608.16	6	15187.99	2531.33	396235
87.38	6	1223.04	203.84	14076.9

差异源	SS	df	MS	F	P-value	Fcrit
组间	3661353797	6	610225632.8	187.06	0	2.37
组内	114177333.1	35	3262209.52			
总计	3775531130	41				

SUMMARY OUTPUT

回归统计	
Miltiple R	0.94941
R Square	0.90138
Adjusted R Square	0.881656
标准差	346.4488
观测值	7

方差分析

	df	SS	MS	F	Significaee F
回归分析	1	5485159	5485159	45.69947	0.00108
残差	5	600133.8	120026.8		
总计	6	6085293			

	Coefficients	标准误差	t Stat	P-value	Lower95%
Intercept	−740.552	700.0842	−1.0578	0.338549	−2540.2
X Variable 1	0.169834	0.025123	6.760138	0.001076	0.10525

Ubper95%	下限 95.0%	上限 95.0%
1059.072	−2540.18	1059.072
0.234415	0.105254	0.234415

续表

	RESIDUAL OUTPUT		
观测值	预测 Y	残差	标准残差
1	2425.84	147.7999	0.467332
2	2866.73	100.1398	0.316635
3	3693.144	−197.734	0.62522
4	4185.155	−316.685	−1.00133
5	4563.715	−354.655	−1.12139
6	4729.304	75.84599	0.239819
7	4896.251	545.2888	1.724162

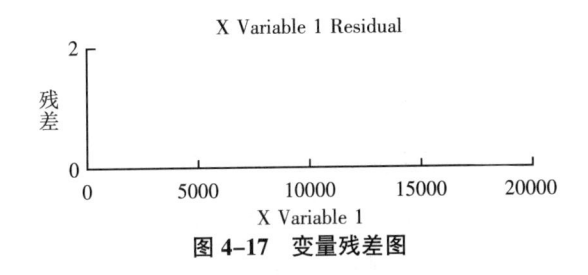

图 4–17 变量残差图

从回归分析的结果看，预测值为 1，残差为 147.7999，标准残差为 0.467332，并且残差分布不均匀，所以，分析结果差距较大。对 2010~2016 年各项存款和人均存款进行 t 检验（见表 4–31）。从检验结果看，双尾临界为 2.45，单尾临界为 1.94，说明成对双样本均值分较大。

表 4–31　t 检验：成对双样本均值分析

	人均存款	各项存款
平均	3908.59	27374.57
方差	1014216.00	31694705.00
观测值	7.00	7.00
泊松相关系数	0.95	
假设平均差	0.00	
df	6.00	
t Stat	13.25	
P (T≤t) 单尾	0.00	

续表

	人均存款	各项存款
t 单尾临界	1.94	
P (T≤t) 双尾	0.00	
t 双尾临界	2.45	

从单因素方差分析的结果看，民族地区金融机构的人民币存贷款是影响民族地区经济发展的重要因素之一，而金融机构的存贷款又由民族地区的经济发展水平决定，所以，摆脱金融贫困对促进民族地区经济发展极为重要。

（二）金融贫困导致民族地区经济成本居高不下

从金融的角度说，金融本身就是资金融通，金融的产生主要是为了节省交易成本，比如银行、证券公司等金融机构，本身就是一种融资渠道，如果这些机构的发展缓慢，或者运营出了问题，那么对于资金的需求者来说，选择其他渠道的成本就会上升，如果长期处于这种状态，企业的资金成本就会上升，便会影响经济效益。另外，经济成本还包括其他成本，比如金融交易成本、寻租成本等，这些成本都是和企业的利润直接挂钩的。所以，金融贫困导致资金供应链短缺而影响民族地区经济现代化的进程（见表4-32）。

表4-32 2012~2016年宁夏金融机构人民币各项贷款余额及其利息

单位：亿元

年份	各项存款	短期贷款	短期贷款利息	中长期贷款	中长期贷款利息
2012	3495.41	1281.67	55.75	1949.42	92.6
2013	3868.47	1496.05	65.08	2291.29	108.84
2014	4209.06	1664.43	72.4	2720.28	129.21
2015	4805.15	1796.64	78.15	3007.10	142.84
2016	5441.54	1849.40	80.45	3419.43	162.42

资料来源：《宁夏统计年鉴》（2013~2017），利率参考2018年人民银行贷款基准利率。

对2012~2016年各项存款和短期、中长期贷款做双样本方差分析如表4-33所示：

从表4-33的F检验双样本方差分析来看，中长期贷款利息为平均值102.00，平均为70.37，短期贷款利息中平均值为127.18，方差为755.84，P（F≤f）单尾

表 4-33 F 检验双样本方差分析

	各项存款	中长期贷款利息
平均	4363.93	70.37
方差	594927.68	102.00
观测值	5.00	5.00
df	4.00	4.00
F	5832.85	
P（F≤f）单尾	0.00	
F 单尾临界	6.39	

和 F 单尾临界在存款上相同，说明短期与长期贷款成本波动较大。

（三）影响民族地区经济产业结构的调整与优化

金融对经济的作用主要表现在金融资源配置对实体经济的影响上，资源配置的好坏关系到实体经济的发展与前景，资源配置的好，实体经济就会得到更好的发展；相反，如果资源配置的不好，实体经济的发展就会缩水。更重要的是，资源配置还关系到产业结构的发展变化，实体经济本身是产业结构的一部分，资源配置不好，产业结构就难以优化升级，特别是民族地区，其产业结构相对东部发达地区来说，转型较慢，民族地区的产业结构还受到民族地区自然、社会文化因素的影响。农业发展需要金融，工业发展也需要金融，服务业也同样如此，如何让第一、第二产业比重减少，第三产业比重增加，金融在经济产业结构中起着关键的作用。随着我国经济步入转型阶段，调整产业结构迫不及待，民族地区经济基础相对薄弱，那么这些地区的产业受到的冲击比发达地区大，要实现这种跨越式的发展需要充分的准备，首先应该准备的是金融的发展。

（四）民族地区金融贫困加剧民族地区区域经济发展的不平衡

我国民族地区主要集中分布在中西部地区，和东部沿海地区相比，民族地区经济发展比较落后，金融贫困的局面难以改变。一方面，民族地区受地理环境的影响，在很多方面不占优势，比如交通、资源等；另一方面，社会因素更重要，比如人力资源、国家政策、对外贸易等多种原因共同导致民族地区金融贫困。容易获得金融支持的地区比得不到金融支持的地区拥有优先发展的机会，这种优势更明显。随着这种态势的继续发展，民族地区的区域发展不平衡的现象越来越明显。金融贫困加剧经济体制改革和发展的不平衡性,金融贫困阻碍我国区域经济发展,会让民族地区的金融陷入贫困陷阱,最终地区差异明显,区域经济发展不平衡。

四、改善民族地区金融贫困的对策和建议

根据对宁夏地区金融贫困的分析,金融贫困是由于多方面原因造成的,需要国家政策的支持,地方政府落实与配合,以及社会积极配合,才能逐步改变民族地区金融贫困的现状,更好地促进民族地区经济的平稳健康发展,加快民族地区小康社会的步伐。

(一)建立健全金融组织体系

1. 建立健全民族地区金融体系

少数民族地区应建立健全相应的金融组织体系,在增加银行分支机构数量的同时,需要完善多层次的金融组织结构。比如,宁夏部分地区可以适当增加一些银行、证券、保险以及理财等公司,在金融监管上完善、细分金融监管组织体系;民族地区需要建立一些专门针对民族地区基础设施建设的金融机构,加快完善民族地区金融机构多样化建设,发展一些有地方特色的金融组织机构,建立一些和民族地区相适应的准入平台,降低门槛,实施相应的鼓励政策,鼓励一些金融机构入驻民族地区,针对农村组建一些村镇股份制银行,以适应农村地区经济的发展。

2. 规范民族地区融资行为

第一,从国家的角度,宁夏应该设立相应的融资担保清理工作,督促宁夏地区本级部门和市县级政府进一步完善市场风险规避机制,组织地方和相关部门摸清政府融资担保家底,督促相关部门、政府加强与社会资本方的平等协商,依法完善合同条款,分类妥善处置,全面改正地方政府不规范的融资担保行为。

第二,就融资平台管理看,宁夏地区融资担保体系不完善、融资担保经验不足,因此需要加强管理,严格控制信贷资质,另外,需要建立信用评级以及信用公开机制,做一个信用等级档案。

第三,从贷款者的角度,资金借贷者需要重视个人信用,加强个人信贷意识。

3. 完善资本市场体系

就宁夏地区来说，宁夏地区资本市场体系不规范，资本市场中不仅有中长期信贷市场，还有各种股票、债券、基金、证券以及期权等全部证券的市场。因此要下大力整顿规范资本市场并进行归类，相对较强的资本市场要继续保持其发展，较为薄弱的资本市场对其进行有效的整改。构建资本市场体系应当满足民族地区各类企业的需求，建立多层次市场结构，主要从以下几点进行：第一，大力发展专业机构投资者，以改善市场投资者结构；第二，加快发展多层次股票市场，扩大服务实体经济的覆盖面；第三，规范场外交易，建立多层次的场外交易市场；第四，完善法律和监管体系，防范金融风险。

（二）建立健全信用担保体系

1. 营造良好的外部担保环境

宁夏金融监管机构需要加强监管，完善空白立法，打造良好的外部担保环境。区内相关部门应尽快制定信用担保法规，对担保机构的准入、认定等做出相应的规定或指标，让担保业务有法可依，中国人民银行及其他金融监管机构应该不定期检查金融机构的日常担保业务。

构建相关信用平台，加快征信建设，优化融资业务的担保环境。需要全面构建信用平台，大力推动金融担保机构以及民族地区的中小企业的信用评估，人民银行的企业征信系统可以和民族地区的财政、工商、税务等机构进行数据共享，及时补充各个部门相关信息，建立企业信用信息系统。这样，各个部门以及企业能够及时共享数据资源，同时，可以打破信息不畅通的壁垒，扭转"无抵押，贷款难"的现状。

2. 建立和完善相关担保机构的资金补偿机制

需要完善补偿机制，确保民族地区担保机构的可持续发展。中小企业可以促进民族地区的经济发展，增加就业，增加税收以及技术革新，因此，政府应该在财政上加大扶持力度，把中小企业的信用担保机构纳入公共财政支持体系。此外，应该完善多层次的信用担保体系，比如适当降低税收，提取风险准备金，建立有效的再担保机构和体系等，确保行业健康平稳发展。

3. 培育相关人才，健全内部管理机制

培育和引进先进人才，加强管理，提高风险控制能力，降低损失。就宁夏高校而言，宁夏开设金融课程的高校较少，培养的金融人才也较少。在这种情况下，需要扩大对金融人才的培养；从行业层面来说，需要通过培训内部人员和引进外来人才弥补人才短缺的现状，尤其在金融产品创新、管理人员以及评估方面，应该请一些银行高级研究人员定期给民族地区的担保机构进行培训。此外，担保机构应该提高防范和化解风险能力，比如各个部门分开工作的分离管理制度，建立健全更高层级的管理制度。

（三）加快民族地区金融立法进度，建立和完善金融法律体系

宁夏地区金融法制建设相对落后，法律体系不健全，要加快金融的发展，金融法律体系建设是必不可少的，如何完善民族地区金融法律体系，加快民族地区金融立法速度迫在眉睫。

1. 明确民族地区的金融法律地位，加强民族地区金融立法

金融法律法规对促进民族地区金融业的快速发展具有至关重要的作用。宁夏地区情况复杂，和东部发达地区不一样，需要考虑宁夏地区的特殊性。宁夏作为我国的一个少数民族自治区，国家应该进一步明确其金融法律地位，加强该地区的法制建设，建立适合该地区的金融法律法规。此外，还需要有相应的法律制度作为支撑。

2. 对不符合的金融法律进行修改，尽快完善金融法律体系

对不适应民族地区的金融法律法规，需要修改和完善，比如对《商业银行法》进行修改，明确少数民族地区金融分支机构的工作，让其有义务为民族地区提供相应的金融服务，在资金安全的情况下，适当放出一部分资金作为民族地区的信贷扶持资金，以保证民族地区经济发展需要。

3. 加强法制建设，为民族地区营造良好的金融环境

金融发展需要良好的金融环境，需要不断地加强法制建设工作，为债权人、投资人等提供良好的投资环境。首先，需要大力宣传民族地区的金融法律法规，让金融法律法规深入人心；其次，需要规范民族地区的执法行为，建立健全民族地区金融执法监管机制，对违法者零容忍，严厉打击，进行严惩，建立一个良好的执法环境；最后，需要加快民族地区法制队伍建设，加强民族地区金融从业人员的金融法律知识，为金融发展储备人才。

(四) 推进民族地区金融创新

民族地区经济社会全面发展需要新型的金融服务体系，同样，经营主体和居民也需要新型的金融服务体系，所以，必须推进民族地区金融创新。民族地区金融创新主要体现在金融机构、金融产品、金融业务以及金融服务的创新上，具体如下：

1. 加快金融机构优化布局

民族地区金融机构单一，需要从实际出发，制定符合民族地区客观经济条件和实际经济情况的经济政策，设立一批有富有活力的金融机构。此外，需要大力发展民族特色产业，推动民族地区产业结构优化升级。民族地区政府要对服务体系和运作方式进行创新和完善，加快民族地区的基础设施建设，特别是农村地区。就宁夏地区而言，基本都是银行、证券、保险公司三足鼎立，银行是主体，证券和保险公司较少，可以进一步调整优化金融结构。

2. 加快金融产品创新

民族地区的金融产品单一，从民族地区的经济发展水平看，要符合民族地区的市场需求并需要考虑民族地区的实际消费能力，在这种基础上推出新型金融产品以满足民族地区的需求。比如，债券上可以进行合约条款、合成产品等创新。

3. 加快金融业务创新

民族地区的金融业务依旧比较传统，加上民族地区的特殊性，所以需要加快民族地区的金融创新，比如对中间业务、资产业务和负债业务的创新。中间业务的创新需要从实际出发，因地制宜，可以创办个人理财、开办小额存单等业务；在负债业务方面，需要研发有市场需求的金融产品，推出适合市场化的综合性个人零售产品，建立相关研发策略，加快个人量身定做的金融产品发展；在资产业务方面，加快推出个人贷款类别的创新，比如房贷、车贷等消费信用贷，完善个人信贷体系。

4. 加快金融服务创新

少数民族地区信息技术相对比较落后，需要加快民族地区信息技术发展，才能更好地为金融产品服务，特别是网络信息平台，其可以整合资源，达到资源共享的效果。可以通过加快反应能力为客户提供更好的服务，增加竞争力和吸引更多的客户，推进网上银行、手机银行以及电视银行等电子金融产品的发展，推进虚拟化建设，让银行无处不在，业务随时可办理。

专题四　精准扶贫与农户自身发展能力提升

民族连片特困区是全面建成小康社会的重点和难点，全国 14 个集中连片特困区有 11 个在民族地区，片区内的 680 个县中有 351 个属于民族地区。精准扶贫是为民族地区找到"贫根"、对症下药、靶向治疗的有效抓手。在实施这一战略过程中，最终起决定作用的还是要靠贫困农户自我发展能力的不断提升。贫困农户作为贫困的主体和农村经济发展的细胞，其自主发展能力的提升对摆脱贫困具有重大而紧迫的现实意义。为此，本书以地处六盘山连片特困区的宁夏为实证研究区域，对该地区不同类型贫困农户的能力现状进行了系统调查。

一、贫困农户自我发展能力界定及研究区选择

著名贫困问题研究者阿马蒂亚·森指出，人的发展能力是由教育、健康、技能培训等因素所决定。通常包括三个层面的能力：一是指健康长寿能力；二是指获得文化、技术以及分享社会文明的能力；三是指摆脱贫困和不断提高生活水平的能力。国内学者认为，农户发展能力是指农民利用自然、改造自然、不断谋求发展生产从而改善生活的能力，一般包括内力（如体力、脑力、心智等）、外力（所处的自然资源环境、社会经济条件等）和综合能力（劳动技能、经营方式等）三个方面。上述关于能力的界定较为宽泛，本书基于民族贫困地区实际，参照相关研究，所述贫困户自我发展能力是指其摆脱贫困所具备的基本发展能力、学习能力、投资能力、经营管理能力和沟通交际五个方面的能力。据此，结合实际调查指标，本书对研究区贫困农户的能力特征进行了实证分析。

为了便于对比，探究民族地区不同类型贫困户自我发展能力特征的差异性，笔者以宁夏镇北堡镇和兴泾镇为实证研究区域。前者主要安置了从宁夏南部山区彭阳县移出的长期贫困户，这些贫困农户以汉族为主体；兴泾镇主要安置了从宁

夏南部山区泾源县移出的长期贫困户，主要为回族聚居区（占到98.8%）。按照随机抽样的方法，共发放调查问卷213份，回收有效问卷200份，有效回收率为94%。

二、贫困农户自我发展能力特征分析

基于上述界定和调查实际，本书将调查样本依次分为特困户、中低收入户以及高收入户三类。同时，又按照不同的民族进行了分类。以下分别按照不同收入类型和不同民族类型对被调查贫困户的能力特征依次进行阐述。

（一）基本发展能力不够

以家庭人口规模、劳动力人数、劳动力负担、家庭病人数、家庭老人数和家庭学生数等指标来衡量贫困农户的基本发展能力。一般而言，一个家庭人口越多而完全劳动力越少，则意味着该家庭的劳动力负担就越重、生活就越困难；而家庭病人数和老人数则更会加重家庭负担，并导致家庭很难有剩余积累，进而导致其发展能力受到限制；家庭学生数多，能够提高贫困家庭人口的质量，有利于其长远发展能力的提升，另外，家里学生尤其是大学生数量越多劳动力负担就越重，也会影响到贫困农户的持续发展。

通常，结构决定行为，行为影响绩效，结构不科学、不合理的组织难以得到良性发展。贫困农户家庭结构的不合理也必然会影响其基本发展能力。由表4-34可知，特困户家中全劳动力平均为1.47个，平均劳动力负担1.99；而中低收入户和高收入户的平均全劳动力依次为1.8个、2.27个、2.47个和2.45个，可以看出，特困户的平均全劳动力比中低收入户和高收入户均低。但与此同时，中低收入户和高收入户的劳动力负担也比特困户高出0.48个和0.46个，他们的家庭人口规模平均比特困户多0.1个和0.62个。这表明，劳动力缺乏对特困户发展的制约并非根本性因素。中低收入户和高收入户尽管劳动力人数高于特困户，但由于其家庭总人口普遍高于特困户，因而劳动力负担也高于特困户，然而他们却非最贫群体，这说明劳动力质量的提升更重要。表4-34还显示出，贫困户家庭结构不合理的特征也较为显著。贫困户家庭的病人数、学生数和孩子数较多也是导致其长期陷入贫困的主要原因。

表4-34 不同类型贫困户家庭结构特征描述

	家庭总人口	全劳动力数	劳动力负担	家庭病人数	家庭老人数	家庭学生数	孩子超过3个(%)
特困户							
极小值	2.00	0.00	0.00	0.00	0.00	0.00	
极大值	8.00	6.00	6.00	3.00	3.00	4.00	
均值	4.03	1.47	1.99	0.92	1.11	1.11	15.00
标准差	1.35	1.16	1.47	0.87	0.91	1.04	
有效N	90	90	90	90	90	90	
高收入户							
极小值	2.00	1.00	1.00	0.00	0.00	0.00	
极大值	8.00	5.00	7.00	3.00	4.00	3.00	
均值	4.65	2.27	2.45	0.67	1.06	0.84	16.30
标准差	1.32	1.08	1.22	0.85	1.03	0.94	
有效N	60	60	60	60	60	60	
中低收入户							
极小值	2.00	0.00	0.00	0.00	0.00	0.00	
极大值	8.00	4.00	6.00	2.00	3.00	2.00	
均值	4.13	1.80	2.47	1.07	1.27	0.87	6.67
标准差	1.51	1.08	1.45	0.80	1.03	0.92	
有效N	50	50	50	50	50	50	

（二）学习能力欠缺

贫困农户这一能通过户主文化程度、家庭用于征订书报和期刊杂志的费用支出以及获取农业生产信息的渠道反映。通常，户主受教育程度越高，学习能力越高，见识越广，求知欲望越强烈，用于书报征订的费用越高，也就越容易提高自主开发的潜力。学习能力是贫困户自主发展能力提升的核心，对信息、技能、知识的获得以及观念的更新都离不开学习能力的提高。

由表4-35可知，特困户户主的平均受教育年限比中低收入户和高收入户分别少1.02年和1.29年。研究表明，农民收入与其受教育程度呈正相关关系，当农民平均受教育年限小于1年时，若受教育年限每增加1年，其人均收入将增加36.4元；当农民平均受教育年限大于10年时，若受教育年限每增加1年，其人均收入将增加112.16元。书报征订费的支出是特困户、中低收入户和高收入户学习能力差异的又一体现，特困户的这一支出年平均为0元，中低收入户的年平均支出为2.24元，高收入户的年平均支出为30.57元。贫困农户学习能力低下导致其只能从事简单的体力型职业。被访户获取农业信息的渠道进一步表明，特困户的农业信息来源渠道主要依靠政府组织和亲朋好友，中低收入户和高收入户已开始涉猎互联网，而特困户对这一现代化的信息来源尚处于空白。

（三）投资能力脆弱

以家庭定资产、家庭负债和投资意愿三个指标反映贫困农户的投资能力。家庭资产存量越多，表明贫困农户拥有创造财富的物质资本越多，在一定程度上为贫困农户发展提供了投资储备。基于调查实际，选取贫困农户房屋结构、家庭耐用品拥有量来反映贫困家庭资产的多寡；负债是制约农户投资能力的重要瓶颈，选取贫困家庭借款额来反映其负债状况；投资具有一定的风险性，因此选取"补贴领取时间"和"若有钱最想做的事情"来反映贫困户的投资意愿。

从表4-36可以看出不同类型贫困户的家庭支出、负债和投资意愿的基本特征。三种类型的贫困户所住房屋结构基本没有差别，以"砖石瓦"和"砖瓦混凝土"结构为主，这主要是因为新安置地的房屋是由政府统一规划的。但在家庭耐用品方面，特困户所拥有的冰箱、洗衣机、电脑、轿车等资产明显少于中低收入户和高收入户，也就意味着其所拥有的固定资产也不及较高收入家庭多，其投资储备基础相对较差。而特困户家庭的高负债进一步降低了其投资的能力，特困户

表 4-35 不同类型贫困户学习能力特征分布

特困户

	书报征订费	农业生产信息获取 (%)						户主文化程度
		政府部门	村干部	亲朋邻居	图书报纸	广播电视	互联网	
极小值	0							0
极大值	800							12
均值	30.57	36.11	6.94	22.22	2.78	30.56	1.39	3.67
标准差	121.95							3.68
有效 N	88			90				50

高收入户

	书报征订费	农业生产信息获取 (%)						户主文化程度
		政府部门	村干部	亲朋邻居	图书报纸	广播电视	互联网	
极小值	0							0
极大值	60							12
均值	2.24	18.37	6.12	36.73	4.08	34.69		4.96
标准差	11.04							3.61
有效 N	60			60				60

中低收入户

	书报征订费	农业生产信息获取						户主文化程度
		政府部门	村干部	亲朋邻居	图书报纸	广播电视	互联网	
极小值	0							0
极大值	0							12
均值	0.00	20.00		40.00		40.00		4.69
标准差	0.00							3.72
有效 N				50				50

表 4-36 不同类型贫困户投资能力分布特征

特困户

	房屋结构 (%)		家庭资产					补贴领取 (%)		投资意愿					家庭负债
			耐用消费品							改善生活	有钱最想做 (%)				
	砖石瓦	砖瓦混凝土	冰箱	洗衣机	电脑	轿车	彩电	当天领取	半年后领取		做生意	子女教育	存银行	建房	发展生产	借款数额
极小值			0	0	0	0	0									0
极大值			4	1	2	1	1									100000
均值	13.9	86.1	0.61	0.85	0.17	0.10	0.99	87.50	12.5	30.99	26.76	35.21	1.41	1.41	4.23	20040.82
标准差			0.64	0.36	0.44	0.30	0.12									26381.78
有效 N	90		90	90	90	90	90	90		89						90

中低收入户

	房屋结构 (%)		家庭资产					补贴领取 (%)		投资意愿					家庭负债
			耐用消费品							改善生活	有钱最想做 (%)				
	砖石瓦	砖瓦混凝土	冰箱	洗衣机	电脑	轿车	彩电	当天领取	半年后领取		做生意	子女教育	存银行	建房	发展生产	借款数额
极小值			0	0	0	0	1									0
极大值			1	1	1	0	2									50000
均值	20	80	0.73	0.67	0.07	0.00	1.07	86.7	13.3	40.00	20.00	33.33			6.70	21333.33
标准差			0.46	0.49	0.26	0.00	0.26									21463.15
有效 N	50		50	50	50	50	50	50		50						50

续表

	家庭资产							补贴领取(%)		投资意愿						家庭负债
房屋结构(%)		耐用消费品								有钱最想做(%)						
砖石瓦	砖瓦混凝土	冰箱	洗衣机	电脑	轿车	彩电		当天领取	半年后领取	改善生活	做生意	子女教育	存银行	建房	发展生产	借款数额

高收入户

	砖石瓦	砖瓦混凝土	冰箱	洗衣机	电脑	轿车	彩电	当天领取	半年后领取	改善生活	做生意	子女教育	存银行	建房	发展生产	借款数额
极小值			0	0	0	0	1									0
极大值			3	1	2	1	1									100000
均值	24.5	75.5	0.80	0.92	0.22	0.14	1.00	79.20	20.80	18.37	48.98	22.45		4.08	2.04	13250.00
标准差			0.54	0.28	0.55	0.35	0.00									21375.02
有效N	60	60	60	60	60	60	60	59	59	60	60	60	60	60	60	35

家庭的平均负债额分别比中低收入户和高收入户家庭高出1292.51元和8083.33元。投资意愿显示，特困户的投资意愿更趋保守。当问及"若政府给您一笔惠农补贴，若当天领取您100%能够拿到这笔钱，若半年后去领取这笔钱，您可能会多领到50%的钱，也有可能领不到。您会选择哪一种领取方式"时，三种类型的被访户绝大多数都选择了当天领取，而特困户的选择比例最高，达到87.5%。同时，当问及"您若有钱最想做的事情是什么"时，特困户选择"存银行"的比重也最高。而且，特困户和中低收入户都将改善家庭基本生活放在有钱后想做的首要事情，高收入户的显著特点则是选择投资经商，中低收入户的这一选择比例也略高于特困户，这反映出高收入户的投资是为了更好地提升生活档次和享受生活，而特困户和中低收入户则更多的是为了满足最基本的生活必需品。尽管如此，三种不同类型被访户的第二选择均为"投资子女教育"，这说明他们都将投资下一代教育视为脱贫的重要手段。

(四) 沟通交际能力缺乏

通过选取邻里关系、平时交往人群和获取信息渠道三个指标来反映贫困户的沟通交际能力。良好的邻里关系是贫困家庭共谋脱贫致富的保障，沟通不力必然导致发展受阻；信息获取渠道来源越广，意味着贫困农户对外交流和打交道的能力越强。以"户主获取打工信息的渠道"表示；贫困农户平时交往群体尺度的大小，是其发展能力提高的社会资本，交往尺度越广，沟通交际的能力越强。

从表4-37可以看出，三类被访户对邻里关系的满意度都较高，但特困户认为邻里关系一般、不满意和很不满意三项合计的比重还占到12.5%，中低收入户三项合计的比重为6.7%，高收入户三项合计的比重为14.28%。不同类型贫困户的平时交往人员表明，他们平时都与农民交往最为密切，但特困户尤为突出，81.69%的特困户平时与农民打交道最多，不及中低收入贫困户和高收入贫困户，他们还与工人、老师等群体来往，说明特困户的交际范围极为狭小和集中。获取打工信息的渠道同样显示，三类不同被访户都是以自身获取为主要信息渠道，其次是亲朋好友介绍。上述现象意味着，贫困户的交际圈普遍比较狭窄，容易形成范围较小的贫困交际圈，在这个交际圈中彼此经济条件相差不大，经济社会地位彼此平等，而贫困群体和贫困群体的交往更易形成心安理得的贫困文化，更羞于向富裕户学习和借鉴。

表 4-37 不同类型贫困户沟通交际能力特征分布

	邻里关系 (%)					平时交往人员 (%)						获取信息渠道 (%)			
	很满意	较满意	一般	不满意	很不满意	党政干部	农民	工人	老师	个体老板	其他	自己找	招工广告	亲朋介绍	政府组织
特困户															
有效百分比	62.50	25.00	9.72	1.39	1.39	2.82	81.69	7.04	5.63	1.41	1.41	73.33	2.22	15.56	6.67
有效 N			90					90						90	
中低收入户															
有效百分比	40	53.3	6.7		2.04		73.3	26.7				91.7		8.3	
有效 N			50					50						50	
高收入户															
有效百分比	48.98	36.73	8.16	4.08	2.04	6.12	65.31	16.33	6.12	4.08	2.04	86.10		11.10	2.80
有效 N			60					60						47	

（五）经营管理能力不高

选取调查变量"家庭决策方式和家庭业务组合方式"两个指标反映贫困家庭的经营管理能力。经营成败的关键在于决策，家庭决策方式是否民主则是影响家庭经营成败的关键；家庭的业务组合方式反映了贫困农户家庭要素的高效配置和经营结构的优化，进而影响到贫困家庭的收入高低。

经营管理能力的高低是农户家庭投资能否取得盈利的关键。由表4-38可知，从家庭业务组合方式看，三种类型的农户都以"半工半农"的组合方式为主，但高收入户家庭的多样化组合程度最高。其从事半工半农、农商、农输、打工等多种组合方式的比重达到26.7%，而特困户和中低收入户分别仅为1.4%和8.2%，这意味着多数贫困户家庭业务组合方式尚待优化。可见，家庭业务组合方式的多样化和优化是高收入户较快致富的关键。从家庭决策方式看，三种类型被访户均存在高度的"家长制"特征，但以特困户尤为明显，其家中决策一个人说了算的

表4-38 不同类型贫困户经营管理能力特征分布

单位：%

	特困户									
	家庭业务组合方式						决策方式			
	纯农	半工半农	农商	农养	农输	多种	打工	家长制	大家商量	请教高人
有效百分比	10.00	50.00	5.71			1.40	32.90	54.17	44.44	1.39
有效N	88						90			
	中低收入户									
	家庭业务组合方式						决策方式			
	纯农	半工半农	农商	农养	农输	多种	打工	家长制	大家商量	请教高人
有效百分比	6.67	53.33	6.67		6.70	8.20		48.98	46.70	4.32
有效N	50						50			
	高收入									
	家庭业务组合方式						决策方式			
	纯农	半工半农	农商	农养	农输	多种	打工	家长制	大家商量	请教高人
有效百分比		53.06	8.20		2.00	26.70	28.60	44.3	42.90	12.8
有效N	60						60			

比重高达 54.17%，分别高出中低收入户和高收入户 5.19 个百分点和 9.87 个百分点。而高收入户在做决策时显得更为谨慎，一般也会参照家庭成员以外的水平较高人员的建议。如高收入户在做家庭决策时，"请教高人"这一比例达到 12.8%。而特困户和中低收入户这一指标的比重依次为 1.39% 和 4.32%。

综上分析表明，不同收入类型的贫困户普遍存在基本发展能力、学习能力、投资能力、经营管理能力和沟通交际能力的制约问题，而且还存在明显的差异性。正是这些能力的缺失及其差异性的存在，使得贫困户长期依赖"输血"而缺乏自身"造血"能力，导致其长期陷入贫困的境地。

三、贫困农户自我发展能力提升路径探讨

（一）瞄准重点对象，培育贫困家庭中"关键少数"的技能

不论何种类型的贫困户，对他们来说，劳动力似乎是他们唯一可以用来创造收入的资本。因此，应以贫困户家庭中的"关键少数"为对象，提升和解决他们的技能对于带动家庭整体发展能力的提升尤为关键。

一是紧盯贫困家庭中年轻力壮的"顶梁柱"，必须使其掌握一技之长。这就需要政府层面提供免费的定期培训，甚至可以考虑让职业培训院校在农村社区设立培训基地，实施订单式培训。

二是特别关注贫困家庭的异质人口群体。对于贫困家庭中长期患慢性疾病者和年长丧失劳动力者，以及缺乏技能的劳动妇女，对于前者，应从政府社会保障层面予以优先保障，以起到"兜底"效应；对于后者，仍需从技能培训和资金信贷等方面予以重点扶持。

三是优先解决贫困户家庭的大学生就业。可采取扶持纯贫困户零就业家庭本科以上大学生就业的做法，政府应确保零就业的贫困家庭至少一名大学生到村或乡镇的公益性事业单位岗位就业，以提升贫困家庭的脱贫希望。通过瞄准贫困家庭不同类型的"关键少数"，对于贫困家庭脱贫和提升发展信心尤为重要和迫切。

（二）破解资金制约，大力发展特色优势产业

大力发展特色优势产业是提升贫困农户自我发展能力和"造血"功能的有效载体。然而，贫困农户在发展富民产业上缺乏启动资金是他们普遍面临的难题。

若解决这一难题,建议在贫困村建立"村级产业发展互助社"。互助社按照"政府＋企业＋社员＋其他"的运行模式,搭建专门针对农村贫困户提供金融服务的互助资金平台,从而解决他们在产业发展中的资金瓶颈制约。可以参考甘肃临夏州的做法：政府给每个贫困村平均注资50万元左右,每个贫困村至少确保一户企业跟进,并注资5万~49万元；农户按照自愿入社的原则,以家庭为单位每户注资1000元以上,同时,互助社还可接受慈善机构和社会各界的捐助资金。通过上述资金构成渠道,以解决贫困户发展特色优势产业资金不足的问题。但互助社必须确保吸引本村70%以上的贫困户入社,优先向贫困户借款,规定每年向贫困户借款的人数不得低于入社贫困户的50%,这样才可以实现贫困农户的自我发展,最终实现贫困地区的持续发展。同时,要严格规定贫困户将借款只能用于种植、养殖以及创业等特色优势的富民增收产业。此外,贫困地区所在省级政府应设立特色产业发展基金,并将此项支出列入省级财政的预算范围,以此来破解民族连片特困区发展特色优势产业的资金制约。

(三) 完善保障制度,构建农户健康风险应对机制

贫困农户冒险意识弱,在一定程度上与不健全的社会保障制度关系密切,"因病致贫"和"因病返贫"的现象仍然非常突出。

一是建议提升农村新型合作医疗的统筹层次。建议在当前以县、乡为主的统筹基础上逐步向市、省级的统筹层次过渡,以确保资金的规模保障和在更大范围内实现风险化解。而且,在现有考虑大病统筹的基础上,适当对小额医疗费也给予一定的补助。

二是构建特惠医疗救助制度。贫困农户在遇到重大疾病负担的情况下极易成为长期贫困人口,因此,构建专门针对该群体的特惠制度,并将其与新型农村合作医疗制度实现有机结合,使两者彼此促进。

三是考虑在新型农村合作医疗中引入商业保险的模式,参照"政府引导,保险公司承办,定点医疗机构服务,市、县新型农村合作医疗监督管理机构及相关部门监督管理"的模式,实现新型农村合作医疗事业的深入发展。

四是通过扩大农户社会关系网络,进一步降低健康风险。通过鼓励农户参与社区事务或者利用农户自发形成的一些协会、组织等社会网络,引导其形成生产生活等方面的互助机制,使之成为正规的风险应对机制的有力补充。

（四）构建自下而上的机制，确立贫困农户的主体地位

长期以来，我国的扶贫开发一直是以政府主导的模式为主，这在扶贫开发的初期阶段非常必要，可以有力地改善贫困地区的基础设施条件，还能尽快改善贫困农户的生活和生产环境。然而，这一"自上而下"的模式难免脱离贫困地区农户的实际需求，不利于调动贫困农户的积极性和主动性。因此，在扶贫开发难度日趋增大，减贫速度不断趋缓，扶贫投入的边际效益逐渐递减，扶贫成本不断提高的背景下，构建一种由贫困农户参与的"自下而上"的需求表达机制，确立贫困农户的主体地位显得尤为重要和迫切。鉴于此，当前贫困农户自我能力提升最基本的前提就是要树立以贫困农户需求为中心，提高贫困农户的主体意识，构建长期稳定的贫困农户意愿表达机制，多倾听来自贫困地区贫困农户的呼声，尊重贫困农户的知情权、参与权和受益权，从而更有针对性地帮助他们解决好亟待解决的迫切问题。与此同时，要进一步更新观念，更多地运用市场经济的办法和手段来促进贫困农户自我能力的提升，让贫困农户成为市场经济的参与者和受益者。

（五）实施多措并举，构建贫困户自我发展的有力平台

利用非政府组织的公益性和非政府性的特点，以及能够独立于政府之外自主地为社会进行服务和为社会提供公共产品及公共服务的优势，应极力为非政府组织创造条件，使之成为贫困农户自我发展能力提升的重要平台。

一是应鼓励非政府组织积极投身贫困地区农户自我发展能力建设。数据显示，"八七扶贫"期间，非政府组织的扶贫贡献率在20%~35%。因而应大力鼓励非政府组织参与贫困地区小额信贷、农村妇女贫困、富余劳动力输出以及贫困地区部分项目的开发和管理等。

二是提供减免税以及资金支持等优惠，鼓励"农"字头加工和经贸企业到贫困地区建立生产基地，这不仅使农户生产技能得到提高，思维观念得到较快转变，更重要的是由于有了产品依托，贫困户接受培训的意愿也会变得比较强烈。同时，企业等组织的介入，也会进一步促进贫困地区人才、资金、技术等要素的流动，改变农户传统的生产方式。

三是鼓励城市居民参与贫困地区农村贫困人口自我发展能力的建设。应充分利用城镇居民和农村居民资源和时间互补的特点，可以通过法定节假日及传统春节等长假，开展城市居民到贫困农村地区认亲戚和结对等活动，增强城市与农村

之间的互动交流，实现城乡文化的共融，进而不断影响和改变贫困地区农村群众的思想观念与文化习俗，以实现提高贫困人口自我发展能力的目标。

（六）加强制度建设，增强贫困群体的社会资本力量

毋庸置疑，与其他社会群体相比，贫困群体通常交际范围狭小、社会网络单一，社会资本存量较少，处于社会结构中的不利地位，这在一定程度上影响和制约着他们持续发展能力的提升。因此，在提升贫困户能力的过程中，除了侧重于对他们物质资本和人力资本的投资外，还应强化对其社会资本的投入，设法增加贫困户这一群体的社会资本存量。实现这一目标，除了提高贫困群体的社会地位和打造社会支持网络的方式外，更需要从制度层面进行规范。但在贫困地区，贫困户利用制度来保障和维护自身权利的能力相对较弱。贫困群体由于文化素质不高等原因的限制，尽管是制度的权利主体，但他们从制度中享受到的保障并不多；而且，由于我国专门针对贫困群体的保障制度尚不完善，因而无法使其发挥应有的保障功能，致使在现实社会生活中损害和漠视贫困群体权利的现象时有发生。鉴于此，迫切需要建立和完善专门针对贫困群体的"济贫法"和"社会救助法"，旨在从制度层面保障贫困群体的根本权利，以此构建起贫困群体的正式社会支持网络。同时，重新构建贫困群体的自组织系统，以此搭建起贫困群体的非正式社会支持网络体系。

专题五　精准扶贫与地理资本视角下的民族地区贫困

贫困一直是一个具有长期性、现实性的综合类问题，被视为全人类的公敌。当前，我国的贫困呈现出明显的区域性和聚集性特征。从空间视角看，这一特征集中体现在贫困区域，主要集中分布于"老少边穷"和生态恶劣地区，尤其是少数民族及民族地区的贫困分布仍呈现出高度集中的态势。数据显示，民族自治地区的农村贫困人口占全国农村贫困总人口的52.5%，贫困发生率高达17.6%。可以说，少数民族地区仍是时下我国最主要的集中连片特贫困区与全国反贫困的主战场。为此，学界关于贫困问题进行了大量的研究，但主要基于收入贫困视角对这一问题进行探讨，而忽视了其他致贫因素影响的研究，特别是基于地理资本视阈进行的研究尚不多见，而基于西北民族地区的相关研究更是凤毛麟角。地理资本是将贫困与"生态气候、地理环境、距离、公共服务"等因素进行关联性研究，它承认在城乡二元结构明显的贫困地区，教育卫生、社会保障以及政治等差异性，都与其空间地理位置禀赋的不同有关。地理位置越偏远，集合多种差异而成的地理资本亦越低；反之，地理资本则高。因此，基于地理资本视阈对民族地区的贫困现象进行解析，能够更好地探寻民族地区贫困发生的根源。

宁夏回族自治区作为地处我国西北内陆的典型生态脆弱区，其贫困区域集中分布在国家14个连片特困区之首的六盘山片区。该区域有8个国家扶贫开发工作重点县，6个革命老区县，国土面积占宁夏全区的64%，人口占全区总人口的41%，其中回族人口占全区回族人口的59.1%，是全国最大的回族聚居区；同时，宁夏六盘山片区也涵盖了高寒阴湿区、干旱荒漠区、黄土沟壑区、峡谷大山区等不同的典型脆弱生境类型。因此，该区域是开展本书关注问题研究的理想之地。鉴于此，基于地理资本视角，以宁夏回族自治区为实证研究区域，运用定量分析的方法，对该区域的贫困问题进行实证性研究，旨在从另一视角解析民族地区贫困发生的长期性。

一、资料来源、模型设定及变量选择

（一）资料来源

围绕研究目标和确定的具体指标，并考虑数据的可获得性，本书所用数据主要来自两方面：一是以2000~2012年《中国统计年鉴》和《宁夏统计年鉴》的宏观数据为主；二是辅以实证调查数据。

（二）模型构建

为了科学分析不同地理资本要素对民族地区贫困农户的影响效应，拟构建多元线性回归模型进行研究，模型的基本形式如下：

$$Y = X\beta + U \tag{4-3}$$

其中，Y 表示 n 阶被解释变量的观测值向量，即 $Y = [y_1, y_2, y_3, \cdots, y_n]$，X 表示 $n \times (k+1)$ 阶自变量观测值的矩阵，即 $X = [1, x_{11}, x_{12}, x_{13}, \cdots, x_{1n}; 1,$

x_{21}, x_{22}, x_{23}, …, x_{2n}; 1, x_{a1}, x_{a2}, x_{a3}, …, x_{an}]; U 表示 n 阶随机干扰项, 即 U = [U_1, U_2, U_3, …, U_n]; β 表示 (k+1) 阶回归参数向量, 即 β = [$β_1$, $β_2$, $β_3$, …, $β_n$]。

(三) 变量选择

1. 因变量的选取

在定量分析不同地理资本要素对贫困农户的影响效应中, 鉴于数据的可获得性及连续性, 本书以贫困农户的收入作为被解释变量。而在宁夏回族自治区, 贫困地区的分布集中体现在以宁南高寒阴湿山区最具典型性, 这一区域农民纯收入在宁夏全区居末位, 回族人口比重高达46%。因此, 以该区域内"贫困甲天下"著称的固原市农民纯收入为实证分析的因变量。

2. 自变量的选取

如前所述, 贫困不仅体现为收入贫困, 其形成是一个复杂的多系统因素所致。为此, 基于地理资本视角, 笔者选取4个一级指标及15个二级指标作为解释变量, 对研究区贫困形成的地理资本要素效应进行解析, 这些指标及其对贫困的预期影响效应如表4-39所示。

表4-39 模型变量及其预期的影响效应

解释变量	单位	符号	可能影响
自然灾害			
农业灾害受灾面积	10^3公顷	x_1	-
农业灾害旱灾受灾面积	10^3公顷	x_2	-
地质灾害防治投资	万元	x_3	+
生态环境			
人均水资源占有量	立方米	x_4	+
当年造林面积	立方米	x_5	+
生态用水量	10^8立方米	x_6	+
气候气象			
降雨量	立方米	x_7	+/-
平均气温		x_8	+/-
日照时数	小时	x_9	+/-
风速	米/秒	x_{10}	-
无霜期	天	x_{11}	+

续表

解释变量	单位	符号	可能影响
公共服务			
每万人口在校生数	人	χ_{12}	+
专任教师负担学生数	人	χ_{13}	-
每千人口床位数	张	χ_{14}	+
医疗卫生机构数	个	χ_{15}	+
因变量	元	贫困农户人均纯收入	

资料来源：《中国统计年鉴》《宁夏统计年鉴》。

对于一级指标自然灾害而言，它是导致民族贫困地区返贫的最主要和最直接的因素。该区域农村多属传统农业生产区，农户抵御自然灾害风险能力弱，因灾返贫现象十分严重。研究表明，自然灾害与农村贫困发生呈现出正相关性，如水旱灾害对农业生产的破坏每提高10%，农村的贫困发生率将提高2%~3%。故选取3个二级指标进行阐明，农业灾害受灾面积和农业灾害旱灾受灾面积都会对贫困农户的农业生产造成严重损失，因此假设其对贫困农户的收入影响为负效应；而加大灾害的防治投资则有利于减少自然灾害对农户的影响，故假设其对贫困农户收入的影响效应为正。

生态环境因素是地理资本要素中影响贫困发生的关键性因子之一。贫困现状表明，贫困发生率高的地区多为生态脆弱区，属典型的生态致贫。对此，我们选取人均水资源占用量、当年造林面积和生态用水量作为反映研究区生态环境状况的具体指标。充沛的水资源是经济社会发展的动力，故假定人均水资源占有量对贫困农户收入有正影响效应；造林面积的增加是区域生态环境改善的重要举措，因此，假设当年造林面积的增加对贫困农户收入也有正影响；合理的生态用水量是确保生态环境建设和改善的先决条件，假定生态用水量对农户收入增加具有正影响。

同时，由于气候气象变化导致的影响及其产生灾害所导致的贫穷或使贫穷加剧的现象日趋凸显，谓之"气候贫穷"。而民族生态脆弱地区保持合理的降雨量有利于促进农业生产和生态环境的改善。若降水过少，则易于导致旱灾发生，使农业生产受到胁迫。所以其对贫困农户收入的影响存在不确定性。同样，平均气温和日照时数若越高或越长，则可保证农业生产所需的正常光照和温度，利于农业生产，但也容易造成作物水分的蒸发，导致旱情的发生；相反，则不利于农作物正常生长的光合作用，对农业生产造成不必要影响。因此其对贫困农户生产亦存在不确定性。而风速加剧则容易导致对农业生产的损害，故假设其对农户收入的影响为负效应。无霜期越长，越有利于农作物保持充足的生长时间，因此假设其对贫困农户收入的影响为正。

此外，公共服务历史欠账多仍然是制约西北民族贫困地区发展的重要因素。在这一地区，公共服务总体质量较低，特别是教育和医疗卫生服务质量长期偏低。加之片区居民点分散导致基本公共医疗和教育服务均等化水平不高的现象普遍存在，进一步导致扶贫质量不高、效果不显著。为此，选取"每万人口在校生数（职业教育）和专任教师负担学生数（职业教育）"反映研究区教育状况。前一指标表明，接受职业技能教育的人越多，越有利于脱贫，故假设其对贫困农户收入的影响为正效应；而每位老师负担的学生数则反映了师生比现状，教师负担的学生数越多，意味着师生比失衡，师资力量越匮乏，越不利于脱贫，故假定其对贫困农户的收入影响为负。以"每千人口拥有的床位数和医疗机构数"来反映医疗服务状况，该两项指标值越大，越表明当地医疗条件的改善。故假设其对贫困农户的影响效应为正。

表4-40是对本书中所用各变量的描述统计。分别从集中趋势、离散程度和分布形态三个层面对实证数据的特征进行了描述。

表4-40　所用变量描述统计

变量	均值	标准差	偏度		峰度	
	统计量	统计量	统计量	标准误	统计量	标准误
Y	2254.38	1204.548	0.863	0.616	−0.272	1.191
χ_1	432.09	160.731	−0.199	0.616	−0.923	1.191
χ_2	287.76	161.3	−0.189	0.616	−1.174	1.191
χ_3	547.78	745.486	1.594	0.717	1.387	1.4
χ_4	161.11	23.342	1.138	0.687	1.563	1.334
χ_5	11.577	6.467	2.045	0.616	4.627	1.191
χ_6	1.228	1.062	2.346	0.687	6.31	1.334

续表

变量	均值	标准差	偏度		峰度	
	统计量	统计量	统计量	标准误	统计量	标准误
χ_7	230.33	56.128	−0.254	0.616	−0.559	1.191
χ_8	9.85	0.547	−0.066	0.637	0.203	1.232
χ_9	2867.2	189.549	0.101	0.637	−0.85	1.232
χ_{10}	2.983	0.194	−2.116	0.845	4.678	1.741
χ_{11}	196.08	18.127	0.402	0.616	−1.058	1.191
χ_{12}	125.44	44.978	−0.912	0.717	0.474	1.4
χ_{13}	34.67	9.887	−1.41	0.717	2.161	1.4
χ_{14}	2.867	0.688	0.695	0.616	−0.724	1.191
χ_{15}	1895.69	1001.007	2.129	0.616	3.096	1.191

二、模型估计结果与分析

(一) 模型估计结果

为了减少共线性影响及消除不同变量间量纲影响，首先对2000~2012年的原始序列数据进行了标准化处理。在此基础上，运用 Eviews 6.0 计量经济分析软件，采用标准化数据，对模型（4-3）的参数进行最小二乘回归估计，模型估计结果如表4-41所示。模拟结果表明，主要解释变量估计参数统计检验较为显著；调整后的 R^2 为 0.768，表明回归模型拟合度较好；条件指数（ki）是判断变量是否存在多重共线性的重要指标之一，若存在严重的共线性则会影响回归模型的构建。通常，当 $0 \leqslant ki < 10$ 时，认为多重共线性较弱，不影响模型的构建。据此，变量的共线性在可接受范围内。另外，$0 < D-W < 2$，表明一阶残差序列存在较弱的正自相关，同样不影响模型的构建。

(二) 模拟结果分析

由表4-41可知，从自然灾害影响看，农业灾害受灾面积、农业灾害旱灾受灾面积和地质灾害防治投资3个指标因子分别对被解释变量有显著的影响效应，这同之前的预期一致。模拟结果显示，如果农业灾害受灾面积每增加一个单位，将会导致贫困农户收入平均下降0.036个单位。同样，农业灾害旱灾受灾面积与贫困形成具有显著的负相关性,并在5%的置信水平上显著,若该因素每增加一个单位,会使得贫困农户的收入平均下降0.528个单位;相反,如果加大对自然灾害的防治投资,则会大大降低灾害对贫困农户的损失。这意味着灾害防治的投资对减少贫困的发生具有正相关性,若对地质灾害防治投资每增加一个单位,就会引起贫困农户的收入平均增加0.313个单位。

表4-41 模型估计结果

解释变量	系数	标准误差	Sig.	条件指数
C	9.37E−16	0.463	0.016	1
$Z(\chi_1)$	−0.036	1.863	0.048	1.029
$Z(\chi_2)$	−0.528	3.182	0.015	1.357
$Z(\chi_3)$	0.313	4.505	0.026	1.553
$Z(\chi_4)$	0.895	1.808	0.047	1.734
$Z(\chi_5)$	−1.033	6.079	0.893	1.827
$Z(\chi_6)$	−0.15	1.334	0.929	2.144
$Z(\chi_7)$	−0.366	2.079	0.889	3.272
$Z(\chi_8)$	−0.601	5.416	0.035	3.462
$Z(\chi_9)$	0.028	6.765	0.997	4.866
$Z(\chi_{10})$	−0.046	3.072	0.047	7.669
$Z(\chi_{11})$	0.389	1.714	0.039	5.138
$Z(\chi_{12})$	0.739	1.594	0.436	9.766
$Z(\chi_{13})$	−0.105	0.637	0.027	13.399
$Z(\chi_{14})$	0.952	1.616	0.043	9.675
$Z(\chi_{15})$	1.195	0.732	0.045	8.964
调整后的R^2	0.768			
D-W	1.937			

从生态环境因子看,只有人均水资源占用量χ_4对贫困农户收入的影响与之前的预期一致,并在5%的置信水平上显著,呈现出明显的正效应。结果表明,若人均水资源占用量每增加一个单位,将会引起贫困农户收入平均增加0.895个百分点。可见,水资源是促进宁夏民族地区经济社会发展的关键因子。但现实状况却是宁夏水资源极度稀缺,人均水资源占有量不及全国人均水平的1/10,属于

重度缺水区。而变量因子当年造林面积 χ_5 和生态用水量 χ_6 对贫困发生的影响同预期相反，尽管造林面积的提高和生态用水量的增加对整体生态环境的改善具有积极效应，但生态环境的改善需要一个长期过程，因而对贫困农户的直接收入影响并不显著。相反，若不重视生态环境的保护，生态环境破坏则对贫困的形成具有显著的负影响促进效应，容易陷入"越穷越破坏生态环境，越破坏越穷"的恶性循环。

从气候气象看，相应指标因子对贫困的影响与之前的预期基本一致。如果降雨量过度或过少都会对农业生产不利，特别是对于宁夏连片特困区而言，南部高寒阴湿区的过度降雨易于导致水土流失，加剧生态恶化；对于中部干旱区而言，年降水量不足 200 毫米，蒸发量却高达 2319.8 毫米，稀缺的降水加剧了旱情和贫困发生。因此，模拟结果显示，降雨量 χ_7 对贫困农户收入具有负效应，这与假设的不确定性相吻合。同样，对平均气温 χ_8 而言，它在一定程度上反映了区域生态的湿润度。若平均气温过高，会导致旱区旱情恶化，土壤失墒过快；而平均气温偏低不仅会导致土壤冰冻，又会使得作物耕作时令滞后，不利于农业生产，故而模拟结果显示出负效应。而日照时数 χ_9 亦具有明显的"双重效应"特性，这意味着充足的日照是保证农业生产的基本条件；但过长的日照时数会造成旱情和蒸发量的加剧，根本上不利于农业生产。同时，作为一种农业气象灾害，风害对农业生产具有直接危害和间接危害。直接危害体现在土壤的风蚀沙化、生理危害以及对农业生产设施的破坏；间接危害表现在传播病虫害和扩散污染物质等。对于宁夏这样的干旱荒漠区，风将导致土地沙漠化进一步扩大。因此，模拟结果显示，风速 χ_{10} 对贫困发生具有明显的负效应，当风速每增加一个单位时，将会导致贫困农户的收入平均减少 0.046 个单位，换言之，贫困的发生概率将增加 4.6%。此外，无霜期 χ_{11} 对贫困农户发展具有一定的正影响效应，这表明较长的无霜期有利于农业生产，是保障农业丰收和农户增收的有利条件。

从公共服务影响看，诚如预期影响效应，每万人在校职业教育人数越多（χ_{12}），对贫困农户脱贫的影响效应越大，但这一指标值却未通过显著性检验，这意味着教育投资是一项长期的人力资本投资，对农户收入是一种间接的影响；专任教师负担学生数 χ_{13} 的模拟系数表明，师资短缺仍是制约民族贫困地区教育发展的障碍。千人拥有床位数 χ_{14} 和医疗卫生机构数 χ_{15} 的系数表明，随着国家加大对农村医疗卫生的投入，民族地区农村医疗服务水平有了明显提高，在一定程度上缓解了贫困地区农村医疗卫生资源短缺的现状，间接地缓解了农户的贫困程度。

三、结论与政策建议

以宁夏回族自治区为例，基于地理资本的视角，通过对民族地区贫困问题的实证研究表明：

一方面，地理资本要素与贫困之间具有显著的相关性。换言之，自然灾害、生态环境、气候气象和公共服务等都对民族地区贫困的发生具有不同程度的影响效应。自然灾害进一步加剧了民族地区贫困的脆弱性，两者具有伴生的关系，相互影响。相关研究表明，80%以上的穷人并非总是贫困，而是有时贫困，这主要是由于面临各种自然灾害袭击时他们难以抵挡而陷入贫困或返贫。研究进一步发现，如果成灾面积占受灾面积的比重越高，农村贫困发生率也越高，返贫现象也严重，本书实证研究的模拟结果进一步表明，自然灾害发生对民族地区贫困的发生具有显著的影响。同时，生态环境的脆弱性与贫困发生亦具有高度的契合性。贫困分布呈现出与生态脆弱地区和民族自治地区高度耦合的特征，在我国划入环境脆弱区的国土面积中，有大约76%的县是贫困县，占到贫困县总数的73%，这与宁夏的实际现状也较为吻合，宁夏的贫困县也主要集中于南部山区和中部干旱区等生态环境敏感区域。而且，气候变化直接或间接地加剧了贫困。极端气候等事件对农业和贫困农户生命财产等造成的损失，是导致其直接贫困的体现；贫困农户的农业和生活更依赖于自然降水，而对水资源变化和自然灾害的适应力更脆弱，这又间接地对经济增长和社会发展产生了长期影响。提高贫困地区公共服务质量，切实解决贫困农户"上学难、就医难"的实际并减轻其负担，亦对缓解贫困具有显著的影响效应。

另一方面，地理资本要素对贫困的影响亦具有一定的不确定性。这主要是因为地理资本中的某些因素是难以识别和统计的（如气候贫困和生态贫困），当前尚无明确的可量化指标对气候贫困人口和生态贫困人口进行评价，所有国家与地区也均无反映其规模大小、地理分布和贫困特征的统计体系。由此导致人们不确定自然灾害何时发生、怎样发生、在何地发生以及发生的频率如何。因而，在识别此类贫困方面仍存在严重的信息不对称性,这也被视为多维贫困中最难的也是最大的贫困。总之,地理资本要素与贫困问题的形成具有明显的关联性,两者之间甚至存在一定的双向影响效应,但并非人类对此束手无策。为此,应采取以下政策措施,以减少和消除地理资本对贫困的负效应和提高人类对其不确定性的认知。

一是因地制宜,提高民族地区扶贫的精准性,避免"一刀切"。要真正减少地理资本因素对民族地区贫困的影响,就必须基于该区域宗教文化、贫困农户的主体需要、落后历史及现状,以及生态环境的高度脆弱性这一实际,对不同地域及条件的贫困地区制定符合其地方特色的扶贫政策,避免"一刀切",提高扶贫工作的精准性,实现扶贫工作由"大水漫灌"向"精准滴灌"转变,从而确保民族地区贫困农户能够真正享受到"扶贫资源"。

二是尽快完善和实施生态补偿制度。国家层面应制定出生态补偿的专项法律、法规,并以法律形式将生态补偿的范围、对象和标准确定下来,以构建保障生态补偿公平运行的长效机制。同时,按照国家和自治区生态功能区划和主体功能区划,建立"中央政府为主、省级政府为辅"的分级补偿制度。而且,应建立免费为贫困人口使用节能型设备的补贴贷款制度,以及建立对少数民族贫困地区绿色食品或有机农产品政府优先或强制性采购制度,从而构建起宏微观主体相结合的生态保护机制。

三是着力构建农业灾害防御体系。①应树立一种"三位一体"的理念,即农业灾害防御是"政府、社会、农户"共同的责任,农业自然灾害的风险也并非农户自身负担的一种私人成本,更是一种社会成本,理应由各方共同分担。②针对民族地区实际,政府可通过制定有利于贫困地区的财政政策,建立以保障贫困农户基本生存、基本生活水平以及个人基本发展的人性化可持续救助体系;构建"以政府为主导、保险公司为主体、农民适当负担"为特征的农业保险体系,这在一定程度上是保障贫困农户的生活水平和可持续发展的需要。此外,构建以国家财政投入和农业保险相结合的农业自然灾害防御体系,建立以政府补贴为主的政策性农业保险制度以及农业自然灾害合作保险制度,实现农业灾害防御体系由单纯的"一线式"模式向"网状式"风险保障模式转变,从而构建起一个全方位、立体式的农业灾害防御体系。

四是重视和提高应对气候变化的认知能力。气候致贫愈演愈烈,减少"收入贫困"相对容易,但消除"气候贫困"却并非易事。鉴于此,其一,加强对贫困农户气候变化认知的适应性教育,提高其认知能力,为其主动采取适应气候变化行为和规避气候变化对农业生产带来的风险创造条件。其二,加强媒体宣传和适应性行为指导。政府可通过贫困农户喜闻乐见、易于接受的方式宣传气候变化的知识,旨在强化对贫困农户实施不同类型的适应性指导,特别是应对极端气候事件的防备。其三,政府可释放惠农补贴的调控效应,对采取良好农业生产习惯、适应气候变化技术的农户加大和提高补贴力度,以实现规避气候变化造成的农业风险之目的。此外,国家应加大气候变化的适应政策与技术投入。民族生态脆弱区是气候变化的重灾区,迫切需要国家层面的具体援助举措,比如引进抗旱和抗洪的农作物品种,完善基建设施,加大节水型社会建设投入等。

五是加大投资,提高民族贫困地区公共服务均等化水平。一方面,要从制度层面保障民族贫困地区财权事权对等的原则,加大国家层面对该区域农村社会事业的投入力度;另一方面,应采取积极鼓励政策措施,诸如免费师范生教育、免费医学教育和免费农业专业教育等举措,构建工资待遇保障、职称晋升和住房保障等方面的优惠长效机制,使得这些免费生教育人才毕业后真正能扎根贫困地区、服务贫困地区,解决他们的后顾之忧。

六是加强和实施多维扶贫战略。亟待改变只考虑收入贫困的狭隘视角,基于各类地理资本要素对民族生态脆弱区贫困的影响,实施多维扶贫战略。采取的扶贫措施除了提高经济增长率和收入外,更应加大对该区域社会保障制度和基础设施等方面的投入,努力实现教育、医疗卫生和饮水等基本公共产品的无空间差异供给,提升这一地区贫困农户抵御外部环境冲击的抗风险能力。

第五章　思考篇

第一节　国内外典型扶贫模式及其对宁夏的启示

一、国外典型扶贫模式

当前，国际社会上主要有如下扶贫模式，一是以英美为代表的主要发达国家，由于经济实力雄厚，贫困人口少，贫困率低，因此它们有条件实施较优厚的社会福利政策，提供基本公共服务来援助贫困群体，保障他们的基本生活消费支出；三是以巴西为代表的大多数发展中国家，由于经济发展水平低，贫困面大，因此它们主要是通过实行社会保障制度与社会援助方案、社会救助项目等途径来减少贫困。此外，还有些国家善于借助政府和社会的力量，在考察自身优势资源的基础上，因地制宜地开展扶贫工作并且成效显著。

（一）金融精准扶贫模式

1. 日本农协金融扶贫模式

日本农协金融是以日本农协作为载体的金融扶贫模式，是合作性金融的基础，同时也是被公认的日本发展"三农"的成功典例。由于日本农村金融体系是由合作金融、政策性金融以及一般商业金融共同组成，且每级农村合作金融都是以相对应级别农协的一个业务单位为基础，因此合作金融可看作是日本农协组织的一个起主导作用的系统，它能够很好地满足农村资金的需求。也正因如此，依附于农协的农村合作金融也对应地采取的是三级组织形式，具体分为基层农协、信用合作联合会和居于最高位的农林中央金库以及全国信联协会。其中，基层农协信用合作组织是以基层农协为基础；信用合作联合会（以下简称"信农联"）是以都道府农协为基础；农林中央金库与全国信用联合会是以全国农协为基础的。

基层农协由农户、居民和其他社团入股组成，以吸收会员的定期和活期存款为主要资金来源，直接面向会员提供综合多样化服务。例如，贷款业务不以营利为目的，主要是帮助会员满足他们在经济困难时期所需的生产和生活性支出需求，并且无须担保；在一定条件下，还可以向非会员提供贷款。作为条件，协会要求会员将销售农产品所得款项以及从农协得到的分红的一部分存入农协，以便增加资金池的资金量。信农联是基层农业和农林中央金库的桥梁纽带，以基层农协作为业务对象，接受本县内各基层农协、各农业团体的存款或入股，吸收基层农协的剩余资金，调剂各农协资金余缺，时刻满足基层农协融资需求。同时，信农联负责监督和指导农协的运转，办理发放贷款、贴现以及保证金业务。农林中央金库由各信农联出资成立，主要负责调配全国范围系统内部资金，协调基层农协与信农联之间的资金活动，为它们提供指导和信息咨询。

各层次组织机构之间没有隶属关系，独立核算、自负盈亏。但为了在资金不足时能及时得到上一级机构的供给，一般情况下，一级组织会定期向上一级缴纳一定存款入股。农协以为农户提供便利为主，在向他们提供贷款的同时，还提供生产资料统一购买和设施共用业务平台，还有农业经营生产指导和农产品销售业务，特别是农协控股的保险机构和农协医院可以为农户提供保险及医疗服务。正是一个这样兼经济功能、社会功能、政治功能于一体的组织，使得农户收入水平得以不断提高，城乡差距逐渐缩减，最终实现城乡一体化协调发展。因此，日本农协的金融扶贫模式更倾向于"漫灌式"的扶贫方式，而非强调精准化。

2. 孟加拉小额贷款金融扶贫模式

孟加拉人民共和国位于南亚，是世界上最不发达的国家之一，同时也被公认为是世界上最贫穷的国家之一。在20世纪末，借钱还不上成为该国民众的一个普遍现象，整个银行系统仅靠国家政策与信用维持。然而，吉大港大学的经济学教授默德·尤努斯于1978年针对贫困农民尤其是贫困乡村妇女所创办的"乡村银行"（Grameen Bank）不仅挽救了国家信用，还广泛地动员了贫困人群主动参与设计和执行脱贫行动，使得小额贷款在本国乃至世界都具有了良好的发展前景和发展潜力。通过多年的成功运作，如今的乡村银行不仅是一种以市场化经营、非政府组织从事的小额信贷的商业组织，也是当今世界规模最大、效益最好、运作最成功的小额贷款金融机构，更是成为发展中国家金融扶贫模式的典型。

一方面，乡村银行的贷款对象主要面向贫困地区的极贫户，他们不需要抵押担保，而是通过联合团体担保，即通过以5人小组联保代替担保。贷款期限一般为1年，贷款后很短时间内（譬如两周）便要开始还款，一年分若干次直至年底还完全部借款和利息；对遵守银行纪律、在期限内按时还款的小组成员，银行实行连续放款的政策，并且给予小组成员一定的利息分配奖励，以此促进成员之间相互监督与帮助，慎重选择组员。借此提高银行的还款率，资金也能正常周转。但是，成员向银行申请所得的贷款资金只能用于从事非农业生产，尤其是各类非粮食生产的小型项目，如小手工业项目、副业项目等，而诸如小手工业等项目多是以妇女为生产主体，因此女性为贷款对象是乡村银行贷款项目最突出的特点。也正因如此，孟加拉国的小额贷款精准地瞄准了农村贫困妇女筹资难等问题，有效地组织贫困户进行生产自救，使其摆脱家庭经济困难的窘境。

另一方面，乡村银行的组织结构和管理形式要求银行工作人员每天都要长途跋涉数十里亲自到村里处理贷款业务和其他问题，这对隐形失业率极高的农村地区的有志青年具有极大的吸引力，譬如增加就业岗位，缓解现行就业压力等。乡村银行还鼓励会员积极投入社会发展计划中，同时组织一系列活动帮助农村贫困地区发展教育、医疗、卫生等。

由上述例子可知，金融扶贫模式的发展关键在"小额贷款"，重点在解决现有商业银行存在的抵押贷款难的问题，以达到缓解农村贫困户从事短期农业生产活动获取资金来源难、低利率等现象。这些模式一部分是依托于国内商业银行以及政府作为主体进行运转，而另一部分则是由不受政府干预的独立团体组织来进行操作。

（二）文化扶贫模式

1. 韩国贫困地区精准化人才培养

人才培养战略主要目的是通过教育，培训培养一批具有专业文化知识的人才来建设和发展农村。韩国将这些参与者依据其从事的不同领域分别进行精准培养，主要分为精锐农业人才的培养和农村开发人才的培养，这其中主要涉及政府、学校、企业以及培训机构。

精锐农业人才培养，主要是指依据不同的成长阶段，将农业从业者划分为三个类别，分别是预备农业从业者（主要是农业大学或农科专业大学生）、初级农业从业者和专业农业从业者。同时，针对不同级别的从业者给予不同的制度支持和培养重点。比如对于预备农业从业者，由于他们尚未正式接触农业活动，因此该阶段侧重于对农业活动的探知、研究和创业等，目的是通过实行现场实习教育、师徒制度教育、农业创业教育等来培养他们的农业活动能力；对于初级农业从业者，在其对农业活动有一定了解的基础上进行一段时间的培训，主要提供务农初期的资金支持、经营及技术相关知识的研修课程、专业咨询等服务；而对于专业农业从业者，由于其已经在农业活动中积累大量经验或者已经取得微弱成就，因此该阶段主要是通过给予他们进入农业大学接受长期教育的机会来进一步提高其农业水平与专业技巧。目前，已有农林水产食品教育文化情报院、农村振兴厅（隶属农林水产食品部）、各道的农业技术院、市、郡农业技术中心、高校、社团、企业等参与该项目的实施。

农村开发人才的培养，依据地域文化和资源特色培养人才，旨在着力推进农村综合开发。例如，已经启动的"农渔村综合开发事业"项目以及正在实施中的《中长期农村地区开发人才培养对策》政策等，都旨在开展农渔村公社对村落经营体、个体经营体、观光专家进行的综合课程培训。此外，通过对项目、政策以及农渔村公社"三位一体"的同步进行，使得农村发展得以从国家层面、社会层面和资金、技术层面得到有效的支持和保证，使其能够充分挖掘农村潜在资源，提高农村整体发展水平。

2. 日本三岛町充分挖掘传统文化的价值

日本三岛町在人口急剧减少、经济滞后的背景下，通过挖掘文化资源最终实现了新的发展。期间，更是先后四次制定振兴计划，最终走出了一条以日本三岛町文化为立足点的崛起之路，使其在人口大幅减少的情况下依然实现了经济发展。三岛町在振兴计划中特别注重强化居民对"三岛人"的认同感和文化的自豪感，不仅制定了"町民宪章"，而且还选定了三岛町的三个特色标志物：町花、町木与町鸟。此外,通过创立月刊,树立"三岛町"文化品牌,形成了具有三岛町特色的文化价值产业链。三岛町也因此实现了自身三次产业发展结构的转化,促进了经济发展,增加了经济总值。

具体来说,第一次振兴计划于1981年制定,以"打造文化气息浓厚的乡村"为口号,重在发展教育文化、发展传统手工艺技术;第二次振兴计划于1991年制定,以"生活工艺运动"为口号,在前次发展手工艺的基础上,着重发展特色手工艺,并将工艺品的发展融入地区发展中;第三次振兴计划于2001年制定,提出"自然博物馆的"设想理念,规划将整个区域作为自然展厅,向观众展示当地民风民俗;第四次振兴计划于2011年制定,侧重于挖掘地区历史文化故事,展示浓厚文化底蕴,渲染地域人文情怀。现已建成生活工艺馆、奥会津文化中心、物产馆、民俗馆、生活馆、观光物产情报馆等,独具文化特色。

日本三岛町的发展富有浓郁的文化特色,现已经成为发展农村特色文化的典型案例,对文化扶贫具有一定的借鉴意义。

3. 南非的文化创意产业文化扶贫

南非是世界上文化元素最丰富的国家之一,丰富的文化资源也为南非的文化创意产业提供了"肥沃的土壤",南非政府更是据此提出了发展文化创意产业的国家战略,即"姆赞希金色经济"(MGE-Mzansi Golden Economy),旨在依托文化创意产业减少本地区的贫困人口,达到减贫增收的目的。该战略主要涉及十大创意领域的发展、3个创意孵化器的建立以及国家艺术银行和数据库服务商的设立。这十大领域的发展都以地区文化为基石,并结合不同的产业领域,形成交叉领域的发展,也因此成为文化扶贫的创新点并为南非扶贫事业做出了突出贡献。

"姆赞希金色经济"的具体措施包括:①建立创意孵化器,以培育更多的文化类创意企业,使各地文化资源得到充分利用,创造更多的工作岗位,促进经济增长。②设立国家艺术银行,该银行负责获取各类艺术品并在公共建筑中进行展示,以及开展艺术品的租赁业务,同时也为艺术家展出作品等提供资金帮助。③南非艺术文化部对国家和地区的文化项目提供资助,刺激地方经济增长,并提供就业岗位。南非文化创意产业通过极化或扩散效应带动周围贫困地区经济发展,并以经济增长方式促使贫困人口自下而上地分享经济增长的成果,缓解区域性贫困状况。此外,文化产业的发展还能在无形中增加人们乃至贫困户的文化水平，提高了文化意识和素养，激励人们积极进取，实现从深层次上进行精神脱贫。

由上述例子可知，文化扶贫主要包含两方面。一方面，是以文化为基石，并把教育、科学、卫生等其他方面紧密结合共同推进扶贫工作，打造地区特色文化品牌；另一方面，则是提高地区文化水平，在原有的基础上借助各界力量加大对从事农业活动人才的培养，着力提高劳动者的自身素质，以高文化人才推动农村发展、以高文化人才推动农村经济。

（三）教育和旅游扶贫——泰国夜丰颂府

泰国夜丰颂府高山环绕，环境优美，自然资源优越但基础设施条件落后。蜜窝村位于夜丰颂府的北部，户籍人口约为1300人，以华人居多，约占总人口的70%。由于既是农村又是偏远山区，蜜窝村村民生活水平一直在贫困线徘徊。

随着近几年中泰两国经济、文化的交流密切，蜜窝村村民看重了乡村旅游和中文导游的脱贫契机，依托本村华人较多的人口优势，坚持开办中文教育，培养导游人才，通过让年轻的村民去热门城市（如清迈、曼谷、普吉岛等）担当导游来赚取丰厚的报酬，然后抽取部分报酬寄往家里；父辈们则凭借这笔资金在村门口开办农家乐，发展乡村旅游。凭借着泰国当地淳朴的民风民俗，以及村里长期的中文教育而建立起的语言沟通优势，蜜窝村的特色旅游每年都能吸引大批游客，村民的生活水平也有了很大的改观。目前，蜜窝村已经建成了知名农家乐景区，大量游客给蜜窝村带来巨大收入。

"百年大计，教育为本"，泰国夜丰颂府北部的蜜窝村，在坚持教育的基础上，以发展旅游产业的形式带动村落发展，从而摆脱贫困。同时，通过开展旅游、中文教育、中医药研究以及职业技能培训等项目，惠及泰北地区人民，为泰国减贫事业做出贡献。

二、国内典型扶贫模式

当下，我国的扶贫工作已经进入了攻坚克难的最后冲刺阶段，部分地区已经成功摘掉贫困的"帽子"，过上小康生活，其扶贫模式也已经成为精准扶贫的典型案例可供参考。对此分别从驻村帮扶、片区攻坚、产业扶贫等八个角度来列举部分典型案例。

(一) 驻村帮扶

驻村帮扶不仅是做好各项扶贫开发工作的重要保障，同时也是做好内源扶贫的重要手段。驻村帮扶通过把党和政府各项强农、惠农、富农政策更加精确落户到贫困村、贫困户，把扶贫资源有效地运用到建档立卡户中，同时改进帮扶者与被帮扶者之间的关系，提高扶贫开发绩效，帮助贫困村、贫困户脱贫致富。此外，由于建档立卡户同样有能力根据自己掌握的知识、技能、经验、信息和可利用的基础设施等条件，使其可支配的资源配置最优化，所以驻村帮扶可以通过从增加知识、技能、经验和信息以及改善基础设施条件等方面入手，激活贫困村和贫困户内生的发展潜力，为贫困人口将脱贫愿望付诸实践给予实实在在的帮助和指导，提高贫困人口自我发展能力，缩小发展差距，为实现到2020年基本消除绝对贫困现象发挥重要作用。

1. 陕西商南县纪委监察局驻村工作队帮扶马蹄店村典型案例

陕西省商南县纪委监察局按照县委、县政府脱贫攻坚工作团的安排部署，紧紧围绕帮扶的马蹄店村脱贫致富这一总体目标，以提高贫困户自我发展能力为核心，以扶贫对象核实和数据清洗工作为重点，坚持包点帮扶工作与"美丽乡村"建设相结合、增加贫困户收入与解决农村实际问题相结合，通过加强基础设施建设、推进劳务输出、发展脱贫攻坚致富产业、选准群众脱贫路径等综合帮扶措施，使脱贫攻坚驻村帮扶工作取得了实效。

一是认真落实结对帮扶。数据摸底工作结束后，县委机关第一时间确定15名帮扶干部帮扶贫困户29户91人，由2名村干部帮联8户9人。结合贫困户实际，每名帮扶干部为贫困户制定了2~4项脱贫路径，并逐步实施。

二是积极发展脱贫产业。按照短期项目和长期项目计划相结合的原则，大力发展脱贫产业，在片区内成立了5个专业合作社，带动贫困户重点发展香菇种植、艾草种植、茶叶种植、肉兔种植、劳务输入等产业项目。在2017年1~6月，马蹄村37户贫困户中有2户通过发展香菇种植达到增收8000元目标；建设艾蒿种植基地300亩，通过土地流转和务工带动贫困户17户；吸纳19户贫困户参与村庄建设，建设500亩观光茶园和300亩村集体经济茶园，巩固肉兔养殖基地，带动4户贫困户以资金入股方式参与分红。通过发展产业，将贫困户绑在产业链上，实现了户户有产业的目标。

三是大力改善基础设置。通过抓住施工有利时机，利用贫困村500万元基础设置项目资金，积极协调住建、扶贫等部门投入资金200余万元，大力改善基础设施。对全村139户家庭庭院进行了硬化，铺设入户路5300米，修建花池95个，修建围墙5600米，彻底治理新马河2千米，新修新马路路肩2千米，拓展村级文化娱乐场所900平方米，加盖村部彩钢瓦屋面460平方米，涂白房屋238户，村级120平方米卫生室已完成屋顶改造和涂白。牵头组织设立"困难党员互助关爱资金"，通过拨款、捐款改善村部生活和办公条件，使得村容村貌得到明显改观。

四是启动发展集体经济。积极向县茶叶局等公司争取资金20万元，协议转让茶园300亩，大力发展集体经济，组建清香产业合作社，发展高山生态茶。投入资金2万元支持启动村集体经济，新修茶山产业路2千米，组织6户贫困户到茶山务工，实施村集体经济兜底扶贫。2017年村集体通过采山茶320斤收入3.2万元，填补了村集体收入的空白。

2. 广西壮族自治区桂南贫困村驻村帮扶减贫典例

广西壮族自治区属于国家扶贫开发工作重点省区，是全国贫困人口超过500万的省区之一，脱贫任务十分艰巨。在驻村帮扶上，广西壮族自治区从2014年起，整合"美丽广西·清洁乡村"工作队队员、贫困村党组织第一书记、新农村建设指导员、定点扶贫工作队等帮扶力量，在全区的14353个行政村统一派驻"美丽广西"乡村建设（扶贫）工作队。实施区、市、县、乡四级联动的干部选派方式，每个行政村派驻2~3名队员（其中每个贫困村有1名书记），每个行政村都有1名县以上机关单位干部和1名以上乡镇干部驻村，驻村干部每两年轮换一次。

该村2012年被划定为广西壮族自治区级扶贫开发重点村，精准扶贫实施后被认定为建档立卡贫困村，2016年确定建档立卡贫困户44户143人。全村有11个自然屯，18个村民小组，626户农户，总人口2500人，95%以上为壮族。2016年外出打工人员约830人，占全村人口的33%。村庄山多地少，且耕地多为坡地，收入水平低、收入来源单一，内生发展动力严重不足。

自扶贫工作队驻村以来，其工作内容主要有以下几个方面：①按照上级部门部署，工作队严格按照"一进二看三算四比五议"识别方法和"两入户、两评议、两审核、两公示、一公告"的识别程序①对本村贫困人口进行了精准识别和建档立卡工作，并录入扶贫信息系统。②制定本村脱贫计划和贫困户帮扶计划。③开展村庄基础设施建设。2015年通过"一事一议"项目实施巷道硬化2.2千米，筹集资金12.8万元，项目惠及5个屯9个村民小组283户1100人；利用县扶贫资金78万元实施通屯道硬化2.6千米，由县扶贫办采取公开招标形式建设，项目惠及2个村民小组51户181人，目前村庄道路基础设施逐步完善，通屯道、巷道覆盖全村大部分人口。此外，利用县乡村办资金5000元，在村庄人流量较大地方建设垃圾池5个，方便垃圾收集处理，改善村庄人居环境。④发展特色产业。2015年获得扶贫部门产业帮扶资金32.2万元种植百香果（其中市扶贫办14万元，县扶贫办18.2万元），种植面积200亩，76户农户参与种植，拓展群众增收渠道。⑤实施文化扶贫。2014年底获得县文新广电局20万元文化扶贫资金，翻修村委办公楼和建设村级文体活动中心（包括篮球场、戏台），改善了村委办公条件和村庄文化活动场所条件。2015年6月，筹措资金11.8万元在人口最密集的屯建设一座灯光球场（其中，村级惠民资金6万元，群众自筹资金4万元，社会资金1.8万元），配置简单健身器材，同时还成立了篮球队和广场舞表演队。⑥推进教育扶贫。组织有子女上学的建档立卡贫困户申报"雨露计划"，2015年共有7名贫困学子获得资助，减轻了贫困户家庭负担。

在驻村期间，工作队队员除了肩负组织群众学习党的政策方针、带领群众发展生产、开展"清洁乡村"活动、化解农村社会矛盾、加强基层组织建设之外，在贫困村中最主要的任务是要围绕新一轮的扶贫攻坚，深入开展精准识别、精准帮扶、精准管理等精准扶贫各项工作，发挥群众的主动性和创造性，提升贫困农

---

① "一进二看三算四比五议"中，"一进"指精准识别工作队入户了解农户家庭情况、生活质量、子女上学、家庭成员健康等状况；"二看"指看住房、家电、农机、交通工具、水电路等生产生活设施，看农田、山林、种养等发展基础和状况；"三算"指算农户收入、支出、债务等情况；"四比"指与本村（屯）比收入、比资产、比外出务工等情况；"五议"指评议分是否合理，是否漏出，是否弄虚作假，是否拆户、分户、空挂户、家庭人口是否真实等情况。"两入户、两评议、两审核、两公示、一公告"中，"两入户"指入户调查和贫困户名单确定后入户填写《贫困户建档立卡登记表》；"两评议"分别指村民小组评议和行政村两委评议；"两审核"指乡（镇）对贫困户名单进行抽验审核和行政村两委对贫困户名单进行审核；两公示指第一次在村民小组公示农户分数，第二次在行政村、自然屯或村民小组公示贫困户名单；一公告指贫困户名单公示无异议后，县扶贫开发领导小组在政府网站和行政村进行公告。

户整体素质,增加贫困村农民收入,尽快实现脱贫致富。

(二) 片区攻坚之四川烟草乌蒙山区扶贫

乌蒙山片区跨云、贵、川三省,覆盖四川省宜宾、泸州、乐山3个市的9个县。四川省乌蒙山区地处偏远,道路崎岖,土地小散,交通不便,村落空心化严重。四川省烟草局根据当地实际情况,决定以烟叶种植为村庄脱贫的实际抓手。组织专业人员到片区帮扶群众耕种,还投入巨资,为烟草种植区改土、修路、建水源,土地坡改梯,以及购置相应的农机设备。借助国家烟草专卖局在四川省开展的12个水源工程援建项目的契机,四川省烟草局投入巨资对烟草种植区进行土地坡改梯、同村通路修建、农机设备购置,截至"十二五"末期,四川省烟草局累计投入8亿元为乌蒙山建设烟草农业基础设施,以烟草种植为依托,打造规模化、标准化现代可循环农业生态体系。

除此之外,烟草局还积极推动与地方政府、企业协作,同时也积极探寻与专业合作社、科研机构的合作,通过轮种有机高粱、建立试验基地或教学基地,助力烟区形成多元化产业生态,为当地村民形成持续稳定收入来源打下坚实基础。

通过片区攻坚,四川省烟草业用5年时间,累计投入90亿元资金,参与帮扶100个贫困村,使得全省烟农年均总收入由33亿元提升至55.7亿元,户均种烟收入由2万元提升到5.14万元,年均增长达到20.8%。

由上述例子可知,连片区的发展可依靠政府和企业引进的资金进行通路通水等基础设施建设,在此基础上发展地方特色产业,并逐步完善其他相关联产品,最终形成以该产业为核心的多元化产业链条。此外,应注意企业的承接,完善各项防范风险措施,共同助力连片区形成本地独特的产业经济支撑链,建设幸福美丽新村。

(三) 社会帮扶之电商扶贫

早在2016年,国务院《政府工作报告》就明确提出,要切实推进电子商务进农村。同年,习近平又在网络安全和信息工作座谈会上指出:"可以发挥互联网在助推脱贫攻坚中的作用,推进精准扶贫、精准脱贫,让更多贫困群众用上互联网,让农产品通过互联网走出乡村,让山沟里的孩子也能接受优质教育。"这一论述为我国新时期扶贫工作指明了方向,提出了新思路,明确将"互联网"与"扶贫"联系在一起。至此,2016年中国开启"网络扶贫元年"。

所谓电商精准扶贫，是借助电子商务，通过改善电商发展环境，促进贫困地区农村电子商务及其相关产业的发展，带动网络创业和网络消费，提升贫困户自我发展能力，最终直接或间接增加贫困户收入的精准治贫方式。其最主要的手段是发展贫困地区的电子商务，根本目标是帮助贫困人口脱贫致富，本质属性是对接市场与拓展贫困地区销售渠道。电商精准扶贫较之于农村电商，更加强调特殊的场景、对象和目标诉求的精准化。电商精准扶贫的场景是贫困地区，最终作用对象是贫困主体，更强调重点帮助贫困人口脱贫致富这一核心目标。

1. 贵州省电商增收扶贫

一是创业就业扶贫。通过电商、物流企业及电商产业链相关企业吸引与安置贫困户就业，或者通过培训，带动一批贫困户开网店创业。如贵州省遵义市习水县有150余人从事农村淘宝合伙人和淘帮手工作，近200个个体网商，200余人在生活网、优帮、农产品加工企业等电商企业就业，电商直接带动1000人以上创业就业，实现创业就业扶贫。

二是产业扶贫。众多农产品加工企业搭上电商快车谋发展，带动当地农户增收。如纳雍县采用"政府+电商协会+农村电商服务网点"的模式开展电商精准扶贫工作，其农特产品蜂蜜、核桃、板栗、黑山羊、糯谷猪等8个类84种可通过电子商务进行销售，仅2015年天猫"双11"的网上交易量就超过了33000单，总金额约800万元。

三是因电商产业的发展带动地区经济的整体发展而获益。农村贫困地区电子商务的发展，必将引起该地区交通、餐饮、娱乐、旅游等基础设施的极大改善与生活生产配套服务行业的壮大发展，将大大改善村民的生活居住环境，使贫困户共享电商发展成果。

2. 福建省南安市飞云村"淘宝村"模式

飞云村位于福建省南安市乐峰镇，交通不便，缺乏先进的生产技术，管理理念也跟不上时代的步伐，整个地区的产业处于落后状态。但从2006年当地政府颁布了移民支持政策，主管单位累计投资了458万元用于建设网络、移民文娱中心等11个项目，促进了农村电商在当地的发展。通过当地政府对于该村的支持，形成了一系列高效的电商运作形式：由村政府牵头，率领大家成立了"飞云淘宝村电商中心"，作为村民的电商运营的协同互助平台；建立了"飞云电商服务群",让店主之间的交换信息更及时,让有限资源进行共享,供货发货集中进行,最充分地利用资源;在泉州市万祥商城特别建立了"南安飞云淘宝村物流配送中心"。位于飞云村的网店接到订单后,只需把相关信息发送到飞云电商服务群里面,配送中心无偿帮店主进行后续工作。2013年,南安飞云村被誉为"中国淘宝村",给其他地区的精准扶贫工作提供了不可多得的经验借鉴,促进了"互联网+"下电商扶贫的进一步发展。"一镇一品"品牌把握好的同时,继续摸索"互联网+制造业"的新型模式,发展出一条农民自主创业的电子商务发展道路,进一步推动农民创业增收的效果。

由上述例子可知,电商扶贫用规模化农产品上行,解决线上线下信息不对称,从而解决了农产品销售难的问题;用农庄产地直销,对接城市消费者,为"高精尖新奇特"的小量农产品做长期的口碑和品牌营销,固化粉丝,服务农民和精准扶贫。此外,电商扶贫通过与当地特色产业的结合,基本上形成"电商+农业合作社+贫困户""电商+旅游业+贫困户"等第一、第二、第三产业融合发展的利益联结机制,通过地方政府、电商平台、消费者、贫困户等广泛参与,基本形成了以县级服务中心为枢纽、以乡村服务站为基础的两中心一站点的格局。截至2016年,全国农村网络零售额达到8945.4亿元,累计建成农村电商服务站40万个,建成农村电商公共服务中心和物流配送中心1241个,乡村电商服务点约5万个。截至2018年,国家级贫困县电商扶贫专区已覆盖全国597个贫困县,带动就业超过2000万人。

(四) 易地搬迁扶贫

易地扶贫,主要是对居住在生态环境脆弱、恶劣地区的居民实施易地扶贫搬迁,着力解决居住地"一方水土养不起一方人"的问题。

1. 安徽省金寨县易地搬迁扶贫

金寨县位于安徽省六安市,大别山脉由西南向东北横穿全境,金寨县平均海拔500米,山场面积426万亩,耕地3374万亩,人均五分耕地、八亩山场,"八山半水半分田,一分道路和庄园"是金寨县的基本地貌特征。金寨县坚持把易地搬迁作为消除贫困的重要途径,在"十二五"期间,金寨县移民局共争取落实中央、省级专项资金12647174万元,财政扶贫资金总计269986万元。有了充足资金的保障,金寨县制定了水库移民搬迁和易地扶贫搬迁实施方案,将在册建档立卡贫困户安置于县城、集镇、规划村庄等地的集中安置点，出台了农村宅基地自愿退出奖励扶持办法和有偿使用办法，截至 2017 年上半年，全县共落实搬迁安置点 219 个，实施易地扶贫搬迁共 4867 户 17677 人，其中搬迁到县城 670 户 2540 人，集镇 742 户 2963 人，村规划点 2829 户 10176 人，自然村庄 626 户 1998 人；实施水库移民搬迁共 3718 户 12461 人，其中搬迁到县城 1102 户 3900 人，集镇 518 户 1745 人，中心村 1758 户 5851 人，自然村庄 340 户 965 人。通过易地搬迁，移民户离开了深山水库区和地质灾害区，迁到了靠近县城、乡镇、公路等宜居的地方，生存环境明显改善。集中体现在"五便利、一保障"上，即出门行路便利，子女上学便利，有病求医便利，获取信息便利，寻找就业门路便利，遇到灾害，生命财产安全有保障。据调查，搬迁户距离最近公路比搬迁前平均距离少了 5 千米，居住点距小学平均距离少了 4 千米。通过易地搬迁，金寨县实现了当地劳动力的集中，提高了公共基础设施服务的水平，同时也极大加快了城市化进程。

2. 四川易地扶贫搬迁项目收益债券

易地搬迁项目的前期建设、中期搬迁、后期培训都需要政府财政政策的大力支持，如今在市场化的条件下，鉴于政府财政资金有限，而扶贫攻坚任务又迫在眉睫，如何在现有资源条件约束下实施搬迁已经成为政府工作中迫切需要解决的难题。

2016 年 9 月，四川省成功发行易地扶贫搬迁项目收益债券，标志着易地搬迁项目引入资本市场，以直接融资的方式筹集大量长期的资金。该类项目共有两项：一是由泸州市农村开发投资建设有限公司作为发债主体和融资平台公司，古蔺、叙永两个县向该公司报项目，该公司根据项目拨付资金，首期发行 5 亿元债券，国家发展改革委批准非公开发行 20 亿元、10 年期债券；二是苍溪县融资平台公司兴苍建设有限公司作为发债主体，广元市融资平台为其担保，并获得国家发改委批准非公开发行的 10 年期、10 亿元债券。操作原理在于：四川省政府划定特定利于农户生产生活的土地面积用于易地搬迁扶贫项目，集中规划安置会产生城乡建设用地指标，其将与发达区市县进行建设用地指标增减挂钩交易，将这些农户在易地搬迁项目中获得的补贴和资助用于还本付息。

由上述例子可知，经政府对特定群体实行多样优惠政策后仍未改善现状或者居住地生态环境脆弱而实施搬迁扶贫项目的群体进行移民变迁，共分为集中和分散两种形式。而项目的重点是如何搬得出、留得住、能致富，这些往往需要大量资金的投入，资金的获取可以借鉴金融项目，让金融产品设计充分市场化，降低投资风险，吸引投资者，尽可能填补搬迁后的医疗、教育、养老、就业等相关配套设施建设方面的资金缺口，满足易地扶贫搬迁全面快速推进的要求。

（五）金融合作之山东沂南县社会绩效债券

沂南县隶属山东，位于沂蒙革命老区，共有 5.1 万建档立卡贫困户。2016 年，山东省沂南县扶贫社会效应债券正式发行，募集资金 5 亿元，期限 10 年，发行主体是沂南县城乡建设发展有限公司，销售主体是青岛银行和中国农业银行。沂南县"六个一"扶贫工程具体实施部门是服务提供者，定向投资主体是中国农业发展银行和地方商业银行等。该债券所募集的资金主要流向特色产业项目、扶贫就业点、扶贫光伏电站、扶贫公共服务和基础设施配套，目的在于解决资金短缺对脱贫攻坚困扰。

山东沂南扶贫社会效应债券是中国首单社会效应债券，它体现了社会公共服务与金融的结合。①它以社会效益为导向，主要解决社会问题，如基础服务、住房、就业、粮食供应、社会经济提升等。②债券收益水平与项目运行的社会效果相关。在扶贫项目中，社会效益与绝对贫困人数的减少、居民人均收入的增加呈正相关。这类项目不仅刺激公益投资者投资，也能增加推动该项目实施的可行性。③非公开发行。考虑到社会影响力债券还是一个新兴的另类债券产品，同时也是为了稳定产品投资收益利率，减少投资者风险，再加上其公开发行沟通成本较高等多方面因素，所以山东沂南扶贫社会效应债券选择非公开发行。

金融合作扶贫主要目的是解决资金紧缺问题，政府部门需要资金推动整个扶贫项目的实施，贫困户需要资金解决生产生活需要，企业需要资金作为桥梁构建"金融+农户+企业"的链条模式，而以债券的形式募集资金不仅是扶贫模式的创新，还是我国金融市场的创新。

（六）定点扶贫之中国石化集团定点扶贫泸溪县 15 年

泸溪县隶属于湖南省湘西土家族苗族自治州，是武陵山片区的重点扶贫县，也是革命老区连片扶贫攻坚县。自 2002 年至今，中国石化集团已在泸溪县定点扶贫长达 15 年之久，先后从三个方面助推扶贫，取得了丰硕的成果。①产业扶贫。最初，泸溪县县政府因地制宜，发展特色农业——柑橘，开发建立柑橘种苗基地，免费提供种苗，并将其发展成优势龙头产业，帮扶3万多农民脱贫致富；接着，在县域具有草场资源禀赋条件下，实行"大户带动、滚动发展、一拖三"的扶持模式，大力发展山羊产业，以养殖大户带动散户，全面带动种羊繁育、牧场、养殖的发展，形成短小高效的循环链条，直接促使600多贫困户增收脱贫摘帽；最近，中石化又新开发红心猕猴桃基地100亩，建立草莓种植大棚60多亩，发展种猪养殖产业，这一系列措施共帮助3000多名建档立卡贫困人口摆脱贫困。②民生扶贫。着重改善群众用水难、学生上学难、交通堵塞、医疗难等基本需求问题，使农民生产生活条件明显改善。③教育扶贫。一方面，中石化集团设立资助贫困生基金，缓解高中、大学生的家庭经济负担，同时建立希望小学、中学，力争每位青少年都能完成9年义务教育；另一方面，围绕产业扶贫开办各类培训班，免费发放相关书籍与资料，定期组织特定妇女参加家政（月嫂）培训并安置合格人员及时就业上岗，现累计培训各类劳务人员5000余人，累计受益人员达7000余人。

定点帮扶，并非朝夕，这对帮扶集团提出了较高要求，除了需要拥有一定的经济实力、社会资源外，还需要有真情帮扶的决心以及长久扎根贫困地区的毅力。定点帮扶对象一般是贫困县或者贫困村，针对群体数量较大，因此，要以改善民生为基础，产业发展脱贫为支点，注重"扶智和扶志"。

（七）东西协作—以"两广"为例

广东省和广西壮族自治区二者比邻。广东作为东部沿海的发达省份，广西作为西部欠发达的少数民族省份，自1996年开始，"两广"便启动了扶贫协作项目。①推进实施了易地搬迁。广东省和广州市已至少投入9.29亿元用于对口帮扶的易地搬迁安置项目的实施，其资金主要流向在田东县江山、平果县金沙等多地建立移民新村。此外，2011年至今，广东省还投资1.75亿元资金来援助对口帮扶的广西百色市与河池市，对115个贫困村进行建设整村推进扶贫开发示范村工程。②推进教育扶贫。2014年，两广启动了对口帮扶职业教育协作，此次协作主要包括两个方面的内容，一方面，广东省利用优质职业教育资源在广西特招农村贫困家庭的"两后生"（初、高中毕业未能继续升学的学生），并予以资助和优先安排就业；另一方面，广西职业（技工）学校开展的职业教育"2+1模式"，即广西籍农村贫困学生在指定学校完成 2 年职业教育学习，之后以广东智通人才连锁股份有限公司为连接点，安排学生到广东智通人才连锁股份有限公司有合作关系的广东企业内进行为期 1 年的岗位实习。此外，截至 2017 年底，广州市还协助当地政府培训党政干部、专业技术人员约 8900 余人次，共引导 165 家企业到广西投资，计划带动就业脱贫 7830 人，覆盖 5 万多建档立卡户的家庭子女。③推进经济帮扶。广东作为近年来的经济第一大省，其经济的发展往往能带动广西的经济发展，以提升广西整体实力来减少贫困人口。广东在产业、技术、人才、资金和管理等方面具有资源禀赋的优势，而广西则在资源、土地、劳动力等方面具有资源禀赋优势，二者恰好互补，形成区域经济。两者若进一步加强经贸领域的合作，取消旅游贸易壁垒，加快高铁及道路建设，则能很好地带动广西融入粤港澳"大珠三角"经济圈。此外，广东还定期选派优秀干部到广西贫困地区挂职，以此给广西贫困地区注入新动力、新思想、新理念，加快打造一流干部队伍建设。

由上述例子可知，东西协作，一般是经济发达省或市帮扶西部经济不发达省份，加强区域间合作，缓解区域经济发展不平衡，其基本形式主要包括：投入资金用于村庄建设、民生项目建设，特色产业发展，经贸合作项目，干部挂职，给予优惠政策等。自 1996 年至今，东西协作已经开展了 20 多年，帮扶省、市对帮扶省的帮助已经形成一定的格局，也为被帮扶省带来了巨大的经济效益。在人才帮扶方面可以借鉴两广协作，加大被帮扶省份职业学校的企业合作，拓宽职业学校人员的实习选择与技能水平。

（八）湖南宜章县之健康扶贫

湖南省宜章县辖 14 镇 5 乡以及 3 个国有林场，2011 年被列为国家集中连片特殊困难地区（罗霄山片区）扶贫攻坚重点县。2017 年全县有贫困村 80 个、建档立卡人口 85993 人。宜章县贫困总人口不多，但因病致贫、因病返贫的人口却多达 23611 人，占贫困人口的 28%，成为该县脱贫攻坚的一大难题。为此，县精准扶贫工作组开始实施健康扶贫工程，着力解决建档立卡贫困户"因病致贫、因病返贫"的问题。全县按照"预防先行＋救助当前＋服务长效"的思路，积极推进健康扶贫项目。对于预防先行，宜章县卫生计生局牵头，联合县有关部门对全县建档立卡的群众进行摸底调查，按照健康和亚健康人群、慢性病人群、重大疾病三大类进行电子档归类，实行动态化管理。其中，对于前两类主要实行健康知识普及、体检、义诊，后一类则主要实行减免救助。对于救助现行，全县统筹财政、民政、扶贫、城乡居保等多部门资金，专项用于医疗救助，并在全省率先实施"三免三补三救助一提高"政策，即免床位费、免手术费、免五保户县内住院费；补参合款、补大病自负费、补住院困难生活费；实行特殊慢性病门诊救助、重大疾病门诊救助、重大疾病住院救助；提高新农合报销比例10%。此外，对建档立卡对象额外资助30元参加新农合医疗，并在原有基础上适当提高新农合报销比例，同时将低保户中患有特定慢性疾病人员纳入特殊慢性病门诊救助，降低医疗费用。对于服务长效，宜章县着力解决了基层医疗服务设施、基层医疗人才队伍不健全的问题。目前，该县已投入7亿多元用于县人民医院、县中医院、县妇幼保健院的扩建或搬迁项目建设、医疗卫生技术建设，同时积极完善医卫特派专家和贫困地区人才选派机制，加强省域间的交流与合作，大力引进基层医疗卫生人才。

由上述例子可知，建档立卡贫困户人员的健康水平参差不齐，对这类群体的帮扶要更具针对性，与其他建档立卡户区分开来，着重单独解决。此外，县城医院的建设、村庄门诊的建设应当加快，基层医疗人员的补充和资质水平的提高也都刻不容缓。

综上所述，无论是国外的典型扶贫案例，还是国内的典型扶贫案例，都是在发展地区扶贫工作中融入多种扶贫模式。这就告诫我们，在今后扶贫工作中应该集合集体力量，避免各部门、各地区的"单打独斗"。俗语云，"众人拾柴火焰高"，贫困人口本就是弱势群体，更应该联合起来共奔小康。

三、国内外典型扶贫模式对宁夏扶贫的启示

国内外成功的典型扶贫案例，无论是从扶贫模式还是创新点方式上，对宁夏深入推进精准扶贫都有值得学习借鉴之处。将从7个层面就其对宁夏扶贫工作的启示进行逐一论述。

（一）对宁夏金融扶贫模式的启示

宁夏金融扶贫的模式形式分为两种：一是农户直接或者间接地从银行获取贷

款。这类贷款往往是由政府或者企业推动，直接与农户发展生产挂钩。农户可以通过"三户联保"的方式直接获取，也可以通过加入"政府＋银行＋企业＋散户"的模式获取，还可以以抵押贷款的形式获取等；二是农户通过非银行机构来获取贷款。例如，财政部拨款的专项贷款资金，村落自发组织的资金合作社以及向亲戚借款等。通过对贫困县的田野调查，笔者发现，有些地区出现农户把从某银行的借贷款用于偿还对其他银行的借款现象，或者是有的农户把申请来的贷款用于非生产性途径的现象，例如，建房、婚嫁等。这类不良现象的出现不仅增加了银行的坏账率，也违背了农户借款用于发展生产进而摆脱贫困的初衷。

金融扶贫旨在提供资金，让贷款方，即贫困户用于生产生活，并通过特定的隐形压力，推动贷款人能够如期还款，自身摆脱贫困；作为贷款的提供方，则通过各种机制使得借出的款项能够如期收回。在金融扶贫模式上，宁夏可以联合邻近的甘肃省进行互助合作，形成一个区域团体，通过借鉴日本和孟加拉国的区域金融扶贫模式，可建立与日本农协相似的金融帮扶组织，为农户提供便利，尤其是在提供贷款、生产资料、机器设备、医疗保险服务以及技术和销售平台等方面，发挥好帮扶组织带动贫困户的利益联结机制，加快推进集"农户、农村、农业"为一体的整体发展模式，以群体带动贫困户个体，帮助他们从"分户单干"逐渐走向"抱团取暖"。同时，在"三户联保"的基础上，效仿孟加拉国的小额扶贫信贷模式，将"三户联保"的贷款提供方变为银行下辖的针对性业务，派遣专业人员入户入村，办理业务。而对于金融扶贫的创新模式，可以将扶贫工作引入资本市场、引入债券，遵循市场规律的原则，通过非公开募股的方式筹集资金，以此减少政府的财政压力和银行的坏账率。具体做法是：首先，确立发行主体，明确评级机构；其次，申请发改委的专项项目，鼓励各类金融机构出资购买；最后，指定银行进行销售。

笔者认为，宁夏当前的合作社形式以及金融模式的规模都还很小，难以达到预期效果。因此，宁夏应当扩大农村合作社，联合周边邻近省份形成区域合作，将其进一步上升为农协组织。同时，宁夏应以带动区域内农业发展为目标，期初政府给予一定的政策支持，初始资金既可以以债券的形式募集，也可以由农户出资建立和合作社合并，将散户生产进行集体化和分散化改造，以家庭力量提供生产，以集体力量提供资金、技术、销售以及医疗保险服务，把家庭经济的发展嵌入集体经济的发展中,以集体经济发展带动家庭经济发展。

(二)对宁夏文化扶贫模式的启示

为有效阻断贫困对代际传递,宁夏回族自治区聚焦9个贫困县(区)、843所贫困村小学和16万建档立卡贫困学生(含农村低保家庭学生和特困供养学生),把推进贫困人口脱贫与推动贫困地区教育事业紧密结合。2016年以来,全区各级教育行政部门和各学校因地制宜、因校制宜,着力改善贫困地区基本办学条件,提高贫困地区教育发展整体水平。截至2017年底,宁夏回族自治区累计投入资金7.6亿元,新建、改建和增设幼儿园514所,新增学位4.57万个;累计投入资金54.46亿元,着力改善六盘山集中连片特困地区义务教育薄弱学校办学条件,新建、维修改造校舍面积121.69万平方米,改造室外运动场地282.9万平方米,六盘山集中连片特困区学校面貌显著改善。在教育惠民方面,建立了从学前教育到高等教育的全覆盖、无缝隙的学生资助政策体系,截至2017年底,累计投入资金近9亿元,资助学生40万人次;落实普通高中建档立卡家庭经济困难学生、残疾学生、农村低保家庭学生、特困救助供养学生免学费政策,资助学生2.3万人,从制度上保证了每一个孩子应学尽学、应助尽助。学生营养改善计划取得显著成效,2017年2月自治区卫计委监测显示:与2014年相比,全区贫困地区学校男女生各年龄段平均身高分别增加了0.72厘米和0.81厘米,平均体重分别增加了0.53千克和0.33千克,贫血患病率分别下降了1.42%和2.84%。

但在取得这些可喜成绩的同时,宁夏以文化资源为支点发展乡村、培养乡村人才以及推进乡村文化建设则一直被忽略。为此,宁夏政府还出台了《关于加快推进文化小康助力脱贫富民和乡村振兴战略的实施意见》,充分发挥自治区政府投资基金的作用,以股权投资方式支持文化产业发展,重点支持贫困县(区)民营文化企业。同时,通过学习国际上已经较为成熟的文化扶贫体系,从教育扶贫入手,达到"扶智"与"扶志"的双重效果。具体方法主要有以下几种:

一是宁夏应当借鉴韩国经验,培养各类现在或者将来从事农业的发展人才。在教育扶贫中,积极鼓励受到教育扶贫的人才扎根于农村的发展,建立类似于免费师范生、西部计划的人才方案。同时,在培训方面,要联合定点帮扶、产业扶贫、易地搬迁等其他扶贫模式一起开展,避免因重复性而造成的资源浪费。二是宁夏应当借鉴日本三岛町的发展经验去发展隶属于宁夏的六盘山片区。"六盘山片区"是连片贫困区、民族地区和革命老区。但它作为民族地区，富有独特的中国回族文化特色；而作为革命老区，又具有浓厚的革命文化底蕴，富含自强不息、艰苦奋斗的革命精神。因此，六盘山片区应重点开发以红军长征纪念馆为核心的红色旅游，整合沿途红色旅游景点，并在六盘山片区内寻找具有当地民俗文化特色的手工艺，吸收周边贫困村庄剩余劳动力共同参与建立博物馆、民俗村等。

总之，对于文化扶贫，一方面，提升特定群体的文化水平，这主要是指知识技能水平的提升；另一方面，根据当地文化资源挖掘特有经济价值。对于前者，当地政府要时刻注意乡村发展人才的留存，进一步加强政府与高校、企业以及培训机构的交流合作；对于后者，笔者认为其更适合六盘山贫困片区的发展，而且六盘山片区的贫困县往往在气候，地理位置，经济条件方面具有一定的相似性，因此，可借鉴四川烟草乌蒙山区扶贫模式，确立一种产业，普及发展，而不是现存多种孤立共同发展。

（三）对宁夏产业扶贫模式的启示

当前，宁夏各县已经总结出了适合本地域发展的特色产业，如同心县的草畜、枸杞与中药材产业，西吉县的马铃薯和西芹产业，泾源县的肉牛、苗木产业，原州县的冷凉（设施）蔬菜产业，彭阳县的草畜和特色林果产业，隆德县的中药材产业，盐池县的滩羊产业，海原县的草畜与马铃薯产业，红寺堡区的葡萄酒产业等。但总体来说，上述这些产业普遍规模不大，结构单一，辐射作用小，经济收益有限，且大多呈现出以"金融+企业+散户"结构的基本样式。

产业扶贫，应该凭借自身优势特点，紧贴市场所需，有计划、有规模地生产和销售具有本地特色的农产品，同时积极拓宽销售渠道，争取做到产有所销。而且现如今，互联网、信息化时代的到来正在加速市场现代化格局的改变，产业扶贫也应该将互联网引入农产品的销售中，大力发展网络营销模式，打破地域限制，破解长期以来市场信息闭塞、销路单一的难题。宁夏应该借鉴东北黑锋模式，通过政府部分助推，引入电商平台。一方面，借助京东"3F"战略，合作社可以与京东公司达成金融合作网销农产品，这样既可以向京东购买生产所需的生产资料，同时又能比较容易地从公司获得金融贷款；另一方面，借助京东一类的众筹电商平台，在拥有生产合作社的前提下，筹资金、筹品牌、筹粉丝、筹口碑。同时，摒弃只做简单初级产品的销售思路，利用科技手段积极创新，拉伸产业链条，支持其现有企业升级改造；提升产能，做好科学转型生产，使其能作为原材料与上下游行业完美对接。

电商进军农业市场、扶贫工程，无疑是给脱贫攻坚注入一股新力量。在筹集借贷上，可以替代传统银行的融资作用；在销售上，可以替代传统市场的实物销售作用；在合作模式上，可以简化传统的模式链条。因此，笔者认为，产业扶贫可谓是扶贫工作中的重中之重，宁夏在创新扶贫模式中应引入"互联网+"，尤其是京东这样的电商巨头。此外，产业的发展离不开水源的保障，要颠覆"靠天吃饭"的传统，农村地区的水资源问题也亟待解决。

（四）对宁夏易地扶贫的启示

宁夏易地扶贫搬迁工作始于20世纪80年代。1983~2000年开始进行第一批移民搬迁，即吊庄移民，搬迁人口共计19.8万人，人均投入931元；1998~2015年进行扶贫扬黄灌溉工程，搬迁人口共计9059万人，人均投入931元；2001~2007年进行易地搬迁扶贫工程，搬迁人口共计15.3万人，人均投入9036元；2008~2012年进行"十一五"中部干旱带县内生态移民，搬迁人口共计15.36万人，人均投入18000元；于"十二五"中南部地区生态移民，搬迁人口共计34.6万元，人均投入28800元。五大易地搬迁移民项目共计搬迁人口1158.6万人。通过易地搬迁，移民享受了更好的公共服务，就业结构更加多样化，人均收入得到极大提高，如吊庄移民，搬迁前人均收入60元，搬迁后于2013年人均收入为7359元。

易地搬迁虽然能极大改善贫困户的生产生活与居住条件，但它并不意味着能直接摆脱贫困状况，而且还会面临许多困难。移民区的农业生产资源单一和短缺、移民群众的文化与知识技能水平低以及搬迁户对迁入地环境的排斥等都会造成较高的贫困发生率。此外，移民的高流动性和陌生感也给精准识别和精准扶贫造成了一定困难。

资金方面。宁夏迁出地大多属于干旱区，年均降雨量不足300毫米，土地沙漠化严重。但有限的易地搬迁资金限制了对移民新村的基础设施规划建设，进而也会影响到搬迁户所被给予或者享受的福利。宁夏可以通过学习四川易地扶贫搬迁项目，通过金融市场、发放债券、筹集资金、拓宽收入来源。以金融扶贫模式筹集资金，推动搬迁户自发进行生产活动；以产业扶贫模式，做到搬迁之后有事可做、有钱可赚，此外再辅以其他模式作为补充，加强搬迁后移民新村发展。

脱贫增收方面。易地扶贫搬迁是否成功，不仅要看群众是否搬得出、稳得住，还要看是否能让搬迁群众致富。宁夏应立足安置区资源优势，因户因人施策，发展特色农牧业、劳务经济，探索资产收益扶贫。同时，注重扶贫同"扶志、扶智"相结合，正确处理外部帮扶和自身努力的关系，培育贫困群众自力更生光荣脱贫意识，加大对搬迁群众发展生产和技能培训支持力度，大力弘扬勤劳致富、勤俭持家的传统美德，激发搬迁群众脱贫致富的内在活力、提高自我发展能力。学习甘肃省、陕西省、重庆市等地开展易地扶贫搬迁光荣脱贫评选、星级农户等活动，教育和引导广大搬迁群众通过辛勤劳动实现脱贫。

（五）对宁夏东西协作的启示

"闽宁对口帮扶"于1996年拉开序幕，即东部的福建省对口帮扶西部的宁夏回族自治区。其主要特点包括：①将对口帮扶与改善农业生产基础条件及调整农村产业结构相结合，解决水电路问题，提供农业生产技术等；②将对口帮扶与贫困地区的经济和社会全面发展相结合，修建学校、医院、捐赠物资等；③将对口帮扶与开展经贸合作相结合，签订多领域合作项目，推动宁夏高新技术产业的发展等；④将对口帮扶与干部挂职相结合，福建省派遣干部到宁夏地区挂职，宁夏派遣干部到福建进行培训；⑤将对口帮扶与移民搬迁相结合，建立闽宁示范村，推动华西村的发展等。但是，对口帮扶的力度有限，双方产业间的协作缺乏内在动力。

"东西协作"是改革开放提出"先富带动后富"的后续政策，东部9省和4个计划单列市对口帮扶西部10省份的发展，例如，闽宁、沪滇、浙川、京内蒙古以及粤桂等。"沪滇"提出"云品入沪、云菜入沪"，宁夏则可以尝试推动清真产品、文化入福建；"两广"提出职业教育协作的"2+1模式"，"闽宁"在教育帮扶上也可提出这样的模式。厦门作为经济特区、东南沿海的重要中心城市，离不开众多生产企业作为其强劲经济的支撑，而企业需要大量从事低技能生产的劳动工人。因此，宁夏可与福建省的职业学校进行"2+1"模式教育，安排宁夏职业教育学院的学生到福建的企业进行实习，拓宽视野，增加实践能力，使其在正式就业前对企业乃至本专业的就业状况进行实质性的了解。

宁夏人口少，经济产值规模小，甚至不到东部发达地区经济强县一个县的

GDP产值。因此，笔者认为，宁夏应转变以前追求"稳"的经济发展模式，转而注重民生发展，尤其是农民的发展和乡村的建设。后期，"闽宁"形式的东西对口帮扶应该更为关注宁夏的非经济发展，推动更多有关非经济的合作帮扶项目。例如，福建省对宁夏有关水工程项目的对口帮扶，因为"水"乃生命之源，生息之本，饮水灌溉工程对于宁夏这个缺水城市的农村生产生活而言迫在眉睫。此外，对农村地区移民及后续生计帮扶，乡村建设帮扶等都应排在计划之列。

（六）对宁夏定点扶贫、驻村帮扶的启示

自1983年至今，中央共计9家国家机关和企事业单位到宁夏9个贫困县（区）进行定点帮扶，它们依托自身优势，筹集资金项目，实施优惠策略，大幅提升贫困户生计资本能力，有效增加贫困户收入，减弱了贫困户的脆弱性，取得了显著的扶贫效果。举例来说，华润集团凭借华润万家零售网络优势，在海原县建立肉牛养殖基地，将海原的需求与华润业务需求相结合，以此达到产业扶贫的实际效果。此外，国家烟草专卖局向红寺堡区投入千万元来进行肉牛养殖园区的建设；中国航空油料集团公司投入帮扶资金数千万元用于盐池县80多个贫困村互助社的增资扩量；中国宋庆龄基金会、厦门大学以及中国商用飞机有限责任公司等帮助宁夏培训干部等。以上定点帮扶效果显著，但仍存有不足之处。

定点扶贫和驻村扶贫都具有一定的时效性，前者侧重于资金和技术方面的投入，后者侧重于项目的规划、资金的申请。现阶段，选派驻村扶贫干部大多基于以下两个方面：一是运用驻村干部的人力资本，充分了解后再分析贫困户、贫困村的致贫原因，以此提出具有针对性的意见对策；二是运用驻村扶贫干部的社会资本，目的在于筹集资金和援助项目。但仅仅依靠这些干部的驻村帮扶，其帮扶效果尚未充分发挥出来。因此，应将驻村和定点帮扶两者进行结合，最好是一个政府部门和一个企业共同进行驻村定点帮扶，同时增加驻村年限，落实责任制。宁夏可以通过借鉴陕西洛南县发展改革局驻村工作队帮扶陈台村、程湾村和湖南省国税系统帮扶兰下村、水晶深村、下蒋村以及中国石化集团定点扶贫泸溪县的案例，并结合自身实际来重新规划定点扶贫和驻村帮扶。此外，应注重政府部门小组和企业部门小组协同帮扶。如在对整村进行规划时，应采取前者为主后者为辅的帮扶模式；在由前者申请项目构建基础设施建设的基础上，后者应着重于查缺补漏；采用前者为辅后者为主的帮扶模式，大力发展当地优势特色产业；两者结合共同"扶智、扶志",加强思想政治教育,建设学校,资助贫困学子完成学业。笔者以为,宁夏的驻村帮扶和定点扶贫在发挥高校、科研单位专业技术干部或政府部门行政管理干部奔赴贫困村进行轮年制形式到贫困村帮扶的同时,更应该多派遣政府单位的省级联合市级的小组,长期轮番驻扎,而企业则应注重派遣党员干部小组进行常态化帮扶。

(七) 对宁夏健康扶贫模式的启示

国务院扶贫办建档立卡数据库显示,截至2013年底,全国因病致贫、因病返贫贫困户占建档立卡贫困户总数的42.4%,2015年该比例为44.1%,截至2017年底,因病致贫因病返贫的贫困户依然占到贫困总数的46%。对比宁夏,其现状也不容乐观,而存在这样问题主要包括以下四个方面:①针对因病致贫问题的政策不多或力度不够;②医疗保险体系各自为政,报销比例有限;③基层医疗服务能力参差不齐,群众从心理上抵制就近看病,增加了看病费用;④医疗费用成本上升,增加贫困户的治病负担。这些问题严重阻碍宁夏健康扶贫工作的开展。

宁夏可借鉴湖南宜章县的模式,以县域为单位,在原有的基础上有针对性地对不同群体采取不同方案,尤其是对患有重大疾病的人员,他们既是这部分群体中最需救助的人员,同时也是医疗负担最重的人群。此外,县域医疗条件滞后使得这些患有重大疾病的人员不得不到银川市寻找更好的医疗条件的医院就医,但现阶段跨区域就诊报销比例的要求将会给贫困户造成极大的困扰。因此,针对这部分群体可借鉴湖南宜章县实施的"三免三补三救助一提高"政策,即免床位费、免手术费、免五保户县内住院费;补参合款、补大病自负费、补住院困难生活费;实行特殊慢性病门诊、重大疾病门诊、重大疾病住院救助;提高新农合报销比例。

因此,笔者认为,政府部门筹集用于健康扶贫的资金应当用于以下三个方面:首先,确保每个村落都有医疗门诊以及两名医护人员,满足村民日常看病的需求。同时,这些人员应当定期对村民进行有关常见疾病的宣传,定期或不定期地到县里参加业务培训,提高医疗技术水平。其次,市级乃至省级医院针对自身医院的权威以及区域特点,负责实行某类疾病的"三免三补三救助一提高"等优惠政策。最后,将医疗保险体系规范化,逐步提高和完善患有重大、慢性病的报销比例。这样的划分,可以使资金的使用更精确化,缓解"搭便车"的现象。

四、总结与展望

扶贫工作是一项系统工程，其开展不该是孤立的，应该更为注重整体性，变孤立为整体，联合区域发展扶贫工作，让政府部门单位与企业等单位相互合作，多种扶贫模式共同开展。此外，宁夏应围绕"两不愁、三保障"，综合精准施策协同攻坚。统筹用好产业、金融、教育、健康、就业等组合措施，整合各类涉农资金，完善绩效考核评价体系，做到精准稳定可持续。同时，瞄准特殊困难区重点攻坚，培育一批产业扶贫示范村、龙头企业、合作社和致富带头人；搬迁安置建档立卡贫困人口，改造危窑危房，补上基础设施和公共服务短板，提升西海固脱贫饮水能力，继续抓好整村推进，进一步改善贫困地区的发展环境和条件。比如可以进一步探索完善诸如"宁夏+甘肃""广西+云南+贵州""金融+产业+易地搬迁""定点帮扶+东西协作+产业"等扶贫模式，强化扶贫的针对性和效果。现有贫困对象主要来自农村，因此，要注重农村、农业、农民的整体发展，三者协同，以农村带动农民发展，以集体带动个体发展，整体进步才能真正减少返贫率和贫困发生率，做到"真扶贫、扶真贫"。

第二节 宁夏精准扶贫面临的机遇与挑战

一、宁夏精准扶贫面临的机遇

（一）国家战略层面带来的机遇

"四个全面"战略布局中的"全面建成小康社会"、四化同步发展、西部大开发、"三农""一带一路"、乡村振兴等国家战略所制定的方针、政策、措施都为宁夏精准扶贫提供了一定的战略机遇，宁夏应当在当前国家战略背景下发展扶贫脱贫。

1. 中国梦的第一个宏伟目标

到2020年，全面建成小康社会是中国梦的第一个宏伟目标。当前，贫困问题是制约全面建成小康社会的一个重要瓶颈，党和国家领导人已将扶贫工作纳入治国理政的重要议程，并明确提出"精准扶贫"方略，为此制定了一系列有关扶贫开发的重要方针、政策、措施，财政部、扶贫办、妇联也筹集专项资金用于扶贫。

在此背景下，宁夏六盘山区既是连片特困区和民族地区，又是革命老区和边疆地区，应当"乘坐这趟快车"，借助国家有关政策和专项资金，依托自身相对优势，抢抓机遇发展自己，达到改善和发展贫困地区居民生活水平的目的，也为宁夏扶贫工作的发展，提供指导和政策借鉴。

2. 四化同步发展的稳固基石

党的十八大报告指出："新型工业化、信息化、城镇化和农业现代化的同步发展"，四化同步发展为精准扶贫的发展提供了重要的基础。

工业化，农业生产被工业生产代替，劳动、土地要素被资本、劳动要素所代替，走可持续发展的工业化道路，增加企业的聚集效益，逐渐形成工业园区，提高资源的配置和运用效率。园区往往在城郊，而移民也往往移居到城市周围，这为移民到城市周围的贫困户提供了就业便捷，可以从事所需知识水平和劳动技能较低的岗位，收获报酬，能够维持基本的生活消费支出。

信息化，精准扶贫要求做到精准识别、精准帮扶、精准监督、精准管理，这就意味着需要强大的信息系统做支撑，网络系统作为依托。在"互联网+、大数据"盛行的时代，可以实时监测贫困户的信息状态，帮扶人工作开展的进程状况，以及各项专项资金的使用落实情况和考核制度的开展。

新型城镇化，被经济学界部分人士认为是一个新的经济增长点。目前，宁夏正在加快城镇化进程，预计2020年城镇化率会达到60%左右，这意味着届时将有一半以上宁夏人口迁往城镇居住和生活，同时也预示着有一部分土地将会以流转的方式转租或者转卖，这为贫困户提供流转或者租赁土地的机会。威廉·配第认为："劳动是土地之父，财富是土地之母。"拥有劳动力的贫困户有了土地，通常情况下，收入也将会增加。

农业现代化，农业现代化的发展改变了原有的种植模式，原始的手工化生产模式将被机械化代替。播种、收割、施肥的生产要素投入由劳动要素转向了资本要素。这就说明即使劳动力弱的贫困户，在拥有土地一定量的情况下，完全可以改变以往的生产方式，即使投入较少的劳动力，也可以获取维持生计的资金。

3. 乡村振兴战略的重要阶段

"三农"问题是关系国家生计、人民生存的根本性问题，是当前乃至未来我国各级政府工作的重中之重。党的十九大报告更是把乡村发展放到战略高度，提出"乡村战略"。当前的贫困户，绝大部分是居住在农村、从事耕种活动的农民。"完善土地所有权、承包权、经营权的分置办法，落实集体所有权、稳定农户承包权、放活土地经营权"三权分立为贫困户对流转土地的租赁，买卖提供政策支撑。对于土地耕种面积较少、没有土地、有意扩大再生产的贫困户而言，提供了购买、租赁保障。对于无劳动力，想租售土地而换取资本的贫困户而言，提供了获取资金的保障，对于想进行规模种植、养殖而无资本的贫困户而言，提供了资产抵押保障。

农作物耕种补贴，减少了贫困户投入的资金，降低农民进行生产性投资的风险，缓解贫困户的贫困程度，极大地鼓舞了农民种植的生产积极性。在宁夏，黄花的种植每亩三年可以获得700元的补贴，土豆每年每亩可获得30元的补贴，玉米每年每亩可获得40元的补贴，荞麦每年每亩可获得80元的补贴，苏打草每年每亩可获得90元的补贴。这些惠农补贴政策的实施，不仅有利于农村稳定脱贫，也将为乡村振兴战略的实施提供支撑。

4. 区域协调发展战略的重要抓手

党的十九大报告提出，"加大力度支持革命老区、民族地区、边疆地区、贫困地区加快发展，强化举措推进西部大开发形成新格局，深化改革加快东北等老工业基地振兴，发挥优势推动中部地区崛起，创新引领率先实现东部地区优化发展，建立更加有效的区域协调发展新机制"，这是实现东部带动西部，促进区域协调发展的战略部署。由此可知，国家在调节区域发展不平衡的同时，已把西部大开发战略放到更加重要的地位，发挥着举足轻重的作用。这一战略的提出要加大对我国西部地区交通水利等基础设施建设，特别是西北地区，做到每村每户通路、水、电，这无疑为宁夏地区精准扶贫工作的开展注入了新活力和"新血液"。

宁夏应紧抓西部大开发这一难得的战略，完善基础设施建设。"八纵八横"的高铁网已在全国兴起。然而，宁夏至今未通高铁，而深入中西部地区的"八纵八横"高铁网已经进入布局中，宁夏应当借助这一趋势完善高铁这一基础设施的建设，实现区域内市市通高铁。

扩大对外开放力度、深化区域合作、加大招商引资，完善基础设施建设，为积极承接东部产业转移提供良好的生产环境。做好现有各项产业项目，以国家的政策扶持的优势弥补区位、高知识技能人才、经济环境的不足。总之，在原有基础上借助区域协调发展战略进行优化宁夏各类不利、不好因素，为精准扶贫实施奠定了良好的外部基础，这对推动贫困地区经济社会持续健康发展具有重大的现实意义。

5. "一带一路"倡议的重点节点

"一带一路"是新时代国家发展的重要战略。"一带一路"倡议的深入实施，进一步拓宽了宁夏独具文化特色产业产品的销售渠道，为宁夏与阿拉伯国家的贸易往来提供了便捷。假设贸易的多渠道正是加速运转宁夏地区农产品产业发展，需求在原始基础上得到增加，假设初始阶段存在滞后效应，企业未能发现需求的增加，最终便利趋向个体农户，特别是集中规范化种植的生产合作社成员。因此，"一带一路"倡议为宁夏精准扶贫提供的最大便利在于由非贫困户带动农户发展种养殖业所产生的产品进一步得到销售。此外，交流最终产生资金、技术、扶贫经验的引进，为宁夏经济社会发展增强后劲。

6. 可持续发展战略重要因素

从可持续发展战略的提出到"绿色"发展理念，到"绿水青山就是金山银山"，再到建设"富强民主文明和谐美丽的社会主义现代化强国"，均标志着当前国家对生态环境的高度重视和加大对生态环境的保护力度。宁夏六盘山贫困地区环境恶劣，生态脆弱，水资源匮乏，宁夏应当借助国家这一战略目标，改善贫困落后地区生态环境，改善居民生存环境，借助专项资金，加大对贫困户因"可持续发展战略"而损失经济效益的补偿。自治区林业局做好对生态系统的保护，减少土地沙漠化面积，间接增强土地肥沃程度，增强土地带给贫困户的经济效益。

（二）社会层面的机遇

宁夏扶贫脱贫工作正在紧锣密鼓的开展中，社会各界人士以及公益组织正积极参与其中，为精准扶贫对深入推进提供了难得的机遇。

1. 中央定点单位的帮扶

自定点帮扶项目启动以来,共计 9 家中央单位定点帮扶宁夏 9 个贫困县(区)。依据宁夏新闻网的数据信息,汇总制作表 5-1 "2002~2017 年中央定点扶贫单位计划扶贫宁夏情况"和表 5-2 "2017 年中央定点扶贫单位计划扶贫宁夏情况"。

表 5-1 2002~2017 年中央定点扶贫单位计划扶贫宁夏情况

单位	投资资金(万元)	用途
华润集团		海原县建立肉牛养殖基地
		实施"投母还犊"帮扶模式
中国航空油料集团	1355	盐池县 80 多个贫困村的互助社增资扩量
中国铁路总公司	702	帮助原州区三营镇、河川乡
		张易镇实施新建移民住房、沙化硬化村组道路
宋庆龄基金会	2192	援建彭阳县古城镇卫生院、中学校舍
		资助贫困大学生
中国商用飞机有限责任公司		帮助宁夏培训干部 468 名
中国宋庆龄基金会		

从表 5-1 和表 5-2 可以看出,定点单位的帮扶在于资金的投入,而资金的流向则体现出因地制宜的特点。例如,华润集团凭借华润万家超市平台,主要帮扶宁夏泾源县的养牛产业,以牛为基础向外延伸;中国宋庆龄基金主要涉及的是文化和医疗产业。

表 5-2 2017 年中央定点扶贫单位计划扶贫宁夏情况

单位	投资资金(万元)	资金用途
中国建材集团	200	帮助建设泾源县大湾乡杨岭村干部教育培训基地和村史馆
华润集团	4800	建设海原草畜一体化肉牛养殖基地、精饲料加工车间
		三河镇饲草加工厂肉牛清真屠宰厂、贾塘乡高档肉牛繁育场
		完善"基础母牛银行"模式、扩大赊销规模
中国铁路总公司	450	五个乡镇五个行政村的产业扶持
中国商飞集团	300	西吉县的定向帮扶贫困县第一书记扶贫工作的需要

资料来源:中央 8 家定点扶贫单位与宁夏签订 2017 年帮扶协议,宁夏新闻网,2017 年 4 月 17 日。

2. 公益组织的帮扶

宋庆龄基金会投入资金2192万元，用于援建彭阳县古城镇卫生院、中学校舍和资助贫困大学生等，还促成了国内多家知名医院和院校与彭阳县建立了帮扶关系。计划从2017年起，新增捐资12.3亿元，新增奖励资助学生10.56万人，主要对被国家列入集中连片特困区的宁夏南部山区9县区、5乡镇（包括原州区、彭阳县、西吉县、泾源县、隆德县、同心县、盐池县、红寺堡区、海原县及中卫市兴仁镇、蒿川乡、中宁县喊叫水乡、徐套乡、永宁县闽宁镇）考入二本及以上的50000名大学生实施全覆盖奖励资助；对9县区、5乡镇及川区城市家庭贫困、农村家庭贫困的40000名高职、中职学生和12800名高中生进行资助；同时，为鼓励燕宝奖学金资助的本科生及硕士研究生继续深造，对本科连读硕士、硕士连读博士的进行持续奖励。燕宝基金的扶持，减轻了贫困家庭的经济负担，对因子女上学而致贫的人脱贫；还有诸如雨露教育基金、金融发展基金等。

3. 其他个人或者企业的扶持

金融、保险机构在对宁夏贫困人口的贫困现状进行深入剖析，意识到因患重大病致贫难以脱贫、贫困户借款行为的普遍、产业脱贫是主力、意外事故丧失劳动力难以预测的现象，因而拓宽业务，将保险力量注入宁夏脱贫攻坚中，针对性设置成员意外伤害保险、大病补充医疗保险、借款人意外伤害保险和优势特色产业保险共计四种。有效避免贫困户因产业风险、意外身故致贫返贫。移动通信企业向贫困地区进军，加大网络、通信覆盖率，减少贫困户因信息不对称造成的生产性投资风险，加大对市场行情的了解。"互联网+"已经成为新时代的特点，用互联网的模式重新制作传统行业的产品和服务已经成为主流，更多的龙头企业、有创业热情的企业家把目光聚焦于贫困地区，"互联网+企业家"的模式为贫困地区产业发展保驾护航。

二、宁夏精准扶贫面临的挑战

宁夏精准扶贫工作取得较大成就的同时依然存在着来自各方的压力和挑战，这些挑战主要有如下几个方面：

(一) 经济下行压力大，扶贫攻坚任务艰巨

我国经济进入新常态，经济增速放缓，从高速增长转向中高速增长，市场前景不景气。在此背景下，宁夏保障30多万具有劳动能力的贫困人口脱贫，任务十分艰巨。市场经济时代，"谷贱伤农"，在没有把握市场经济规律的前提下，盲目地种植，一旦遇到市场行情低落的时候，所生产的农作物不仅不会达到预期收入，而且连收回成本也难。若一味地依靠政府补贴，并非能达到扶贫的目的，加之气候这一不确定因素，会进一步增加扶贫难度。与此同时，选择外出务工的贫困户首选的工作都是建筑工地的体力劳动，而目前宁夏房地产业也同国家"房住不炒"的战略定位一致，没有往日飙升的疯狂景象，务工人员的收入在一定程度上也随之受到影响。

(二) 基础设施依然落后，限制贫困地区持续发展

宁夏水资源短缺，贫困地区农户生产生活用水更是不足，统计资料显示，宁夏人均水资源约为278立方米，远低于国际公认的人均水资源500立方米的缺水警戒线。在部分村落，生活用水明显不足，例如，徐套乡每人每月生活用水限量3吨，旱地因为缺水更是无法耕种。2018年农村贫困监测报告显示，2017年宁夏贫困地区农户家庭使用经过净化处理自来水的农户比重为67.0%；饮水无困难的农户比重为90.8%；使用管道供水的农户比重为71.6%。水依旧是制约贫困村生产生活的主要因素，也是制约经济增长的主要因素，更是制约贫困村发展的主要因素。此外，贫困区域省际大通道尚未形成，对外交通联系尚不便捷，综合交通运输水平较低。2018年农村贫困监测报告显示，2017年宁夏贫困地区主干道路经过硬化处理的自然村比重是81.1%；通客运班车的自然村比重是85.4%。农民行路、出行难问题还未彻底解决。

(三) 贫困户"等、靠、要"思想严重

对于长期生存在环境恶劣、生活拮据、信息不对称地区的贫困户而言，长期的贫困致使他们麻木，温饱有待解决，富裕对于他们遥不可及，每天都过着"有一分钱花一分钱"的日子。以往的扶贫模式，重在扶持收入的增加，忽略精神的扶持，滋生了贫困户"等、靠、要"的思想，产生懒惰的心理，等待政府专项资金送入手中。过度依赖帮扶人员全方位的扶持，在没有帮扶干部的帮扶下，极易返贫，加剧扶贫工作开展力度。

(四)基于"五个一批"工程的视角看

1. 产业扶贫瓶颈显著

产业是精准扶贫模式的"骨干先锋",是支付自身劳动力而增加经济收益的"源泉",更增强"造血功能"的核心。可以说,贫困地区扶贫产业的发展情况关系到整个扶贫攻坚的大局。特色产业的发展讲究因地制宜,激活贫困户的发展动力,以市场为导向、以经济效益为中心。目前,宁夏9个贫困县(区)的特色发展产业已经形成,西吉的马铃薯产业、西芹产业,泾源的肉牛产业、苗木产业,原州区的冷凉(设施)蔬菜产业,彭阳的草畜和特色林果产业,隆德的中药材产业,盐池的滩羊和黄花产业,同心县的草畜、枸杞与中药材产业,海原县的草畜与马铃薯产业,红寺堡区的酿酒葡萄产业等。然而,因地制宜发展特色产业带动贫困户脱贫致富的模式面临诸多挑战。

(1)劳动力供需存在矛盾。一方面,全国范围内呈现出"孔雀东南飞"的现象,东南沿海高工资、发展空间大的就业前景吸引了大量的人员前往。同时,更高生活水平的追求、更多的资金收入、更好的发展前景等因素都驱使更多的贫困户前往城里务工,造成老人、妇女、儿童留守家中,耕种现存的"一亩三分地",导致贫困村的"空巢化"现象严重。青壮年劳动力的大量外流,从而减少了贫困村产业扶贫所需劳动力的有效供给。另一方面,宁夏地处西北偏远的民族地区,农民群众知识水平低,技能水平低,只能从事劳动密集型事务,在一定程度上降低了劳动力的供给质量。扶贫产业的发展不仅需要劳动力,更需要高素质的专业技术人才。相对应地,宁夏的人才吸引机制尚未成熟,导致这类人才稀缺,供需非均衡,成为产业扶贫的短板。

(2)产业规模小、辐射能力有限。马铃薯、硒砂瓜和草畜产业是宁夏贫困地区中的"特色产业",随着产业扶贫模式提出的发展、财政扶贫资金的投入、各项优惠政策的实施以及来自企业、银行机构的帮助,得以形成一定的规模。但其他产业仍处在初期的培育、发展阶段,不仅规模较小,而且分布于特定的村落,且不均匀,尚未真正形成能够带动贫困人口脱贫致富的扶贫特色主导产业。以家庭个体为单位发展种养殖业和以个体为单位加入生产合作社模式共同发展种养殖业的形式辐射能力有限,仅适合个别村庄,农民群众的产业发展增收途径与空间仍然面临挑战。

（3）产业组织效应低、品牌效益低、竞争力低。首先，农业现代化产业化经营体系正在宁夏处于起步、摸索阶段。合作组织、家庭农场、资金互助社的发展不完善，农户参与积极性不高，在没有一定利益面前，组织动员群众参与的号召力不足。其次，产业的发展仅仅是以家庭为单位的种植模式，停留在原始加工阶段，不具有较高的附加值，无法达到所需求的经济效益。长期以来，未能与企业形成合作项目，出售的模式是需求者上门收购，定价权较弱，没有形成产销一体，规模种植，无法产生品牌带动效应。最后，产业链以种养殖为主，宣传、营销的力度不够，人力、物力、财力的欠缺，造成产品在同类市场上有特色而无竞争力，对当地经济的带动能力弱。

2. 易地扶贫搬迁政策不够完善

（1）易地搬迁整体规划不完善。扶贫搬迁不是简单的人口搬迁过程，而是一项系统工程。但在移民过程中缺乏完善、科学的规划，给移民工程造成了一定的障碍和负面影响。比如在移民工程中常把"五通"（通水、通电、通路、通电话、通有线电视）的地方确定为移民点，至于地下水的储量以及是否符合未来城镇化的布局则缺乏长远考虑。土地和水等自然条件应该首先考虑水的问题，这是让移民受益并摆脱贫困走向小康社会最重要的生产因素。然而在实际移民过程中，并没有考虑到搬迁地的水资源承载力，再加上与周围自来水厂协调不畅，造成搬迁户饮用水未能同步改善甚至断水的情况时有发生。

（2）移民资金投入规模小，投资回报率低。资金投入是扶贫搬迁能否成功的重要保障，移民搬迁、迁入区的基础设施建设、土地资源的开发等都需要大量的前期投入。此外，为动员和帮助移民搬迁，以及搬迁后后续产业的发展都需要大笔的资金。如果没有充足的资金保障，不仅导致移民的安置补偿费普遍偏低、移民迁入地配套设施无法完善，而且移民群众的未来发展、增加收入的后续产业发展也得不到保障。

（3）移民就业困难度大。从目前来看，移民"搬得出"不成问题，但如何"稳得住""能致富"面临着严峻的挑战。一是搬迁移民参与劳务移民的意愿较低，大多数对劳务移民积极性不高；二是限定就业区域影响了劳务移民的实施，如宁夏太阳山开发区有1500多名南部山区的务工人员，但符合定点县就业条件的只有96人；三是移民搬迁后增收困难，迁入区一般人口相对集中、可分配的土地资源相对较少，移民搬迁后往往需要移民群众自筹部分费用作为发展生产的资金，然而大部分群众根本无力自筹资金。

（4）土地资源有限。扶贫搬迁需要配套的土地，除了给移民建房、修路外，还要给移民配套的土地、大棚等才能让移民"搬得出、稳得住、能致富"，解决其后续生计问题。但目前适宜建移民点的相对平坦的土地也越来越少，造成土地越来越紧张，甚至使一些移民无地可种，移民群众对此反响很大。面对此，政府要注重加快解决土壤改良、提高耕地质量、解决水资源短缺等问题，在水土资源开发的同时，更要注重对人力资源的开发，降低对自然资源的依赖，扩大移民农户的收入来源，鼓励其外出务工，以增加其经济收入。

（5）移民区经济效益不佳。移民群众自发谋生能力低和搬迁的后续工作不完善是造成移民区经济效益整体不佳的主要原因。宁夏生态移民工程主要由国家专项扶持政策和资金作为依托，移民后，缺乏国家对移民地区产业的政策和资金扶持，主要靠延伸实施国家和自治区相关生态项目与扶贫资金来完成。移民群众自发谋生能力低引发的个体农户家庭整体经济收入低，个体汇总引发整体移民区农户经济收入低，搬迁的后续工作并不完善、替代性支柱产业选择趋同、对外部资源没有吸引力又加剧了移民区经济效益不佳的状况，导致移民区经济运行系统难以进入一种良性循环状态。

3. 教育扶贫效应尚未完全发挥

党的十九大报告中提到，"青年兴则国家兴，青年强则国家强。青年一代有理想、有本领、有担当，国家就有前途，民族就有希望"。通过教育扶贫，全力保障贫困地区学生接受公平有质量的教育机会，才能从根本上切断贫困的代际传递。然而，当前宁夏教育扶贫的效应尚未完全发挥出来，还存在不少问题。

（1）区域教学资源分配不均匀。九年义务教学资源的分布存在这样的状态：一是城镇优于乡村；二是名校优于普通学校；三是非贫困地区优于贫困地区。最为突出的是师资力量的不均，贫困地区条件恶劣，发展空间有限，难以吸引有实力、有理想、有抱负的优秀师范毕业生前往贫困地区农村学校就业。在很多村落没有小学，孩子们需要到距离较远的镇上上学，受家庭经济条件和学校发展条件的制约，这些孩子每天徒步往返十几千米。

（2）思想观念的限制。"什么样的家庭教育出什么样的小孩"，这一俗语体现出家庭氛围对小孩成长的重要性。在民族贫困地区农村，受父母文化水平的限制，周围环境和家庭教育观念的影响，忽略了对子女教育的重视，任其每日闲于家中、村落游玩，更是忽略了对幼儿的教育，易养成厌学的心理状态。有的父母甚至会认为"读书没用"，认为孩子基本会算数和基本识字即可，无须让子女接受进一步教育。这不仅漠视了教育对下一代脱贫的重要性，而且也造成国家投入的大量用于学校建设的资金以及人才引进等并未达到预期的效果，使教育在阻断贫困代际传递中的作用未能发挥。

4. 生态补偿助力扶贫不显著

生态补偿主要是对国家所划分的限制开发区和禁止开发区内的群众的公共服务和生态补偿给予财政转移支付。补偿区域主要是承载生态环境建设和服务功能完善，需禁止通过高强度的开发资源和排放严重危害环境的行为来提升区域发展水平，从而限制当地群众的生产生活活动，因而需给予限制开发区和禁止开发区贫困群众相应的经济补偿。

然而，当前生态脆弱区的生态补偿尚不完善。首先，限制开发区和主体功能区的划分在一定程度上限制了当地群众的生产生活活动，造成区域内的群众致贫，但政府给予的生态补偿资金远远低于因限制其活动而造成的农户经济收入的损失，物质补贴亦如此。其次，政府对群众的补贴是有时间限制的，并不是永久的补贴，这不符合贫困农户的长远发展利益。最后，以耕地面积为基础所给予的补贴，忽略了对生活限制的补贴；以户籍人口为基础所给予的补贴，则忽略了对家庭新成员这一因素的考虑。不合理的补偿机制和补偿资金都会对扶贫工作的开展增加挑战，加大返贫率；不充裕的财政资金也限制了对群众的补贴资金。

5. 社保兜底扶贫作用发挥不够

生计资产分为人力资产、社会资产、物质资产、金融资产、自然资产五类。根据建档立卡户将贫困类型分为五种：五保户、低保户、绝对低保户、低收入户和一般贫困户。对家庭资产极为薄弱且无法依靠产业扶持和就业脱贫农户实施政策性保障兜底。对社保兜底对象的瞄准，通常以绝对贫困户为主，以收入为主要参考指标，农户生活形态为依据，这都容易受到非制度因素影响造成对象瞄准偏离的现象。农村最低生活保障给予的救助资金只能勉强维持残疾群体的基本生计，对于因病致贫的人员，微弱的社会救助显得微不足道。我国目前建立的医疗保险体系分别是由不同的部门管理，医疗成本的上升和基层医疗服务能力参差不齐，加剧了贫困户的医疗负担，而医疗保险体系存在的差异性，导致农户报销比例有限，不能从根本上缓解贫困农户的医疗负担。宁夏目前的医疗保险和新农合报销重在基本用药、基本治疗、基本支付等方面，且对就诊医疗机构、用药目录和报销费用比例等方面均有严格规定，但对大病医疗费用实际报销比例不高。由此导致贫困户家庭的医疗负担根本未减轻，社会保障在精准扶贫中对兜底作用发挥不够充分。

（五）从"四个精准"的视角看

1. 精准识别不够精准

（1）贫困指标分配制度的缺陷。从纵向识别看，采取逐层递减的分配方式，由各省依据自身的情况测算贫困线，确定贫困人口，由省到市、市到县、县到镇、镇到村，村委会根据整村村民的家庭具体情况与分配到的指标数量划定扶贫对象。这种耗费大量人力、财力、物力的分配方式存在着各地所获得的扶贫指标往往与实际上的贫困分布情况不一致的现象，部分真正的贫困对象可能被排斥在扶贫对象范围之外；从横向识别看，村委拿到指标之后依据制定的贫困线，组织村民公开选举，往往导致划定的扶贫对象实际收入可能会超过贫困线，较少部分实际收入低于贫困线的贫困户则被排除在帮扶对象范围之外。由此可知，这一精准识别的指标分配制度在实践中仍存在一定的缺陷。

（2）贫困对象识别不够精准。精准识别的难点在于相对贫困群体中的贫困户识别，要在有限的贫困规模下，识别出最贫困、最需扶持的群体。村民对绝对贫困户的意见较为一致，而对于相对贫困户则意见分歧较大。更有甚者，出于平均主义思想和自利目的对扶贫指标进行争夺，力图对扶贫指标带来的扶贫资源进行均分，为此甚至导致部分未能入档的贫困户进行上访，而村干部出于维稳的目的则会尽量使贫困线附近的村民与"会哭会闹"的村民轮流享受扶贫指标。村民的评议结果成为扶贫对象识别和认定的最主要依据，部分村民认为自己得不到钱，产生无关的心态，降低参与度，这又加大了对贫困户识别的困难。

2. 精准帮扶的同质性现象严重

精准帮扶对象缺乏差异性，没能做到具体性和针对性。对于有一定技能且立志脱贫的贫困人口的扶贫措施与懒散且不务正业的贫困人口的扶贫措施相同。对于渴望有一技之长的人口组织对他们进行培训技能，发展特色产业；对于懒惰不思进取之人，重在扶志，并在此基础上扶贫，最终实现其经济收入的增加。此外，驻村扶贫工作队缺乏长期性工作设计。一方面，选派的驻村扶贫干部都有自己的本职工作，所以他们无法全身心投入到贫困村的扶贫工作中，与村干部相比，其对贫困村庄特别是贫困农户的基本情况了解不深、不透；另一方面，不同单位的资源状况不尽一致，由此也会产生不同单位的驻村帮扶干部对所帮扶贫困村争取的项目和资金具有很大的差异性。况且，这些扶贫资源和资金的争取都需要依靠驻村干部的关系资源，但这样争取扶贫资源也会让部分驻村干部觉得欠下了人情债，所以一些驻村干部在争取扶贫资源方面产生一定的消极情绪。

3. 精准管理的精度不够

精准管理重点在于资金的分配。财政将专项资金分配到村，村委再将资金分发到贫困户手中。然而资金的分配又涉及贫困户的识别问题，涉及利益，引发村民对资金分配难以达成共识，出现"上访、哭闹"现象，结果就是均分，对资金的配置和运用并未达到最优。与此同时，对贫困户的管理需要实时更新。受到贫困标准界定不清，已脱贫人员极易返贫，处在相对贫困线附近人员致贫等原因都加大了对贫困户信息实时更新的难度。

4. 精准考核未能调动基层干部的积极性

贫困人口信息化管理系统是中央扶贫部门和省级扶贫部门对农户贫困状况和一线扶贫人员工作考核状况进行准确掌握的有效途径。在这样的背景下，数据的采集、变更、政策的实施都需要扶贫干部组织村干部来完成，隐含着"自我监控"的层意，数据的客观性和真实性有待监督与考察，干部的考核更隐喻着不精确。同时，这样的实时监控，易于使部分扶贫干部产生上级领导对自身工作的不信任的感觉。参照指标来完成任务的考核形式也是对其公权力的削弱，对他们保留着更少的创新空间。所以，精准扶贫要取得良好效果必须充分调动广大扶贫干部的积极性。

第三节 宁夏精准扶贫长效机制的构建

基于对不同视角下关于精准扶贫现状的实证调查与分析，进一步从不同层面解析了民族地区长期贫困形成的机理。然而，要彻底破解民族地区的长期贫困问题，尽快帮助这些地区贫困户脱贫致富，实现与全国同步建成全面小康社会的宏伟目标和深入推进乡村振兴战略的实施，尚需从以下不同层面就如何治理民族地区的贫困问题进行长效机制的探讨。

一、总体思路

总体来看，宁夏精准扶贫长效机制的构建应遵循"四个一"的整体思路：即"树立一个理念，实现一个转变，构建一个框架，促进一个转型"。"树立一个理念"，要树立"大扶贫"的理念，民族连片特困区扶贫工作的复杂性、长期性决定了它不仅是扶贫部门的任务，还是全社会共同的责任。单一的专项扶贫难以解决深度贫困地区全面发展中的所有问题。因此，要动员来自社会各界的力量，完善大扶贫组织领导机制、构建部门综合协调机制、健全项目资金整合机制以及理顺扶贫部门管理机制，探索专项扶贫与行业扶贫、对口帮扶与社会帮扶等扶贫机制相结合的新机制。"实现一个转变"是要实现扶贫政策由单一的"开发式扶贫"向"开发式扶贫和保障式扶贫"相结合的转变，走出一条以农村贫困人口为基础的扶贫之路，以农村社会保障制度为依托，以相关"三农"政策为辅助，以人力资本投资与技能培训培育为优先重点，以人口、资源与生态的可持续发展为目标的具有民族地区特色的新型农村扶贫开发道路。"构建一个框架"就是构建一个不同贫困类型的新型扶贫制度框架，这一框架由开发式扶贫制度和保障式扶贫制度共同构成。前者包括农业科技、农业基础设施、信贷融资和农业保险制度，后者包括农村最低生活保障制度、农村社会救助制度和农村家庭计划。针对暂时性贫困应以开发式扶贫制度为主，针对慢性贫困应以保障式扶贫制度为主。"促进一个转型"是指为保障新型农村扶贫制度的实施，必须促进政府转型，即实现政府职能和体制从建设主导型向公共服务型转轨。

二、构建长效机制具体路径探讨

（一）针对消除慢性贫困的长效机制路径探讨

1. 统筹兼顾，全方位构建保障式精准扶贫机制

统筹兼顾是在坚持开发式扶贫政策的前提下，着重构建保障式扶贫的有效运行机制，实现两者有机结合。保障式扶贫机制构建的关键在于：从扶贫对象看，建立直接针对包括异质人口在内的农村长期贫困人口的基本保障制度；从扶贫方式看，政府应不仅要为农村长期贫困人口建立以最低生活保障制度和社会救助制度为特征的基本社会保障制度，而且要大力推进家庭计划（政府专门针对农村缺乏基本能力或丧失生产能力的异质人口固定发放的特殊生活补贴）为形式的社会福利制度；从扶贫范围看，保障式扶贫既要涵盖经济方面（减缓收入贫困），又要注重能力贫困的非经济方面（提供基本的教育、医疗、住房等）；从扶贫特点看，保障式扶贫应减少中间层级，可将扶贫资金直接投入贫困对象本身；从扶贫目标看，保障式扶贫应将其瞄准重点锁定在缺乏能力的老人、残疾病人、长期慢性病患者和妇女等异质人口。通过上述5个方面，全方位构建起以社会政策为核心的保障式扶贫机制，实现开发式扶贫机制和保障式扶贫机制的有机结合。

2. 突出重点，着力打造提升贫困人口基本能力的平台

一是打造民族贫困区的基本健康保障平台。一方面，增建和完善贫困村医疗网点，增添医疗设备，充分发挥村级医疗卫生机构的基础保健作用，降低贫困农户看病的成本开支；另一方面，应借鉴国家免费培养师范生的政策，定向为民族贫困地区免费培养医学毕业生，以解决医疗专业人才之缺。

二是打造民族贫困区的基础教育平台。首先，进一步制定和落实民族贫困地区农村教师在工资、职称晋升、住房等方面的优惠政策，稳定教师队伍，盘活农村教师存量；其次，延长民族贫困地区学生免费受教育的年限，切实减轻贫困户家庭负担和提高贫困生受教育的机会。

三是打造民族贫困区农村职业教育和农民工培训平台。力求实施民族贫困地

区农村职业教育全免费的政策,引导未能升入普通高中的初中毕业生接收职业教育,以提升就业技能。同时,强化民族贫困地区劳动力的转移培训,以提高其就业能力。

通过以上三方面平台的打造,尤其要注重增强家庭核心劳动力人力资本的提高,从而带动家庭整体发展能力的提升。

3. 着眼长远,加快制定隔代发展式扶贫政策

我国现有的扶贫开发政策,多为面向当前具有劳动能力的贫困人口所制定。换言之,从代际关系的角度看,已有扶贫政策的当初设计瞄准对象为"父辈",是以解决父代贫困人群为目标的。然而,这一扶贫政策在实施多年后,其减贫的边际效应逐渐呈现出递减态势,这意味着"父代"为特征的反贫困政策正面临着严峻的挑战。而且,由于受"父代"历经成长时间环境潜移默化的影响,他们人力资本提升的难度日趋增大,人力资本投资"成本—收益" 分析中的收益也不断降低,其获取收入的时间亦随着年龄的增加而不断减少。这无疑表明以知识资本、社会资本、健康资本为核心的人力资本提升空间对他们来说将会越来越小。相反,"子代"由于成长外部环境变化的影响以及具备较强的可塑性,对外界新事物更容易接受。因此迫切需要从长计议,尽快制定符合"子代"特点的新扶贫政策,加快对"第二代"进行人力资本的开发。

4. 加强生态建设,建立健全生态补偿机制

民族贫困地区多为生态脆弱区,贫困问题与生态问题往往交错在一起,必须从两方面同时着手加以解决。为此,急需建立健全该地区的生态补偿机制。①应构建保障生态补偿公平运行的长效机制。其根本在于加快生态补偿制度的法制化进程。整合现有生态补偿相关政策,将其上升为法律,从国家层面上制定出生态补偿的专项法律、法规,以法律形式将生态补偿的范围、对象、补偿标准等确定下来,为生态补偿提供法律依据。②按照国家生态功能区划和主体功能区划,建立分级补偿制度。特别是针对国家功能区划所划分的限制开发区和禁止开发区,民族贫困地区基本涵盖在这一划分区域内。可以说,主体功能区的定位在一定程度上使这些地区的发展机会被剥夺,同时,这些地区基本都处于"吃饭财政"。因此,必须坚持"中央政府为主,省级政府为辅"的原则,对这些地区实施生态补偿。③基于保护生态是全社会义务这一事实,建议征收生态税,将税收收入可

适当向民族生态脆弱区倾斜。同时，应鼓励有条件的地区进行生态彩票发行的探索。这不仅能够募集部分社会资金拓展和推进生态补偿的实施，而且还可以倡导广大民众关心和支持生态脆弱区的环境保护，在一定程度上缓解了生态补偿资金短缺的困境。

5. 积极探索，创新扶贫开发模式

民族地区慢性贫困的特殊性，客观需要对现行扶贫模式进行优化和创新。

一是探索以功能区划为特征的扶贫模式。基于民族地区实际，结合国家主体功能区规划，对重点开发、限制开发和禁止开发等不同区域应实施不同的扶贫政策。如对重点开发区域，应以新型城镇化为载体，将贫困人口纳入城镇公共服务体系中；对限制开发区域，在生态修复的基础上，以加强农村基础设施建设为重点；对禁止开发区，要以生态移民和生态补偿为重点。

二是探索打破行政区域的限制。随着贫困人口外出务工的增多，贫困已突破了原有的地域，因此，急需探讨打破地域局限，开展跨区域合作的扶贫模式。

三是探索精准扶贫模式。实施省、市、县、乡四级联动机制，让单位和干部"沉下去"，实现单位联系贫困村、个人联系贫困户的精准扶贫目标，改变扶贫工作由过去的"大水漫灌"向"精准滴灌"转变。

6. 切实转变观念，构建绿色考核体系

按照国家主体功能区划分，宁夏现有贫困地区多为禁止开发区和限制开发区。基于这一现实，建议对贫困县的考核，将由传统的"以GDP论英雄"向主要考核扶贫开发工作成效转变，逐步取消对国家扶贫开发工作重点县的地区生产总值考核。为此，要制定出台相应的干部考核办法，对区内集中连片特困县和插花型贫困县（区）的扶贫攻坚工作业绩考核，将紧紧围绕持续增加贫困人口收入的核心任务，突出对基础设施建设、富民产业培育、易地扶贫搬迁、金融资金支撑、公共服务保障和能力素质提升等关键要素的考核。并对这些贫困县市区，根据贫困程度、扶贫难度，按同一考核指标赋予不同权重的方式，制定指标体系，从而引导干部群众克服"等、靠、要"，不愿摘掉"贫困帽"的惰性思想。可选取县（区）进行试点，并在此基础上进一步推广实施。

7. 多措并举，推进乡风文明建设

针对目前贫困地区在婚丧嫁娶方面的攀比和过度消费造成贫困程度加剧的现

象，应制定以下举措：

一是要树立"标杆"，发挥基层党员干部引领乡风文明建设的示范效应。乡镇政府工作人员和村干部就婚丧嫁娶方面作出公开承诺，率先带头一切从简，带头监督制止歪风邪气，积极倡导婚事新办、喜事省办、丧事简办、小事不办、神事杜绝办等新风，自觉接受群众评判和社会监督。

二是坚决与歪风邪气做斗争，特别是对红白喜事方面存在的突出问题，敢抓敢管、敢于说服、敢于劝阻、敢于叫停，敢于同陈规陋习做斗争。

三是制定村规民约，各村组都制定《村规民约》，对红白喜事进行规范，倡导节俭文明的消费风尚，推动乡风文明建设制度化、规范化和科学化。

（二）针对消除支出型贫困长效机制的路径探讨

1. 强化顶层设计，实现救助制度内外部的高度契合

法律是保证制度实施的依据和准绳，更是充分发挥我国农村社会救助保民生作用的法律基础。倘若缺乏完备的法律体系，则政策在落地实施过程中不可避免地会碰到许多难以解决的问题和困难。由此造成农村支出型贫困家庭救助的标准、对象、范围等不好把握，进而发生农村社会救助"移花接木、冒名顶替、贪污挪用、优亲厚友"现象屡见不鲜。因此，迫切需要制定一部真正的《社会救助法》，并以此为基础，进一步细化制定出关于农村社会的救助制度，以弥补和健全我国关于支出型贫困救助的法律制度。

与此同时，对于被视为保障人民生活最后一道防线的社会救助，应必须实现救助制度内部与外部两种资源的整合，确保社会保障体系的有效对接。要衔接并整合只解决困难家庭某一方面问题的各单项救助，形成一个相互补充、相互联通的有机体系。这不仅要求应建立以最低生活保障制度为基础，以其他社会救助制度为补充和配套的救助体制，而且要实现最低生活保障制度与社会保险、社会福利等制度的无缝对接，使之在制度保障体系之外能够起到"拾遗补漏"的作用。

2. 加速转变观念，采取积极主动的救助方式

长期以来，关于支出型贫困救助一直存在"重收入型贫困救助、轻支出型贫困救助以及临时性事后救助"的现象。特别是随着统筹城乡战略的实施推进，我国的社会保障制度在不断完善和发展，社会救助制度也随之在发生转变，在客观上对现有的社会救助理念提出了更新、更高的标准和要求。这就要求社会救助也

必须实现由生存型向发展型的转变,一方面,在对支出型贫困家庭实施救助时,要实现逐渐由事后补救向事前预防的转变,尤其要关注每个在低保边缘家庭发生贫困的可能性以及应对风险发生的应对措施,从而做好预防工作,实现"实现控制",掌握救助主动权;另一方面,由于支出型贫困家庭大多是因健康、教育等因素而陷入困境的,所以应从入口重新界定支出型贫困救助对象,逐步扩大救助范围,不断丰富救助内容,对支出型贫困家庭力求从低保、慈善救助、医疗救助到临时救助、教育帮扶等方面提供不同层面的救助,加大救助力度,切实减轻家庭负担。

3. 鼓励社会力量参与,构建多方综合联动机制

社会救助是现代社会管理与公共服务中极具基础性和综合性的一项系统工作,涉及多个领域,因此,该项工作的开展离不开多个部门的全力配合。为此,应动员和鼓励一切积极社会力量,充分运用市场等手段,整合全社会救助资源,形成以"政府主导、民政主管、社会参与"为特征的综合联动机制。这从根本上杜绝了社会救助出现的"多头管理、九龙治水、各自为政"的局面,更好地推动贫困地区农村社会救助工作的有序推进。同时,应建立和充分发挥救助中的社会工作机制的作用。一方面,强调社会救助与社会保险、社会福利以及慈善事业和商业保险有机配合的同时,还应在尊重各自规律与职能的条件下尽可能使其同步发展,比如,可依次为老年人、长期患病者及残疾人等群体建立相应的福利制度,而不是让其与最低的生活保障制度混淆在一起;另一方面,还应有激励机制,从而避免社会救助造成的贫困陷阱。比如,国外一些国家和我国的香港地区多采取的受助对象就业创收可以申请一定的收入豁免就是一种有效的激励机制。还可以从一些实践中借鉴社会灾害保险的做法,可以政府财政资金为出资资金,让民政部门作为政府委托的投保人,为农户居民家庭实施投保。当这些农户居民家庭发生支出型贫困问题时,可申请由金融机构贷款或商业保险公司予以赔付,通过机构杠杆的放大效应从而获得更高额度的社会保障收益。

4. 构建分级救助体系,突出特色模块化救助特色

在对支出型贫困家庭实施救助过程中,应根据其需求的差异性,实施不同程度的分级救助体系,形成具有针对性和特色的救助服务模式。在这一分级思路指引下,民族地区支出型贫困家庭的救助体系设计可以借鉴上海市关于支出型贫困

家庭的救助经验，构建以救助对象收入核对系统为基础，以"保基本、可叠加、多组合"为救助套餐，以专项救助打包服务为特征的救助体系。同时，也可以参照江苏省的典型做法，体现梯次拉开、打造阶梯式的救助方式，以形成"斜坡"效应。只有广泛吸收和总结不同地域方面的成功做法和教训，才能使民族贫困地区的支出型贫困救助体系不断完善和发展，最终走出一条适合民族贫困地区实际的、更加人性化的更加科学与合理地使支出型贫困家庭的救助路子。

5. 增强"造血功能"，提升对低保边缘人员的"第一供给"

"第一供给"是指一个国家在宏观经济运行过程中，相对于产品供给和劳务供给而言，就业供给是居第一位的。就业供给其实质是指能够为有劳动能力的人提供足够的就业岗位，使其投身于某种有劳动报酬或经营收入的社会经济活动中。而当前，技能单一、就业困难和就业不充分则是"支出型"贫困家庭陷入困境的重要原因之一。因此，对"支出型"贫困家庭的救助，要加大就业的扶持力度，更要注重"授之以渔"而非"授之以鱼"，对其提供实物援助和服务救助只能缓解其一时之贫困，并不能从根本上使其脱贫，甚至会造成他们对救济福利的依赖。若要真正从根本上使他们摆脱生活贫困，国家要积极实施"志能激发"工程，加强对其劳动技能的培训，增强其"造血功能"，创造更多的就业岗位，不断扩大劳动力市场，千方百计增加"第一供给"，为他们创造更多的就业机会，营造一个公平良好的就业环境，鼓励有劳动能力的贫困群体与家庭平等地进入就业市场，通过他们自身的努力实现脱贫致富。

6. 多措并举，提升对"支出型"贫困家庭救助的实效性

一是要设立"支出型"贫困家庭救助的专项救助基金。对民族连片特困区而言，这一基金的来源渠道要以"中央和省级政府为主、市县政府补充为辅"的原则实施，因为民族连片特困地区的财力非常脆弱，甚至维持政府的日常运转且尚有困难。与此同时，应将"支出型"贫困家庭的救助有针对性地与各类社会保障制度进行"无缝"衔接，以提供针对"支出型"困难群体的专项救助套餐服务，进而从不同的层面扩大扶贫资源，使其互为支撑。

二是要打造"支出型"贫困家庭救助的信息平台。以成立专门的居民家庭经济状况核对中心，切实健全动态管理、档案管理以及信息管理等规章制度，打造互联互通的家庭经济状况信息网络平台，最终能够形成一种与政府有关部门密切

配合、专门针对"支出型"贫困家庭救助的动态监测机制,以确保救助工作更加科学有效、公平合理。

三是进一步提高受助对象的救助标准。在上述基础上,应逐步提高对受助对象的临时救助标准、医疗救助标准和助学标准等,以确保救助的实效性。

(三) 针对消除气候贫困长效机制的路径探讨

1. 拓展宣传渠道,提高农户对气候贫困的认知

在依靠网络、电视等常规手段的同时,应充分发挥大学生村干部的优势,强化科普活动下乡、专门讲座进社,以农技推广、广场宣传、典型案例示范等喜闻乐见的形式,进一步提升民族地区公众对气候贫困的关注度和了解程度。同时,加大对农牧民关于预防和应对气候贫困方面的专业教育和培训,以提升农牧民对气候贫困的认知能力。

2. 抓好关键少数,夯实基层堡垒

实证模拟表明,党员身份的被访者对气候贫困的认知度较高。因此,应进一步加大基层党组织建设,通过配套政策,吸引更多年富力强、知识丰富的大学生赴民族基层组织服务,不断夯实和发挥基层党组织的堡垒效应。

3. 支持和加强对气候贫困方面的政策研究

政府应加大对气候贫困方面的研发投入,建立应对气候贫困的扶贫专项资金,鼓励开展针对不同生态脆弱区受气候变化影响的贫困问题差异性对策研究,编制国家和各省市的气候变化适应政策法规研究,开展具体的气候贫困案例的深入调查研究,为政府应对气候贫困提供可能的参考与借鉴。

创新扶贫模式,实现精准扶贫与社会救助的有效衔接因气候变化引发的环境退化、干旱和灾害增加,导致民族地区返贫人口不断增加和难以脱贫,这迫切需要将救灾、社会保障和开发式扶贫实现有机结合。同时,对灾害频发和生存环境恶劣的区域进行生态移民,逐步实现易地搬迁脱贫和生态修复。

4. 科学制定气候贫困的评价体系

鉴于气候贫困的复杂性及在识别方面存在严重的信息不对称性,导致人们对它"知之甚少、甚浅"。因此,亟待从不同层次的脆弱性、自然条件、自然灾害管理能力、基础设施、社会保险等方面构建气候贫困的科学评估体系,以便相关部门对气候贫困导致的贫困程度及范围等进行科学评估,以提高对气候贫困的

"驾驭"。

5. 积极引导社会力量参与气候贫困的治理

气候贫困是一个涉及面广的复杂问题，欲从根本上解决该问题，需要积极引导社会各方的力量。既需要政府的主导，也离不开非政府组织的配合，更离不开普通民众的参与，构建"政府、非政府组织、民众"的"三位一体"机制，才有利于从根本上应对这一复杂问题。同时，需要实现气象、国土资源、扶贫、民政、防洪等部门的联合，建立信息资源共享机制，以加强对气候贫困的预报预警。

（四）针对金融扶贫长效机制构建的路径探讨

1. 多种途径，加大金融扶贫政策的宣传

通过各种有效途径，一方面，要加强对县、乡、村干部开展金融扶贫、小额信贷、"脱贫保"等金融知识的专门培训，提高各级干部的金融意识；另一方面，要对建档立卡的贫困户开展金融扶贫的政策宣传和教育培训，通过网络、电视、报纸等媒介以及制作宣传册等途径对贫困村、社进行大力宣传，做到家喻户晓，让贫困户知晓扶贫小额信贷是脱贫摘帽、增收致富、提高"造血"功能的惠民措施，让贫困户学会用金融致富，当好诚信客户。

2. 相互配合，构建协同推进的有效机制

"盐池模式"的实践证明，金融扶贫工作涉及面广，为了顺利推进这一工作，必须要实现各部门相互配合，构建协同推进的有效机制。为此，在省一级要建立联席会议制度，由省级政府主要领导负责，财政、农牧、扶贫、金融、人民银行、银监、保监、证监、相关商业金融机构以及保险公司的负责人参加，联席会议办公室设在省级金融局（办）。各市、县（区）比照应建立相应的工作机制，以此做到条块结合、上下联动。同时，各部门、各单位和各市、县（区）要确定具体的联络人员，定期或不定期地通过简报等形式向联席会议办公室报送动态，互通情况，共享信息，加强交流。同时，探索在特困地区的省、市、县创设扶贫开发公司，建立由财政部门、商业银行、扶贫开发公司与民营资本于一体的共赢互动融资机制，引导民间资本融入扶贫开发。

3. 加强诚信，完善信用评级体系建设

信用担保是贫困地区金融扶贫面临的难题和获取资金支持的有效途径。

一是要深入开展"信用户""信用村""信用乡（镇）"以及"农村青年信用示

范户"的创建活动,县级扶贫部门、合作金融机构共同对申请贷款的贫困户进行评级授信,搭建资源共享的信用评级评价平台,以解决信用评级的互认难题。促进信用体系建设与农户小额信贷的有效结合,将信用评级与农户享受贷款优惠政策挂钩,对信用等级较高的信用农户开辟绿色通道,享受提高授信额度、降低贷款利率、放宽贷款期限等优惠政策。同时,对进入"黑名单"的不良贷款户要根据成因区别对待,凡不属恶意拖欠者的应实行"二次信用评级"授信。

二是稳步推进农户、家庭农场、农民合作社、农村企业等经济主体电子信用档案建设,多渠道整合社会信用信息,完善信用评价与共享机制。

4. 积极探索,创新金融风险防控机制

实现风险的有效管控是金融扶贫可持续发展的关键。为此,应采取"扶贫部门+金融机构+乡村+农户"的多方风险防控机制,扶贫部门会同金融机构开展贫困村贫困户的信用评级,对贫困户给予基准利率贴息。保险公司则对贷款户发展的产业进行保险,并对贷款户进行人身意外伤害保险。参照"盐池模式"的做法,复制推广在贫困村和建档立卡贫困户中推广"富农卡""惠农卡"的做法,以此实现为贫困户免担保、免抵押,按基准利率全额贴息。对于暂无条件实现免担保、免抵押的贫困村、贫困户,可探索实行村内林权、土地承包经营权、房屋产权、财产等形式进行抵押。与此同时,县级扶贫部门应设立风险补偿金,制定风险补偿金使用管理办法,对于客观形成的呆坏账要从风险补偿金中进行开支;但对于恶意拖欠者应启用法律程序进行追偿。此外,扶贫、财政、人民银行等部门应通过联合检查等形式加强对资金使用的考核监管,并将考核结果作为实施差别准备金动态调整和再贷款与再贴现政策的重要依据。

5. 因地制宜,加大金融产品的创新

针对民族贫困地区贫困户经济基础条件差、家庭资产低廉的现状,金融机构应因地制宜,加大金融产品的创新以提高供给的有效性。可针对贫困县、乡、村的贫困程度实际,丰富扶贫小额信贷的形式,可以采取"以社带户、以企带农"的方式,组织贫困户参与扶贫特色优势产业建设,拓宽建档立卡贫困户获得贷款的途径。特别是对"等外户"要视具体情况,探索创新出特殊政策以满足"等外户"发展愿望,提高贫困户贷款可获得性。此外,对于宁夏"盐池模式"探索实施的"金扶工程·互助资金"产品、"金扶工程·千村信贷"产品、"金扶工程·国开惠民"产品、"金扶工程·金穗惠农"产品、"金扶工程·好借好还"产品等金融产品形式,应借鉴其做法进行大力推广普及。

6. 强化支持,积极打造省级金融扶贫试验区

建议从政策层面强化支持,将宁夏打造成为省级金融扶贫的试验示范区,旨在为民族地区乃至整个贫困地区的金融扶贫探索一条可行的路子。为了实现这一目标,宁夏至少要在六个方面实现突破:①在引导资金回流农村贫困地区上要取得突破;②在破解贫困农户"贷款难"和金融机构"难贷款"方面要取得突破;③在创新贫困地区金融产品和服务方面要取得突破;④在完善金融扶贫政策体系方面要取得突破;⑤在优化贫困地区金融生态方面要取得突破;⑥在互联网+金融+扶贫方面要取得突破。然而,要实现上述六个方面的突破,一定离不开国家金融政策层面的支持,这需要国家从相关政策方面进行大力支持,将宁夏打造成为省级民族地区金融扶贫的示范区,为民族地区贫困群众致富奔小康提供支持和保障。

参考文献

[1] 王兆萍. 迁移与我国农村区域贫困人口的人力资本积累——兼议地理环境决定论[J]. 干旱区资源与环境, 2007（3）: 1-5.

[2] 曲玮. 基于地理环境约束的农村贫困问题研究[D]. 兰州大学博士学位论文, 2008.

[3] 丁建军, 冷志明. 区域贫困的地理学分析[J]. 地理学报, 2018, 73（2）: 232-247.

[4] 姚明霞. 福利经济学[M]. 北京: 经济日报出版社, 2005.

[5] 马秀贞. 西方收入再分配理论评析与借鉴[J]. 国家行政学院学报, 2009（6）: 112-116.

[6] 刘志国, 边魏魏. 负向涓滴效应: 经济增长与收入分配的恶化[J]. 南京财经大学学报, 2013（4）: 1-7.

[7] 朱霞梅. 反贫困的理论与实践研究[D]. 复旦大学博士学位论文, 2010.

[8] [印] 阿玛蒂亚·森. 以自由看待发展[M]. 任于真译. 北京: 中国人民大学出版社, 2002.

[9] 黄承伟, 刘欣. "十二五"时期我国反贫困理论研究述评[J]. 云南民族大学学报（哲学社会科学版）, 2016, 33（2）: 42-50.

[10] 胡善平. 精准扶贫绩效考核指标体系构建研究[J]. 沈阳农业大学学报（社会科学版）, 2016, 18（5）: 513-520.

[11] 习近平扶贫新论断: 扶贫先扶志、扶贫必扶智和精准扶贫[EB/OL]. 中国经网, 2016-01-03.

[12] 何文虎. 六盘山集中连片特困地区金融精准扶贫模式与路径选择——以宁夏泾源县为例[J]. 吉林金融研究, 2017（1）: 68-78.

［13］胡联，王娜，汪三贵.精准扶贫的理论创新——基于马克思主义政治经济学视角［J］.财贸研究，2017（7）：1-7.

［14］李鸥，叶兴建.农村精准扶贫：理论基础与实践情势探析——兼论复合型扶贫治理体系的建构［J］.福建行政学院学报，2015（2）：26-33.

［15］王宇，李博，左停.精准扶贫的理论导向与实践逻辑［J］.贵州社会科学，2016（5）：156-161.

［16］左停，杨雨鑫，钟玲.精准扶贫：技术靶向、理论解析和现实挑战［J］.贵州社会科学，2015（8）：156-162.

［17］冉连.建国以来我国扶贫政策：回顾、反思与展望——基于1949~2017年的政策文本分析［J］.山西农业大学学报，2018（12）：60-68.

［18］张磊.中国扶贫开发政策演变［M］.北京：中国财经出版社，2007.

［19］郑杭生，李棉管.中国扶贫历程中的个人与社会———社会互构论的诠释理路［J］.教学与研究，2009（6）：5-10.

［20］唐丽霞.中国对国际减贫经验的借鉴［J］.团结，2016（4）：39-42.

［21］马俊茹.宁夏贫困村互助资金试点调研报告［R］.贵州省扶贫开发办公室，2012.

［22］宁夏回族自治区发展改革委员会网站.自治区发展改革委员会印发《宁夏"十三五"以工代赈实施方案》［EB/OL］.http：//www.nxdrc.gov.cn/info/1254/12582.htm.

［23］宁夏新闻网.宁夏争取国家少数民族发展资金突破亿元［EB/OL］.http：//www.nxnews.net/yc/jrww/201706/t20170629_4297529.html.

［24］2017年宁夏回族自治区政府工作报告［EB/OL］.http：//www.nx.gov.cn.

［25］西吉县2016年政府工作报告、2017年政府工作报告［EB/OL］.http：//www.nxxj.gov.cn/xxgk_13648/zfgzbg/201801/t20180122_673553.html.http：//www.nxxj.gov.cn/xxgk_13648/zfgzbg/201803/t20180308_700811.html.

［26］德隆县2016年政府工作报告［EB/OL］.http：//www.nxld.gov.cn/xxgk/zfxxgkml/ghjh/gzjh/201709/t20170925_493688.html.

［27］隆德县2017年政府工作报告［EB/OL］.http：//www.nxld.gov.cn/xxgk/zfgzbg/201801/t20180102_657785.html.

［28］泾源县 2016 年政府工作报告［EB/OL］. http：//www.nxjy.gov.cn/xxgk_13518/zfgzbg/201809/t20180921_1071078.html.

［29］泾源县 2017 年政府工作报告［EB/OL］. http：//www.nxjy.gov.cn/xxgk_13518/zfgzbg/201708/t20170810_405325.html.

［30］林懿. 乡村旅游扶贫的风险性及对策研究［D］. 贵州大学博士学位论文，2008.

［31］付晓刚. 红色旅游开发研究［D］. 云南师范大学硕士学位论文，2006.

［32］王晓毅. 易地搬迁与精准扶贫［J］. 宁夏生态移民再考察，2017（2）：4-5.

［33］宁夏回族自治区发展和改革委员会网络贸易［EB/OL］. http：//www.nxdrc.gov.cn/index.htm.

［34］马宁，余栋. 宁夏南部山区生态移民典型案例调研［J］. 现代经济信息，2015（4）：7-8.

［35］蓝红星. 民族地区慢性贫困问题研究——基于四川大小凉山彝区的实证分析［J］. 软科学，2013，6（27）：73-78.

［36］Andrew Shepherd. Tackling Chronic Poverty［J］. Population and Development Review，2011，5（2）：136-138.

［37］陈全功，李忠斌. 少数民族地区农户持续性贫困探究［J］. 中国农村观察，2009（5）：39-48.

［38］Chronic Poverty Research Centre. The Chronic Poverty Report 2004-05［M］. Manchester Press，2005.

［39］陈健生. 生态脆弱地区农村慢性贫困研究：基于 600 个国家扶贫重点县的监测数据［D］. 西南财经大学博士学位论文，2008.

［40］都芦花. 关于支出型贫困家庭救助的相关思考［J］. 社会民生，2014（4）：207-208.

［41］左玲. 支出型家庭致贫原因分析［J］. 经营管理者，2014（5）：160.

［42］曹志杰，陈绍君. 气候风险视域下气候贫困的形成机理与演变态势［J］. 河海大学学报，2016，18（5）：52-59.

［43］陈伟忠. "盐池模式"：革命老区的精准扶贫［J］. 金融博览，2016（5）：

40-42.

[44] 李成. 气候变化与贫困 [J]. 中国案例研究, 2007 (1): 3-4.

[45] 阙祥才, 唐永木. 贫困——一个人力资本视角的解读 [J]. 湖北社会科学, 2011 (1): 60-65.

[46] 国务院扶贫办. 中国农村扶贫开发纲要（2001~2010 年）中期评估政策报告（2006）[EB/OL]. http://www.cpad.gov.cn/.

[47] 郑志龙. 社会资本与政府反贫困治理策略[J]. 中国人民大学学报, 2007 (6): 85-90

[48] 迪帕·纳拉扬. 呼唤变革 [M]. 北京: 中国人民大学出版社, 2003.

[49] 佚名. 宁夏固原青年成"婚奴"结婚需借贷离婚将致贫 [N]. 法制日报, 2010-02-24.

[50] 傅磊. 农民受教育水平与收入关系研究——以浙江省为例 [D]. 浙江大学硕士学位论文, 2007.

[51] 王虔, 王培安. 中国农村贫困户因病致贫率高达 37.8% [EB/OL]. 中国网, 2014-10-16.

[52] 刘鹏程. 本科生培养成本等于贫困县农民 35 年收入 [EB/OL]. 中国新闻网, 2006-04-14.

[53] 佚名. 贫困地区"因教致贫"现象的理论阐释 [EB/OL]. http://www.xzbu.com.

[54] 郑功成. 中国社会救助制度的合理定位与改革取向 [J]. 国家行政学院学报, 2015 (4): 50-53.

[55] 玉秀. 县乡财政困境与农村公共产品投资研究 [D]. 山东农业大学博士学位论文, 2011.

[56] 张珺. 中国农村公共产品投资 [M]. 北京: 社会科学文献出版社, 2008.

[57] 丁颖. 农村公共产品供求机制研究 [D]. 西北师范大学博士学位论文, 2008.

[58] 刘七军, 李昭楠. 农村公共产品供给对农村经济发展的量化研究——以甘肃省为例 [J]. 中国农机化, 2011 (4): 64-69.

[59] 朱钢, 张元红等. 聚焦中国农村财政 [M]. 太原: 山西经济出版社, 2000.

[60] 方芳, 钱勇, 柳士强. 我国农业基础设施投资的实证分析 [J]. 财经研究, 2004 (2): 38-40.

[61] 李锐. 我国农业科研投资效率的研究 [R]. 清华大学经济管理学院, 2003.

[62] 李秉龙. 中国贫困地区县乡财政不平衡对农村公共物品供给影响程度研究 [J]. 中国农村观察, 2003 (1): 22-23.

[63] 杨莹亮. 税费改革后农村公共产品供给机制研究 [J]. 湖北社会科学, 2006 (4): 41-42.

[64] 杜君楠, 阎建兴. 农业基础设施投资主体行为分析 [J]. 西北农林科技大学学报 (社会科学版), 2008 (3): 10-14.

[65] 刘艳平. 我国农业基础设施投资存在的问题及对策 [J]. 农机化研究, 2007 (12): 226-228.

[66] 李荣. 中国农业科研公共投资研究 [M]. 北京: 中国农业出版社, 2003.

[67] 黄季馄, 胡瑞法. 中国农业科研投资与体制改革 [M]. 北京: 经济管理出版社, 1999.

[68] 张晓波. 中国农村基层治理与公共物品提供 [J]. 经济学 (季刊), 2003 (7): 47-60.

[69] 苊景州. 教育投资经济分析 [M]. 北京: 中国人民大学出版社, 1995.

[70] 谢延龙. 当前农村义务教育投入存在的问题及对策 [J]. 当代教育论坛, 2004 (6): 12-14.

[71] 孟庆瑜. 当前我国农村义务教育面临的突出问题和对策建议 [J]. 教育理论与实践, 2008 (5): 41-43.

[72] 宁夏回族自治区人民政府. 宁夏回族自治区国民经济和社会发展第十二个五年规划纲要 [N]. 宁夏日报, 2011-01-25 (005).

[73] 宁夏回族自治区人民政府. 宁夏回族自治区国民经济和社会发展第十三个五年规划纲要 [N]. 宁夏日报, 2016-03-04 (009).

[74] 徐康宁, 韩剑. 中国区域经济的"资源诅咒"效应：地区差距的另一种解释[J]. 经济学家, 2005（6）：98-100.

[75] 裴玉珍. 山西省"资源诅咒"现象的实证分析[D]. 东北师范大学博士学位论文, 2012.

[76] 邵帅, 齐中英. 西部地区的能源开发与经济增长——基于"资源诅咒"假设的实证分析[J]. 经济研究, 2008（4）：149-150.

[77] 姚予龙, 周洪, 谷树忠. 中国资源诅咒的区域差异及其驱动力剖析[J]. 资源科学. 2011, 33（1）：19-21.

[78] 庞皓. 计量经济学[M]. 北京：科学出版社, 2014.

[79] 贾娜. 山西省"资源诅咒"问题初探[D]. 西北师范大学博士学位论文, 2011.

[80] 张野. 多尺度视域下资源诅咒效应研究[D]. 东北师范大学博士学位论文, 2017.

[81] 宁夏回族自治区人民政府. 宁夏"十三五"节能降耗和循环经济规划[R]. 2017.

[82] 张利库, 岳利萍. 我国自然资源产权的制度安排及其优化[J]. 改革, 2007（1）：90-94.

[83] 刘琼. 民族地区金融发展与公司投资效率研究[D]. 中南民族大学博士学位论文, 2013.

[84] 廖勇. 农村金融贫困成因及影响[J]. 社科论坛, 2010（28）：189.

[85] 任志军. 民族地区经济发展及金融支持战略研究[J]. 经济问题探索, 2007（12）：89-93.

[86] 李景跃. 民族地区农村金融资源配置体系建设研究[J]. 河南金融管理干部学院学报, 2008（4）：136-137.

[87] 廖群云. 民族地区金融支持弱化问题及其强化对策探讨[J]. 中南民族大学学报, 2005, 25（2）：74-75.

[88] 牛艳芬. 金融需求视角下的西部民族地区农村金融体系构建[D]. 中央民族大学博士, 2014.

[89] 吕丹. 民族地区农村新型金融机构发展研究[D]. 中央民族大学博士学

位论文，2011.

[90] 国家民委经济发展司. 2014 年少数民族地区农村贫困监测结果［EB/OL］. 国家民委网站，2015-04-15.

[91] 曾艳华. 农民发展能力的问题与对策［J］. 经济研究，2006（6）：29-33.

[92] 陈军民. 农户自主发展能力研究——基于河北省临城县 259 个农户的实证分析［D］. 广西大学硕士学位论文，2009.

[93] 杨科. 论农村贫困人口的自我发展能力［J］. 湖北社会科学，2009（4）：61-64.

[94] 陈全功，程蹊. 空间贫困理论视野下的民族地区扶贫问题［J］. 中南民族大学学报（人文社会科学版），2011，31（1）：58-63.

[95] 陈全功，程蹊. 空间贫困及其政策含义［J］. 贵州社会科学，2010，248（8）：87-92.

[96] 王国敏. 农业自然灾害与农村贫困问题研究［J］. 经济学家，2005（3）：60-65.

[97] Eugenia Ibarrara'n, etal. Climate change and natural disasters: Macroeconomic performance and distributional impacts［J］. Environ Dev Sustain，2009（11）：549-556.

[98] 赵英. 宁夏水资源保护迫在眉睫［N］. 宁夏日报，2004-03-24.

[99] 胡家琪. 论自然灾害在西部欠发达地区的贫困效应——以甘肃省 TP 村的旱灾为例［J］. 农业考古，2010（3）：177-179.

[100] 明亮. 自然灾害的农村贫困效应——对湖南 SH 村冰雪灾害的调查研究［J］. 广东农业科学，2011（3）：187-189.

[101] 向玲凛，邓翔，瞿小松. 西南少数民族地区贫困的时空演化——基于 110 个少数民族贫困县的实证分析［J］. 西南民族大学学报（人文社会科学版），2013，34（2）：124-129.

[102] 程宝良，高丽. 西部脆弱环境分布与贫困关系的研究［J］. 环境科学与技术，2009，32（2）：198-202.

[103] 刘七军. 黑河中游农业土地利用变化对农户用水效率及其收入的影

响——以民乐县和临泽县为例［D］.中国科学院研究生院博士学位论文，2012.

［104］刘增彬.日本农协模式对我国农村合作金融改革的启示[J].武汉金融，2013（7）：45.

［105］郑屹.国内外精准扶贫模式比较研究[J].长春金融高等教育专科学报，2017（1）：26-30.

［106］郭林.文化元素最丰富的非洲国家——中国南非创意产业论坛侧记（上）［N］.光明日报，2015-11-20（12）.

［107］农村电商：从星星之火到燎原之势［EB/OL］.http：//diagram.mofcom.gov.cn/di/5a0cffd5cd918911018f3679.

［108］陆铈凡，苏青帝，姜润杰，谢玉梅.易地搬迁扶贫成效及问题分析［J］.中国市场，2017，6（12）：14-16.

［109］李龙俊.兼容公益与逐利叫好又叫座［N］.四川日报，2016-09-18.

［110］袁军宝，陈灏.全国首单扶贫社会绩效债券在山东推出［EB/OL］.新华网，2016-12-27.

［111］国庆，王亚峰.关于加快推进宁夏产业精准扶贫的对策建议［J］.农业科学研究，2015，38（1）：68-91.

［112］许新霞.9家中央单位定点帮扶宁夏9县区措施效果好［EB/OL］.央广网，2017-04-06.

［113］银川市政府研究室.全区贫困县、贫困村、贫困户精准脱贫退出方案［EB/OL］.银川市人民政府网，2016-08-17.

［114］无颁发"两证"探索"三权分置"并行的有效实现形式［J］.吉林农业，2015（14）：5.

［115］王国庆，王亚峰.关于加快推进宁夏产业精准扶贫的对策建议［J］.农业科学研究，2015，38（1）：68-91.

［116］温丽，乔飞宇.扶贫对象精准识别的实践困境与破解路径［J］.理论导刊，2017（4）：84-87.

［117］万舟.实施精准扶贫加快全面小康社会建设进程［J］.天水行政学院学报，2016（6）：63-68.